制度逻辑

制度如何塑造人和组织

[法]帕特里夏·H. 桑顿　[加]威廉·奥卡西奥，龙思博　著

汪少卿　杜运周　翟慎霄　张容榕　译

浙江大学出版社

图书在版编目（CIP）数据

制度逻辑：制度如何塑造人和组织 /(法) 帕特里夏·H.桑顿,(加) 威廉·奥卡西奥,(加) 龙思博著；汪少卿等译. — 杭州：浙江大学出版社，2020.11（2024.12重印）
ISBN 978-7-308-20476-7

Ⅰ. ①制… Ⅱ. ①帕… ②威… ③龙… ④汪… Ⅲ. ①制度—理论 Ⅳ. ①C91

中国版本图书馆CIP数据核字（2020）第153350号

The Institutional Logics Perspective: A New Approach to Culture, Structure and Process was originally published in English in 2012. This translation is published by arrangement with Oxford University Press. Zhejiang University Press is solely responsible for this translation from the original work and Oxford University Press shall have no liability for any errors, omissions or inaccuracies or ambiguities in such translation or for any losses caused by reliance thereon.

浙江省版权局著作权合同登记图字：11-2020-369号

制度逻辑：制度如何塑造人和组织

（法）帕特里夏·H.桑顿（Patricia H. Thornton），
（加）威廉·奥卡西奥（William Ocasio），
（加）龙思博（Michael Lounsbury）著；汪少卿等译

责任编辑	谢　焕
责任校对	杨利军　黄梦瑶
封面设计	云水文化
出版发行	浙江大学出版社
	（杭州天目山路148号　邮政编码：310007）
	（网址：http://www.zjupress.com）
排　　版	浙江时代出版服务有限公司
印　　刷	杭州钱江彩色印务有限公司
开　　本	880mm×1230mm　1/32
印　　张	8.5
字　　数	218千
版 印 次	2020年11月第1版　2024年12月第7次印刷
书　　号	ISBN 978-7-308-20476-7
定　　价	58.00元

版权所有　翻印必究　　印装差错　负责调换

浙江大学出版社市场运营中心联系方式：（0571）88925591；http://zjdxcbs.tmall.com

中文版序言

欣闻《制度逻辑》一书的中文版即将面世。这部译著的出版颇为及时,因为我们看到越来越多的学者把制度逻辑应用于中国的语境。最近的这些研究着眼于广泛且不同的领域,从建筑管理与经济学(Jia、Rowlinson、Loosemore、Xu、Li和Gibb,2017)到竞争性政府在发展中国家中的建立(Ho和Im,2015),再到创业(Yiu、Bruton和Lu,2014)、公司治理(Chung和Luo,2008;Greve和Zhang,2017)和企业社会责任(Zhang和Luo,2013;Yan、Ferraro和Almandoz,2018)等商业组织行为。这篇中文版序言将简短地综述制度理论在美国的发展,及其如何为后来蓬勃发展的制度逻辑视角播下了种子。我们会扼要地概括现有的研究成果,并指出将来的研究机会,尤其是这部书将如何帮助学者们分析中国的制度、组织与个体。当然,具体的操作还有赖于各位读者的创造性直觉与他们对中国乃至世界的了解和比较。

制度逻辑视角是一种比较性的框架,可用以理解制度机制如何决定行动者的选择。这一视角在原则上认为个体与组织是处于制度环境中的,而正是环境中的动态变化影响了个体与组织的注意力、认知与行动。而且,制度环境是由多重制度系统所塑造的,而多重制度系统包括家庭、社区、宗教、市场、国家、专业和公司等制度秩序。这些秩序展现了各自独特的组织原则、实践与象征,以作为参考框架,从而塑造了注意力、意义构建、语汇、社会分类、地位竞争、身份认同以及其他影响认知与行为的概念。制度逻辑视角与此前的制度理论的不同之处便在于它在社会结构的语境下观察行动，在不同的制度秩序下解读理性，同时分析文化的同质性与异质性，从象征与物质两个层面上研究能动性与变迁，并且跨层级地考察那些决定制度逻辑的可获取性、可利用性和激活的理论机制。制度逻辑视角是一种元理论，它需要通过结合其他理论来解释制度对社会、组织和个体产生的调节作用，以及制度与它们之间的相互作用。

此前，有关制度和制度化的概念与机制的研究局限于西方的语境。其中包括：哥伦比亚学派，例如Merton（1936）的意料之外的结果，Selznick的吸纳策略（1949）、价值观和紧密耦合（1957），以及Zald和Denton（1963）的目标错置；还有新制度主义学派，例如Meyer和Rowan（1977）的松散耦合，以及DiMaggio和Powell（1983）的规范性、强制性与模仿性同构。最后一种观点片面地把一个社会的制度秩序等同于专业、国家与市场的秩序。研究证明，这些早期理论难以用来解释企业面对的多国环境（Kostova、Roth和Dacin，2008）和中国的制度转型等。同样地，那些专门研究中国的学者，在解释中国的冲突、稳定和变迁（Walder，1996），以及现代资本主义的变种（Nee和Opper，2013）时，也带有一种片面的观点。他们聚焦于中层的理论概念（例如社会网络与规范），却未曾比较地分析关键的制度秩序，例如宗教秩序、市场秩序等（Yang，2012）。中国的制度变迁相较于其他国家是颇为迅速的，正因如此，在中文世界中引介制度逻辑视角将带来重要的机遇——我们应当思考如何应用这一前沿理论和方法论来开启新的研究路径（Chandler，1962；Fligstein，1985，1987）。

学者们在发展有关组织决策的制度逻辑理论方面已经取得了许多成就。其中尤为突出的研究涵盖企业高管继任（Thornton和Ocasio，

1999）、公司董事会结构（Joseph、Ocasio和McDonnell，2014）、资源依赖理论（Thornton，2004）、兼并与收购（Thornton，2001）、组织结构（Thornton，2001）、组织创始与风险承担（Almandoz，2012，2014）、战略实践变异与播散（Lounsbury，2007；Purdy和Gray，2009；Shipilov、Greve和Rowley，2010；Greenwood等，2010）、政治意识形态（Lee和Lounsbury，2015）以及创新研究（Pahnke、Katilla和Eisenhardt，2015；Dalpiaz、Rindova和Ravasi，2016）。

学者们在理解组织冲突与竞争的战略管理方面也取得了很大成就。他们从许多角度理解了这个问题，例如混合逻辑（Battilana和Dorado，2010；Pache和Santos，2013；York等，2016）、地域分离（Lounsbury，2007）、逻辑转换（McPherson和Sauder，2013；Glaser等，2016；York等，2016；Durand、Szostak、Jourdan和Thornton，2013）、通过选择性耦合（Pache和Santos，2013）与服从（Jourdan、Durand和Thornton，2017）达成的象征管理，以及通过政府授权（Reay和Hinings，2009）与平衡（Smets等，2015）专业管辖权冲突（Dunn和Jones，2010；Goodrick和Reay，2011）达成的逻辑共存。

他们还在理解制度变迁的机制方面取得了许多成就。他们采用的理论角度包括制度创业与修辞战略（Suddby和Greenwood，2005；Jones和Livne-Tarandach，2008）、身份认同（Lounsbury，2001；Rao、Monin和Durand，2003；Lok，2010；Miller、Le Breton Miller和Lester，2011）、事件序列（Thornton、Jones和Kury，2005）、事件注意力（Nigam和Ocasi，2010）、悖论与结构重叠（Jay，2013）以及生态学和资源分割理论（Marquis和Lounsbury，2007；Jourdan，2018）。

还有许多我们不明白的事物可以通过对中国的制度分析获得启发。正如我们在上面提到的，儒家思想或许支撑着中国的宗教制度秩序，但也可能支撑着中国教育制度的一些基本原则与实践。因此，儒家思想或许是一种尚待探索的、专业制度秩序的雏形，而其出现的时代早于西方世界中的任何专业制度秩序。在西方世界中，正是专业制度超越了本地和家庭网络，巩固了整个社会制度中的信任。尤其是会计和法律这两种专业制度，而不是基于家庭的本地网络，构成了华尔街金融机构和伦敦证券交易所等组织的合法性基础。正是在此基础之上，Chandler（1962）以及Berle和Means（1932）讲述了美国企业的发展史。寻找在中国奠定社会信任之基石的制度秩序是一个核心问题，其不仅有助于我们理解中国本身，还有助于我们认识中国如何与其他国家合作和交易。中国人通常被认为具有较低的基于制度的信任（Zucker，1986），但具有较高的小团体内部的信任或者说是基于社会关系的信任（Cook，2005）。但问题在于，基于制度的信任是相对稳定的，而规则却不断地变化、收紧或放宽。而且，基于血缘和小团体的信任容易受到外部冲击的影响，因为小团体内部的人与外部隔离，无法接触到外部的信息（Uzzi，1996）。当下有关中国市场转型的研究并没有在理论上探究专业如何影响信任的构建，而这恰恰是许多关键问题（例如版权保护、开放市场和地缘政治结盟）的根本所在。现有的研究着眼于关系型信任（即社会网络分析）而不是基于制度的信任。那些学者关注的是从国家到市场，而不是从家庭、社区到专业。他们的视角是自下而上的，从而分析基于"关系"的本地市场交换及其衍生的经济制度，但这并非故事的完全面貌，也未必是关于市场转型问题的一个良好答案。此外，同样重要但缺乏研究的是宗教所扮演的制度性角色。

中国的未来或许就在于其持续发展制度从而加固东方与西方之间的桥梁。尤其是那些支撑着社会关键部门（例如军事、货币标准、金融市场、政治与经济同盟，以及高科技所有权）的制度将会影响全球的地缘政治秩序。探讨这些议题的时机已经成熟；我们需要推动制度分析领域的研究来理解中国以及其他国家所面临的挑战。中国正经历着深刻的制度转型，我们希望《制度逻辑》中文版的出版能够推动这一领域的学术和公共政策研究。

帕特里夏·H. 桑顿（Patricia H. Thornton）
威廉·奥卡西奥（William Ocasio）
龙思博（Michael Lounsbury）

序言

新制度理论自Meyer和Rowan、Zucker以及DiMaggio和Powell的开创性著作以来,已经广泛地应用于组织研究领域的实证研究与理论发展之中。尽管新制度理论取得了许多成就,但对它的质疑早已萌发,这为制度逻辑研究的崛起提供了沃土。最初是Friedland和Alford的批判与基本陈述,他们在1991年引入了制度逻辑的概念。本书的两位作者Pat Thornton和Willie Ocasio,与Heather Haveman、Huggy Rao和Barbara Townley一起,都是制度逻辑概念的早期开发者。然而,这项工作尚未形成一个理论视角。

在2002年,Pat、Willie和Mike在Walter Powell的帮助下率先在美国管理学会(Academy of Management)年会上举办了一次题为"超越理所当然:制度、认知与能动性"的研讨会。此后,Pat继续将制度逻辑的概念应用于组织决策,并成为将多重制度系统和工具箱与认知基模整合在一起的早期开发者;在2004年出版的著作中,Pat系统地汇集了相关的理论与实证研究,并对此进行了元分析。与此同时,Mike继续进行着重要的扩展,尤其是在竞争性制度逻辑与将社区作为一种制度逻辑的背景下。同时,Willie研究了注意力、意义构建、语汇和制度逻辑变迁之间的关系。在过去的十年中,越来越明显的是,有关制度逻辑的研究领域已经成形,其可以指引制度分析的范围。

2006年是一座分水岭。由于阿尔伯塔大学的资源更新与领导层更替,一批精通制度分析的教职人员发起了有关新制度理论发展现状的会议论文征集——"大胆试问新制度理论是否已经死去"。作为回应，Pat做了题为《总结制度逻辑的理论与实证研究》的报告。该演讲报告被编入了由Royston Greenwood、Christine Oliver、Kerstin Sahlin-Andersson和Roy Suddaby主编的组织制度主义文集，在2008年出版，具有高度的影响力。在该文集中，Pat和Willie撰写了一篇将制度逻辑视为元理论的综述文章，以表示将制度逻辑作为核心概念的研究，与新制度理论具有显著的差异。制度逻辑是制度分析中的一项新的定向战略——自成一种视角。

与此同时，亚利桑那大学在2008年举办了一次会议，庆祝DiMaggio和Powell（1983）《重访铁笼》（*The Iron Cage Revisited*）发表25周年。在那次会议上，研究生们问道："新制度理论发展的下一阶段是什么？"在2009年的阿尔伯塔会议上，我们三人私下见面并探讨了共同撰写本书的想法，以此对上面的问题做出我们的回应——制度逻辑是一个独特的视角，其基于但亦有悖于新制度理论。我们的目的并非扩展文献综述。我们试图将这一视角正式化，分析和解释其根源，发展新的理论，并展示其如何解决新制度理论与更广泛的制度分析中的关键问题。

我们的目标并非复兴新制度理论，而是将其转型。既要认识到它的优点，即其有关宏观结构与文化如何塑造组织的原创洞见，也要认识到它的弱点，即其解释能动性与制度的微观基础、制度异质性以及制度变迁的能力有限；制度逻辑视角在此之上提供了一种新方法，通过跨层级的过程（社会、制度场域、组织、互动与个体），结合宏观结构、文化与能动性，从而解释制度如何既能促进又能约束行动。

当然，我们在本书中呈现的视角是由我们自己的观点所塑造的，但它既立足于、又试图进一步激励我们在本书中综述的诸多学者对制度逻辑的研究。我们的终极目标是建立一个学者社群。为了实现这一目标，我们在

2009年美国管理学会在芝加哥的年会上组织了一个题为"耕耘者：制度逻辑的理论、方法与研究"的专业发展工作坊。我们获得了Rudy Durand、Mary Ann Glynn、Candy Jones和Barbara Townley的帮助。随后在2011年，Mike领衔在瑞典哥德堡的欧洲组织研究团体（EGOS）年会上举办了一个关于制度逻辑的分会场，吸引了一百篇投稿论文。正是在那里，我们各自展示了本书中的部分章节。我们感谢Renate Meyer帮助组织了那次活动。

随着学术界继续建立这一新的视角，我们感到兴奋，因为多个学科有机会为这一视角做出贡献，在将文化、结构与过程概念化的多个方向上推动制度理论的发展，并在恢复对行动者与结构的敏感性的同时，揭示多层级与跨层级的过程和机制。

帕特里夏·H. 桑顿
威廉·奥卡西奥
龙思博

致谢

我们衷心感谢几位学者,特别是Paul DiMaggio、Royston Greenwood、Paul Hirsch、Roger Friedland、Neil Fligstein、John Meyer、W. Richard Scott、Arthur Stinchcombe和Morris Zelditch Jr.。他们的著作为我们的集体思考的发展提供了基础性的启发。我们还要感谢那些共同支持了我们在芝加哥的美国管理学会年会上举办的专业发展工作坊和我们在瑞典哥德堡的欧洲组织研究团体年会上举办的制度逻辑分会场的学者,尤其是Rodolphe Durand、Mary Ann Glynn、Candace Jones、Brayden King、Jaco Lok、Renate Meyer、Trish Reay和Barbara Townley以及工作坊的参与者们。我们还要衷心感谢许多人,在随后的两年中,他们对不同的章节进行了评论,并以多种方式影响了我们的思考,这些人包括Diane-Laure Arjalies、Jeannette Colyvas、Royston Greenwood、Hokyu Hwang、Julien Jourdan、Paula Jarzabkowski和Renate Meyer。

我们还要特别感谢Emma Lambert和David Musson在编辑与出版过程中提供专业指导与协助。我们也要感谢编浪出版社(Editide)的Sue和John Morris以及设计方案公司(Design Solutions)的Michael Warrell提供技术协助。

目录

001	**第一章 制度逻辑视角导论**
001	引言
002	作为一个分析框架的制度逻辑
005	本书的目标
005	本书的分析风格
006	跨学科的制度逻辑分析
007	指向新思路
007	社会结构与行动
012	制度的物质性与象征性
014	制度的历史权变性
016	制度的多重分析层级
018	本书内容
018	先驱
019	宏观——社会层级
019	微观与中观——个体与组织层级
020	微观与宏观——个体与社会层级

020	中观与宏观——组织与制度场域层级
021	中观与宏观——制度场域与社会层级
021	综合
021	结论

024	**第二章　制度逻辑视角的先驱**
024	引言
025	同构论
028	变体：微观层级
029	细化：从社会文化到场域结构
034	细化：起源、繁衍、消失
035	变体：工具主义逻辑、恰当性逻辑
036	变体：从结构性到认知性与文化性
039	变体：行动逻辑
042	整合：制度的三大支柱和载体
048	增生：制度逻辑
054	变体：聚焦规范性维度
055	讨论与总结
057	附录：命题比较

059	**第三章　定义多重制度系统**
059	引言
060	定义的差异
061	作为理想型的多重制度系统
063	制度秩序：X轴
064	制度秩序：Y轴
067	部分自治性：认知的与组织的松散耦合
070	部分自治性：制度秩序的近似可分解性

073	定义制度场域
073	文化内容：X轴、Y轴形成的单元格
074	社会中的文化空间
075	文化对权力和能动性的影响
077	增生：重新排列制度秩序
080	变体：社区作为一项制度秩序
085	讨论与总结
087	附录

089	**第四章　制度逻辑的微观基础**
091	人类行为模型：情境化的、嵌入的、有限意图性的行为
094	为微观基础建模
097	动态建构主义
099	制度逻辑微观基础的整合模型
100	社会身份、目标和基模
105	注意力焦点
107	制度逻辑与组织实践的自上而下的效应
107	自下而上的环境刺激
108	可获取性、可利用性与激活
109	无意识的与受控制的注意过程
110	从激活到社会互动
111	从社会互动到组织身份与实践
115	微观基础模型的启示
120	结论

121	**第五章　多重制度系统的稳定性与变迁**
121	引言
122	演化-系统层级

124	制度秩序的历史相互依赖性
124	个体-社会层级对制度变迁的效应
126	文化创业
130	案例叙事：潘尼隔离家庭，混合了宗教与公司
132	案例叙事：斯珀林隔离专业，混合了市场与公司
134	案例叙事：艾丁格混合了家庭、国家、市场和公司
138	跨叙事的探讨
140	讨论
148	结论

150	**第六章　组织实践与组织身份的动态**
150	引言
154	从社会互动到实践与组织身份
156	组织中的实践与身份动态
166	组织之间的实践与身份动态
172	结论

174	**第七章　场域层级逻辑的涌现与演化**
174	引言
176	文化涌现的模型
177	社会逻辑与外部逻辑
179	符号表征：理论、框架与叙事
184	资源环境及其对制度逻辑的影响
186	实践语汇与场域层级逻辑的涌现
190	场域层级逻辑的演化与变迁
197	结论

201	**第八章 制度逻辑视角的启示**
204	对其他学科与实质性研究领域的启示
204	历史比较制度分析
206	制度复杂性
207	社会运动
208	文化与制度创业
211	制度工作
212	组织身份
214	战略
216	微观过程
217	分析方法
218	结论
220	**参考文献**
253	**译后记**

图表目录

019	图1.1	制度逻辑的跨层级模型（宏观与微观的结合）
095	图4.1	制度逻辑的宏观－宏观模型
095	图4.2	制度逻辑与注意力
096	图4.3	Coleman的模型图解
099	图4.4	宏观－微观和微观－宏观相结合的制度逻辑的跨层级模型
159	图6.1	组织内部的实践与身份的内生动态，改编自Lounsbury和Crumley（2007）
168	图6.2	组织之间的实践与身份的内生动态，改编自Lounsbury和Crumley（2007）
177	图7.1	场域层级制度逻辑的文化涌现
027	表2.1	同构论与松散耦合：组织结构的理性化神话得以产生的条件
031	表2.2	同构论：组织理性化的来源

038	表2.3	旧制度主义与新制度主义
043	表2.4	不同的焦点：制度的三大支柱
046	表2.5	制度支柱和载体
051	表2.6	制度秩序的多重制度系统：文化的象征与物质内容
066	表3.1	多重制度系统的理想型
086	表3.2	修订版多重制度系统理想型
127	表5.1	多重制度系统理想型
128	表5.2	个体通过转置不同制度秩序的逻辑来可视化问题
193	表7.1	场域层级制度逻辑变迁的类型学

第一章 制度逻辑视角导论

引言

本书着眼于制度逻辑视角如何改变制度理论。我们三位作者已将彼此的见解融合,共同分析了这支急速发展的学说的起源、解读与成长。在这个过程中,我们将详尽阐述与拓展这一学说的理论与方法论,并为今后的研究提供新的思路。尽管为了阐明论点,我们纳入了相当篇幅的文献综述,但包罗万象的综述并非我们的目的。事实上,我们的目的有两重:其一,撰写一本入门读本,提纲挈领,进而将制度逻辑视角与新制度理论(neoinstitutional theory)区分开来;其二,综合此前的研究,提出新颖的理论,进一步充实这项最初由Friedland和Alford(1991)提出的元理论(metatheory)。当然,推动理论的构建与验证,都离不开一个探索的过程,而推动这一过程的最好方式便是与众多学者分享我们的构思。因此,我们的目的便在于详尽阐述与播散制度逻辑视角的核心构想,以期触动具有共同兴趣的学者们来开发新的理论性和经验性研究。

在本章中,首先,我们将介绍制度逻辑视角是如何作为一种制度分析框架的。其次,我们会叙述本书的总体目标与写作风格。再次,我们会简短地讨论制度逻辑是否适用于跨学科地整合那些分散于社会科学各个学科中的制度研究。最后,我们会探讨制度逻辑视角的四项核心元理论原则,并初步介绍一个跨层级分析的整体模型（我们会在后面的章节中进一步探讨这个模型）。

制度逻辑这个概念看上去很美，却很难定义，甚至难以应用于实际分析。Thornton和Ocasio（2008）将制度逻辑定义为一种由社会构建的、关于文化象征与物质实践（包括假设、价值观和信念）的历史模式。正是通过这种模式，个体与组织为他们的日常活动赋予意义，组织时间与空间，并再现他们的生活与经验。尽管制度分析在社会科学中有着漫长的历史，但制度逻辑的研究者们正在试验新的理论与方法，试图解决社会科学中长期存在的重要问题。我们希望通过精工良制拓展制度逻辑分析，发展出新颖且有意义的理论。我们将这些内容呈现在一个既精妙又方便使用的框架中，从而帮助学者们进一步探索那些颇有争议的社会科学论题——关于我们是如何被这个制度构成的世界影响的。

作为一个分析框架的制度逻辑

制度逻辑视角是一个元理论框架，用于分析制度、个体和组织在社会系统中的相互关系。它能够帮助有兴趣的学者来分析如下问题：在一个多重制度系统（interinstitutional system）①中，个体与组织行动者是如何被他们的多重社会处境影响的，例如，当他们身处于家庭、宗教、国家、市场、专业和公司的多重制度秩序（institutional orders）之下时。作为一个理论模型，多重制度系统中的每一项制度秩序都展现出独特的组织原则、实践和象征，进而影响着个体和组织的行为。制度逻辑为行动者们提供了参考框架，这影响着他们对意义的构建，影响着他们用来激励行动的语汇

---

① 也有学者将此译作"制度间系统"或"交互制度系统"。为此，我们听取了原书作者的建议，采用了"多重制度系统"的译法，以强调系统内所含有的多重制度秩序（其彼此之间既可能相互作用，也可能相互独立）。——译者注

（vocabulary），并对他们的自我感觉（sense of self）和身份（identity）有调节作用。每一项制度秩序的原则、实践和象征都以不尽相同的方式塑造着个体和组织演绎推理、感知与体验理性的路径。

我们今天所知道的关于制度逻辑视角的理论性和经验性研究可以追溯到Friedland和Alford在1991年为一部论文集撰写的一篇文章。但讽刺的是，这部论文集的意图乃是巩固并发展一个与制度逻辑方向迥异的研究项目，即关于组织场域的结构同构与认知同构（isomorphism）（Powell和DiMaggio，1991）。Friedland和Alford的文章后来被学者们用来研究制度逻辑如何调节组织选择理论（Haveman和Rao，1977），以及制度逻辑如何调节组织在制定战略决定时的注意力（Thornton和Ocasio，1999）。尽管Friedland和Alford的文章并未说起，但值得一提的是，制度逻辑视角的重要先驱还包括关于逻辑与实践（Bourdieu，1977）、公司制度逻辑（Jackall，1988）、解读方案（interpretive schemes）（Greenwood和Hinings，1988）、控制概念（conceptions of control）（Fligstein，1985，1987，1990），以及主导逻辑（dominant logics）（Prahalad和Bettis，1986）的诸项研究。

现在，十几年过去了，制度逻辑视角已然集结起一批充满活力的学者，并被认为是社会学与组织理论中的一个核心视角（Greenwood等，2008）。在这个迅速发展的领域里，学者们研究了多种多样的行业与组织，例如储蓄与贷款机构（Haveman和Rao，1997）、大学（Townley，1997）、图书出版公司（Thornton和Ocasio，1999；Thornton，2001，2002）、医疗卫生机构（Scott等，2000）、法式料理（Rao、Monin和Durand，2003）、股权市场（Zajac和Westphal，2004）、交响乐团（Glynn和Lounsbury，2005）、共同基金（Lounsbury，2007）、银行业（Marquis和Lounsbury，2007）、建筑设计（C. Jones和Livne-Tarandach，2008）、医学教育（Dunn和Jones，2010）、小额信贷（Battilana和Dorado，2010）和股东价值（R. E. Meyer和Höllerer，2010）等。

因其批判新制度理论未能将"行动者"（actors）置入社会语境，Friedland和Alford（1991）最初仅引起了少数学者的注意。我们在后续章节中会进一步讨论他们的批判是如何成为后来者的思想源泉的。他们辩称，社会与社会关系并非仅仅关于物质结构的播散，还涉及文化与象征。他们提出的并非一项关于环境如何影响组织的理论，而是一项有关制度（包含个体与组织）的元理论，其内涵足以延伸到社会科学的各个领域。

Friedland和Alford（1991）的批判涉猎甚多。这篇文章质问为什么社会网络理论无法解释人们为何彼此联结，他们可能会说什么，以及权力和地位为什么不具备普适的效应。这篇文章挑战理性选择理论，声称理性的意义将根据制度秩序而变化——在市场的范围内，人们透过自利（self-interest）构建意义；但是在专业（professions）的影响下，自利不再是，至少不完全是意义构建的透镜，人们还需考虑个人名誉、专业协会以及手艺的水平。Friedland和Alford将社会看作多重制度秩序的建构，而这一视角帮助我们更广泛地理解了各种组织形式。他们的批判还影响了政治社会学乃至政治学，因为他们声称权力和资源将根据制度秩序而变化。自利并不能普遍适用于各种制度环境。究其根本，制度逻辑视角所关注的正是自利与理性如何被抵消或调节，从而使人们意识到，尽管市场是一种制度，却不能完全支配专业（Scott等，2000）。而且，个体和组织可以察觉到（哪怕是在潜意识里）不同制度秩序下文化规范、象征与实践的不同之处，并将此多样性融入自己的思想、信念与决策。换言之，能动性（agency）及其赖以生存的知识将根据制度秩序而变化。我们在第四章和第五章中发展了这一构想。追本溯源，制度逻辑视角发迹于新制度理论，却又截然不同于新制度理论；Friedland和Alford（1991）翻开了制度分析的新篇章。在后续的章节中，我们会探讨他们的各种洞见如何影响了制度逻辑视角的理论发展。

本书的目标

在本书中，我们会澄清并详细阐述制度逻辑视角，并为这一视角的进展奠定基础。在此过程中，我们会评鉴代表性研究，并梳理它们之间的关系。我们将竭尽所能地整合现有的研究，从而培育出一个研究社群（B. Cohen，1991）。我们联合此前的研究，撰写新的内容，试图阐明令人困惑之处，并解决或辨别学者们在近期的制度逻辑视角研究工作坊中提出的理论与方法论问题。总而言之，我们的目标在于分析、综合、区别以及进一步开发有意义的理论与方法论工具，从而帮助组织管理学、战略学、经济与文化社会学以及认知心理学领域的众多学者。

本书的分析风格

通过展示崭新但尚未获证实的观点，我们探察了制度逻辑的边界。在制度分析的领域里，我们三位作者有各自独特的视角和专长；在写作的过程中，我们试图寻求共识。然而，我们并不认为差异必然是有害的，因为思想的差异对于科研的进展是颇为重要的。

为了在讨论中避免意识形态的争论，提升社会科学的严谨性，我们尽可能地采用了理论研究项目的方法（theoretical research program approach）（J. Berger和Zelditch，1993）。这一方法使我们能够系统地对制度逻辑领域进行分析，进而解答：是谁提出了这些构想？又是谁促使这一理论成长？为什么理论性与经验性研究的发展方向是现在这样？为什么有一些研究方向走不通，而另一些方向畅通无阻？谁是向导，又为什么要那么做？理论研究项目的方法指引着我们如何去评判实证确证（empirical corroboration）、分析效力、范围条件、精确性以及应用性研究的价值（J. Berger和Zelditch，1993）。

尽管诸如制度逻辑视角这样的定向战略（orienting strategies）带来了理论的发展，但我们完全不想像某些理论家那样把研究范式（paradigms）提升到意识形态的高度（Kuhn，1962）。我们意在将制度逻辑与意识形态区分开来。意识形态这个词联系着唯物主义的信条，而制度逻辑视角强调对制度的象征层面和物质层面的解读。意识形态这个词蕴含着相对严格且充满价值判断的思想学说，而制度逻辑视角是一个方法论视角，用于研究个体和组织行动者如何被制度逻辑所影响，又如何创造、修改制度逻辑——而这一过程想必也会改变价值判断。事实上，分析制度逻辑能够表明为什么意识形态会依附于特定的社会语境。因此，制度逻辑视角与意识形态两者之间的关键性差异便在于：前者意在抽象的分析，而后者只关乎具体的社会受众，而这些人试图通过社会行动获取一定的实际好处（Ashcraft，1986：7）。

跨学科的制度逻辑分析

制度理论包含了多种多样的研究流派，分散在社会科学的多个学科中，包括政治学、经济学和社会学。制度研究不代表一种统一的思想学说（Scott，2008a），而是由一些替代性理论构成的（J. Berger和Zelditch，1993）。Hall和Taylor（1996）评论道：这些迥异的思想流派各自为政，彼此之间缺乏综合，着实令人吃惊。尽管这些迥然不同的研究范式并未互相抵牾，但它们各自只从一个侧面呈现了制度如何影响人类与组织行为。

而且，它们各自只侧重了一部分研究方法。于是，整个制度分析领域充斥着片面的定向战略和零散的知识点。我们的目标便在于通过制度逻辑视角，联合各个研究群体，综合彼此的理论洞见，从而更加全面地阐明整个领域。

指向新思路

在谈论是否有可能把分散在社会科学中的制度主义者联合起来之前，我们必须讨论制度逻辑视角的基本原则。我们扼要地概括出制度逻辑视角的四项元理论基本原则：能动性与结构的二元性，制度既有物质性又有象征性，制度的历史权变性，以及制度具有多重分析层级。这些原则引导并贯穿了我们在后续章节中的讨论。

社会结构与行动

制度逻辑视角的一个核心假定认为，个体与组织的利益、身份、价值观与假设都嵌入（embedded）盛行的制度逻辑（Thornton和Ocasio，2008）。这一假定使得制度逻辑视角既与那些强调结构凌驾于行动之上的宏观结构视角区分开来（DiMaggio和Powell，1983），又与那些把制度与经济或技术割裂开来的帕森斯式（Parsons，1956）视角划清界限（例如J. W. Meyer和Scott，1983）。

社会科学史上有一项历史悠久的二律背反：一方的学者强调社会结构束缚了行动（Wrong，1961），而另一方的学者关注个体与组织如何通过他们的行动创造、维护并改变制度（Child，1972）。我们在这里用行动（actions）这个词指代能动性这个概念。Scott（2008b：77）将能动性

7 定义为一个行动者对这个社会产生一定影响的能力,例如改变规则、社会关系或资源分配的能力。在奠定制度逻辑的理论基石的时候,我们有必要强调那些曾经促进了理论发展来解决能动性与结构这个棘手问题的定向战略。所谓定向战略是一种元理论结构,它由一系列有关行动者、行动与秩序的相互关联的假设和概念所构成(J. Berger和Zelditch,1993)。

制度逻辑视角作为一种定向战略,与我们在下面讨论的其他定向战略的关键性差异在于,制度逻辑包含了一定的理论机制,解释行动者在社会结构中的部分自治性(partial autonomy)。而正是这种部分自治性帮助我们解释了制度如何既约束又促进个体与组织行动者,从而创造出一种关于制度稳定性与制度变迁的理论,这也是本书的核心议题之一。

针对结构和行动这一理论性两难困境,第一种定向战略即DiMaggio和Powell(1983)提出的结构性同构理论。在他们提出的三种同构形态(即模仿性同构、规范性同构和强制性同构)中,只有最后一种蕴含着某种能动性理论(例如强大的监管机构),而非仅仅关乎一致性或习惯性行为。其他两种同构形态则符合结构主义的观点,即社会关系是模式化的,并且束缚着个体与组织的自主性。正如Scott(2008b:76)所言,大体上,制度理论主要强调了社会结构的连续性及其对行动者的束缚。这一观点与经济学和政治学中基于理性的博弈论模型截然不同(Scott,2008b:67)。因此,一些学者批评新制度理论无法解释能动行为(agentive behavior)(Barley和Tolbert,1997;Hirsch和Lounsbury,1997)。在后续章节中,我们会详尽探讨,个体和组织如何能够掌握并依据不同的理性观念来行动,以及战略行为如何在根本上与这种行动能力相关联。我们认为,多重制度系统中各项元素的近似可分解性(near-decomposability)就是一个答案(尽管并不完善),即每一项制度秩序都有属于自身的理性观念。

第二种定向战略来自Giddens(1984)提出的结构化理论(structuration），他创造了"社会结构与能动性的二元性"这一说法，并断言社会结构同时约束并促动个体行动者。根据Giddens（1984）的理论，社会结构由规则、资源和实践构成，同时是社会生活的实施（enactment）和繁衍的产物与平台。他的递归相互依赖模型（recursive interdependent model）号称可以同时将社会结构的根源和社会变革的起源理论化。

尽管行动者在增强和维护自身权力时的表现具有见识、反思意识和自主性，Giddens（1984）的结构化理论却并未道明是什么影响了行动者对于自身私利、权力和癖性的认知框架。社会结构到底是关于什么的？既然行动者采纳的规则和资源并不单一，那么什么样的规则会被他们选择，什么样的资源又会被他们关注呢（March和Olsen，1989）？个体会对自己以及他人的行为赋予什么样的意义？总而言之，Giddens有关结构与行动相互塑形的观点的界限到底在哪里？

想要解决这些问题，我们需要在更广阔的社会文化系统之下理解Giddens（1984）的结构化理论。然而，在Giddens（1984）的理论中缺少对社会系统的概念化（Winder，2001）。而且，Giddens（1984）的理论仅仅假设资源被用于增强和维护权力，而制度逻辑视角则假设个体在多重制度系统中的位置将影响他们使用权力来表达自身利益的目的、方式以及含义（Friedland和Alford，1991）。尽管我们赞同Giddens的某些观念，即实践理论的必要性，以及能动性与结构的二元性，但是我们认为他的视角是不完备的，其并未通过系统的经验性研究而跨越了抽象的层面（Barley和Tolbert，1997）。[①]在后续章节中，我们将在社会系统的三个层级中，即

[①] 基于Giddens（1984）以及学界对新制度理论的批判，Barley和Tolbert（1997）提出了一些能够使结构化理论更加动态化且易于研究的建议。他们发展了一个基于行为脚本（behavioral scripts）的顺序制度化模型。我们即将展现的跨层级模型与Barley和Tolbert（1997）的模型十分不同：我们的模型超越了相对无意识的脚本认知，进而从认知、行为以及文化等诸多方面考虑了能动性在模型中所扮演的角色。

组织场域、制度场域和社会，展开我们的论断。

作为对新制度理论中所缺乏的能动性理论的回应，一些学者把观念与利益相联系，进而开发了第三种定向战略："制度创业者"（institutional entrepreneur，或译为"制度创业"）（DiMaggio，1988；Fligstein，1997，2001；Garud、Jain和Kumaraswamy，2002；Munir和Phillips，2005；Levy和Scully，2007）。制度创业者积极参与竞争，以此来占有并构建一个观念，并期望在塑造这个观念的制度化过程中表达他们自身的利益（Hardy和Maguire，2008）。例如，研究者已经发现制度创业者会通过讲故事（Lounsbury和Glynn，2001；Zilber，2007；Martens、Jennings和Jennings，2007）、修辞战略（Suddaby和Greenwood，2005；Greenwood和Suddaby，2006），以及宏观的文化话语（T. B. Lawrence和Phillips，2004）来操纵文化象征与实践。

不过，Hardy和Maguire（2008）在他们的文献综述中警示我们不应在构建一项有关行动与制度变迁的理论时诉诸英雄般的创业者。虽然这一学说已然萌发，但却因为过度使用案例研究来描述那些不受约束的制度创业者如何恣意操纵制度而广受诟病。这些研究缺少理论来解释制度创业者如何认识到自身的观念，又如何嵌入（或独立于）那些促使他们产生这些观念的社会系统（Leca和Naccache，2006）。在第五章里，我们将通过比较案例研究进一步发展制度创业理论。

第四种有关结构与行动的定向战略来自Swidler（1986）的"文化工具箱"概念，即个体如何把文化当作"工具箱"（toolkit）来使用。通过对贫穷文化的案例分析，Swidler解构了长久以来的帕森斯式（1951）唯意志行动理论（theory of voluntary action）。按照帕森斯的理论，社会系统由价值取向构成，而个体则通过社会化过程将价值取向变成内在特质。于是，价值观便得以引导个体做出相应的选择。"因此，文化通过价值观影响了人类行为；价值观使行动者转向某些特定的目的。"（Swidler，1986：274）然而，Swidler（1986）辩称，文化价值并不一定是人们欲求的指针，也未必是人们行动的预告。她研究的案例表明，"人们或许拥有共同的渴望，但文化依然可能以截然不同的方式影响他们的行为模式"（Swidler，1986：275）。

Swidler（1986）的洞见孕育了一种对行动难题的不同解释，其认为文化是支离破碎的，而非像Parsons（1951）所说的那样铁板一块。现在的问题在于，如何将工具箱概念与制度逻辑的元理论相联结，而这样做又有什么好处呢（参见DiMaggio，1997）？我们将在第三章中讨论，多重制度系统所提供的是一种具有近似可分解性的文化模型。在这一模型中，个体和组织可以通过不同的方式获取文化的片段或类别元素（categorical elements），将之运用于新的社会情境，从而满足特定的局部环境中的实际需求（Thornton，2004；Lounsbury和Crumley，2007；见本书第四章、第五章）。从这个意义上来讲，联结工具箱概念与多重制度系统的潜力便在于超越对制度创业者的简单描述，进而揭示一种有关制度创业的理论。在后续章节中，我们将阐明制度创业过程中的微观与宏观机制，然后运用一种制度逻辑的类型学来展示三位制度创业者如何探索自身的观念并动员他人来支持自己。

但是，工具箱理论也有它的局限，相较于制度逻辑视角，它未能较好地解释规范与价值观是如何塑造行动的；对于使用工具箱概念的学者而言，价值观所扮演的角色无非是为行动提供正当理由（justification）而非道德动机（moral motivation）（见Boltanski和Thévenot，1991）。不仅价值观这一概念并没有为动机提供深刻的理论依据，工具箱概念从根本上也缺乏一种关于动机的明确机制。DiMaggio（1997）对这个问题提出了一种解答，他把工具箱概念与认知心理学、社会心理学联系在一起，声称文化工具箱依赖于环境中的情景线索（situational cues），从而把有关行动的机制置于个体之外。

DiMaggio（1997）的推论源自他对文化的探索；他发现被个体所内部化的许多文化信息本来就互相矛盾，而且并未在认知上对应真实的价值（a truth value，或译"真值"），因而并不能提供一种前后一致的动机理论。我们将在后续章节中指出，正是这两个特质——多重制度系统的近似可分解性及其为环境所引致的文化矛盾构建框架的能力——使得工具箱概念与制度逻辑视角互相融洽，并为动机与正当理由这一悖论（motivation/justification paradox）提供了一个潜在的解决方案（Vaisey，2008）。

制度逻辑视角并非要轻视结构主义的观点，抑或是制度创业者的概念，其并不局限于此。理解结构与行动问题的关键并不是把理性行动者与非理性行动者进行两分对立。相反，我们的目标是调查行动如何依赖于不同制度秩序对个体和组织进行定位和影响。要记住，每一种制度秩序都有其独特的理性观念。

有关结构和行动，以及嵌入能动性（embedded agency）的话题一直是组织与制度学者的兴趣所在（例如Sewell，1992；Holm，1995；Emirbayer和Mische，1998；Seo和Creed，2002；Battilana，2006；Greenwood和Suddaby，2006）。在后面的章节中，我们会深入讨论如何通过多重制度系统中各项制度秩序的互相依赖性和部分自治性来将结构和行动理论化，并进行测量。

制度的物质性与象征性

制度逻辑视角的关键原则之一在于，社会中的每一项制度秩序都具有物质元素以及象征元素。在这里，所谓制度的物质元素，指的是结构与实践；至于象征元素，指的则是思想与意义；而且，我们认为象征元素与物质元素是互相交织、相互构成的。根据Zilber（2008）的定义，象征是在结构和实践中体现的，而结构和实践则表达和影响了象征的意义。这并不意味着物质与象征无法在分析层面上互相分离；实际上，有研究表明，看似相同的制度实践与结构或许蕴含着不同的行动者，并因此具有不同的意义与制度效应（Zilber，2002；DiMaggio和Mullen，2000）。而且，象征并不是恒定的，其意义从来不曾为一个既定的语言系统所完全决定。恰恰相反，象征总是能够打破语境，获取不同的内涵（Zilber，2008：161）。

Friedland和Alford（1991）阐明了为什么制度分析需要考虑象征和实践。虽然家庭和宗教通常不被认为是经济领域的一部分，但二者直接牵扯到了商品和服务的生产、再分配与消费（Becker，1976）。同样地，虽然市场一般不被认为是文化领域的一部分，但它是直接被社会关系网络、权力、地位等文化和社会结构所塑造的（Granovetter，1985）。

制度逻辑视角同时考量了物质层面和象征层面的动态。这或许便是制度逻辑视角与早期新制度理论的关键差别（J. W. Meyer和Rowan，1977）。但是，我们并不是要倡导一种将文化象征与物质结构混合在一起的研究话语，抑或是在元理论的层面上把两者混为一谈（Archer，1996；Vaisey，2008）。恰恰相反，我们在开发一种理论和方法论工具，使得研究者们能够把象征效应从结构效应中分割出来（DiMaggio，1994），从而更好地理解因果顺序与运作机制。这类研究已经起步，例如Lizardo（2006）展示了文化品位能够塑造网络结构。这种基础性知识对于我们研究商业战略和公共政策颇具意义，尤其是对于法国这类明确意识到象征和文化资源的战略价值的国家（Jourdan、Thornton和Durand，2011）。

在同时考量象征元素和物质元素时，还有一个方面很重要。如果忽视制度的象征层面，我们将很难对制度的异质性和制度变迁进行理论化，因为社会实践的制度化正意味着其获得了集体意义（collective meaning）（Dobbin，1994：228）。这是因为物质实践的含义首先是通过象征的形式表现出来并传播开来的，理论化（theorization）便是一种播散（diffusion）机制（Douglas，1986；Strang和Meyer，1993；G. F. Davis、Diekmann和Tinsley，1994；G. F. Davis和Greve，1997；Zilber，2006，2008）。但是，我们该如何把理论的各个片段和各个层级联结起来呢？制度逻辑视角通过结合象征元素与物质元素，把有关文化和认知的研究综合在了一起，进而提供了一种定向战略，以支撑一项有关文化如何塑造行动的理论。

12　制度的历史权变性

制度逻辑视角假定制度是具有历史权变性的，这点在制度理论中是基本保持一致的。Friedland和Alford（1991）认识到，许多有关组织和经济现象的研究所揭示的结论仅仅是在某一时期内确凿有效的。基于零星数据，他们做出了制度具有历史权变性的论断，声称利润与债务这些常用术语的定义会随着会计程序与税法的改变而变化，因为这些概念都受到更广阔的社会变革的影响。我们注意到，他们使用的有关规章制度的案例不仅提到新的立法，还提到现有法律的内在灵活性——这点在各个历史时期内对同一法律的不同解读上得以体现。正如Scott（2008b：54）所言，许多法律是模糊的，甚至是具有争议的，但也因此为集体性的意义建构留下了机会。例如，法律解读的动态变化已经在制度理论中被广泛记载（Edelman，1992；Edelman、Abraham和Erlanger，1992；Suchman和Edelman，1997）。正如Edelman、Uggen和Erlanger（1999：406–407）有关申诉程序法（grievance-procedure laws）的研究所表明的，法律的内容和含义是由它理当监管的社会场域所决定的。

大样本的研究已经检验了个体效应、组织效应以及经济效应的历史权变性。有关高等教育出版业的制度逻辑和组织决策的研究将笼统的结论抽丝剥茧，厘清了哪些是长久的普适效应，哪些是某一历史时期的特殊效应（Thornton，2004）。具体而言，创建者和所有者的效应是具有跨越历史的普适意义的，但关系效应和结构效应是特定历史时期的产物，受到了该时期的主流制度逻辑的影响。许多由资源依赖理论与经济学理论所预测的结果被认为是具有历史权变性的。值得注意的是，在这项元分析中所囊括的研究同时包含了定性和定量的数据和方法，以及严格的样本筛选、控制变量和统计模型（Thornton，2004；见本书第八章）。

正如经验性观察所指出的，多重制度系统中各项制度秩序的重要性并非一成不变，而是随着历史的演化而变化的。在现代社会中更具影响力的通常是国家逻辑、专业逻辑、公司逻辑和市场逻辑。尤其是市场逻辑，其影响在过去三十年里日益突出，正如大量研究文献所显示的那样（Scott等，2000；Lounsbury，2002；Zajac和Westphal，2004；R. E. Meyer和Hammerschmid，2004）。但有证据表明，任何一项制度秩序的相对重要性都不总是受到科学化（scientization，J. W. Meyer等，1997）或市场理性化（market rationalization，DiMaggio和Powell，1983）的驱动而渐进地、线性地前行。

虽然只有很少的研究关注这一话题，但有初步的证据显示，一项制度秩序的影响力并不一定完全地替代另一项制度秩序的影响力。尽管这并非Thornton和Ocasio（1999）的研究主旨，但是该文中的风险模型显示，编辑逻辑如今依然存在于许多私营出版公司当中，虽然其绝非整个出版行业中的主导逻辑，而且已经被逐渐地侵蚀了（Thornton和Ocasio，1999，见脚注9）。

学者们通过案例研究分别在会计行业和建筑行业中发现了制度逻辑在历史变革中的周期模式和间断平衡（punctuated equilibria）（Thornton、Jones和Kury，2005）。沿着这个思路，制度逻辑研究考察了反逻辑（counter logics）如何在相互竞争的制度秩序间制造对立的张力（Barley和Kunda，1992），遏制整体性的制度变迁，从而建立起一个新的平衡或系统稳定期。例如，Marquis和Lounsbury（2007）对银行业的研究发现，一项旧的制度秩序——社区逻辑再度兴起，制造了一种针对市场逻辑的反抗力量。我们还在其他研究中看到了历史权变性的周期模式，例如，在基因科学领域，我们看到人们如何在互相冲突的学术逻辑（专业逻辑）和商业逻辑（市场与公司逻辑）之间行动（Murray，2010）；又例如，在医学教育领域，人们如何面对科学逻辑与护理专业逻辑之间的矛盾（Dunn和Jones，2010）。制度逻辑在涌现、再现和变迁过程中的历史权变性是相对新颖且亟待探索的议题，我们将在第五章和第七章中讨论。

为了建立一种有关制度变迁与制度稳定性的理论，在元理论层面假设制度的历史权变性是必不可少的。我们的目标并不在于开发有关行为和结构的普适理论，而在于发展在理论中连接因果并随着时间展开的（Gross，2009）关键性元素——机制（mechanisms）（G. F. Davis和Marquis，2005）。任何对社会机制的真切描绘都必须通过既跨越历史时段又跨越分析层级的观察。

制度的多重分析层级

制度逻辑视角假定制度在多个分析层级（包括个体、组织、场域和社会）上运作，而行动者嵌套在较高的层级中。这一假设符合经验性的观察，即制度既是互相冲突的，又为行动者同时带来约束和机会（Friedland

和Alford，1991）。如果我们接受这一假设，研究者就必须在构建理论时阐明机制如何既在分析层面上具有差异性，又在一定的条件下允许行动者与情境的结合和分离。换言之，到底是行动者改变了，还是结构改变了？（Hernes，1998）什么是跨层级的相互作用？要回答这些问题，研究者必须识别那些连接因果的机制。它们是理论的元素，运作在不同的分析层级之中；一旦把它们说清楚，理论就会变得更精确且更全面（Stinchcombe，1991）。

Hernes（1998）将社会机制定义为研究者所构建的一种虚拟现实（virtual reality），用以考察、理解和构建一项有关现实（reality）的理论。至于虚拟与现实之间的拟合优度（goodness of fit），可以通过比较社会机制的推论与事实来决定。为了进行这一比较，研究者在构建理论时，制造了一种被称为机制的装置，用以推断将来的结果。机制具备两种抽象的元素，其一是对行动者的具体说明（specification），其二是对行动者所在的结构的具体说明。例如，关于能动性的机制可以体现行动者的差异；反之，其也可以体现社会结构中不同位置的差异，如此一来，行动者就具有相互替代性了（Hernes，1998；Collins，2004）。

支撑制度逻辑视角的元理论围绕着多重制度系统这一概念而发展；它假设制度是在多个分析层级中运转的，因此可能具备跨层级的相互作用。在第三章中，我们将多重制度系统展现为一个理想型（ideal type），这有助于研究者把社会科学的经验性观察转变为机制，或曰，虚拟现实（Hernes，1998），从而在分析层面上使机制之间的结合和分解变得截然不同。

这一点是关键的，因为研究者对分析层级的选择往往是先行的，这将决定他对问题的选择，以及对用于调查该问题的工具的选择，因此也会决定他最终会观察到什么。在研究中结合多个分析层级的研究者们更有可能观察到准确的图景，因为他们能够看到机制的运作，以及制度逻辑之间的天然矛盾。Friedland和Alford（1991：256）引入多重制度系统和相互嵌套的分析层级的部分动机，就在于抵抗当时在社会学、经济学与组织理论中盛行的功能主义和共识论。在第三章和第五章中，我们会着重讨论多重制度系统的模型。

15 本书内容

贯穿本书的是我们发展的两个模型：多重制度系统和跨层级效应。围绕着这两个模型，我们详细论述了新颖的理论，从而区分了制度逻辑视角与新制度理论。在图1.1中，我们通过综合这两个概念勾勒出了本书的贡献：充实了制度逻辑的元理论，并阐明了跨层级的机制如何在微观与宏观之间运作。图1.1中的注释表明了第三章到第七章之间的联系。

先驱

在第二章里，我们分析了制度逻辑视角如何从新制度理论中发展出来而又不同于后者。其主要的特质便在于能够将制度的二元性进行理论化，既包含制度中有关物质、基于实践的层面（DiMaggio和Powell，1983），又包含其中有关文化、基于象征的层面（J. W. Meyer和Rowan，1977）。新制度主义视角包括了一系列有关环境如何影响组织同质性和文化同质性的概念与理论，而制度逻辑视角则是一项有关制度与组织的元理论，其不仅解释了同质性，还解释了异质性。我们采纳J. Berger和Zelditch（1993）用以分析理论研究项目的方法来鉴别制度逻辑视角的先驱者，从而展现他们是如何在回应新制度理论的局限时发展出制度逻辑视角的。这一分析方法使我们能够分析和标记多种理论定向战略的此消彼长。在后续章节中，我们将以此来分析理论的发展，并指出未来的研究方向。

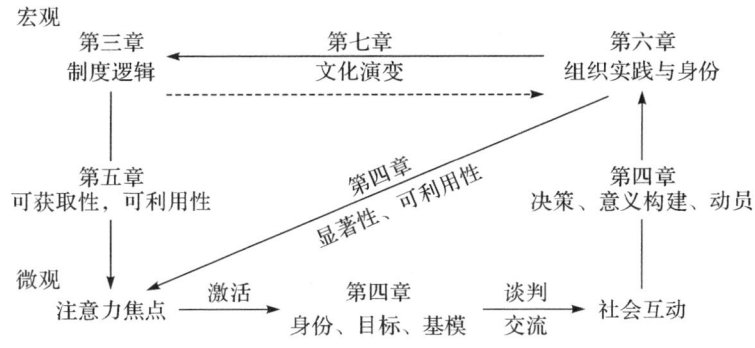

图1.1 制度逻辑的跨层级模型（宏观与微观的结合）

宏观——社会层级

通过发展一项新的制度逻辑——社区逻辑，我们在第三章里详细论述了一个将社会看作多重制度系统的模型。这进一步拓展了最初由Friedland和Alford（1991）提出，然后经由Thornton（2004）扩展的多重制度系统。多重制度系统是制度逻辑视角最核心的创新之一。我们把多重制度系统发展成一个由理想型构成的模型，进而探讨了该系统作为一个理论与方法论工具的作用。我们特别讨论了如何利用这个系统来解答制度分析中的重要理论问题，例如社会结构与行动的部分自治性、制度场域的定义，以及权力与能动性之间的关系等。

微观与中观——个体与组织层级

我们在第四章里发展了制度逻辑视角的微观基础。这项新的理论可以用来解释宏观层级的制度逻辑如何被个体和组织获取并利用。至于制度逻辑的哪一部分会被激活，则取决于可获取的知识结构能否被运用于当前环境与情境的显著方面。尽管Friedland和Alford（1991）声称个体和组织可以利用并操控那些可获取的制度逻辑,但是他们的论断集中在社会层级,并没有发展微观和中观层级的理论。基于认知和社会心理学的严谨研究,动态建构主义理论被用以建立一个更为宏大的模型,其捕捉了微观和宏观机制的跨层级效应,并以此支撑了制度逻辑视角。

微观与宏观——个体与社会层级

通过经验性的案例分析,我们在第五章里进一步探讨了在第三章中展示的多重制度系统,并发展了第四章里有关制度逻辑的可获取性(availability)和可利用性(accessibility)的理论。我们讨论了制度秩序的历史权变性,以及多重制度系统的稳定性与变迁。我们用三个创业案例阐述了如何把多重制度系统作为一个理想型来分析创新观念的涌现与制度变迁,以及这些观念和变迁对个体和社会所产生的影响。这些案例表明,制度逻辑的可获取性和可利用性取决于个体在不同制度秩序中纵向专业化(vertical specialization)的能力及其在不同制度秩序间将类别元素横向普遍化(horizontal generalization)①的能力。通过对这些案例的分析,我们提出了一项有关个体如何重组制度逻辑的新理论。具体而言,个体可以通过转换不同制度秩序中的同一类别元素,或者通过混合和隔离不同制度秩序中的不同类别元素,来重组多个制度逻辑。

中观与宏观——组织与制度场域层级

基于在第四章中详细阐述的微观基础模型,我们在第六章里发展了一个新的模型,关乎不同种类的社会互动——诸如决策、意义构建和集体动员——如何调解制度逻辑与组织的身份和实践。通过这一章,我们把制度逻辑、实践和组织身份联系了起来,打通了组织和制度场域这两个分析层

---

① 横向普遍化强调制度元素可以跨越不同的制度逻辑,而纵向专业化强调在一个制度逻辑之下对某些元素有深入的把控。前者指把某一元素运用到更普遍的制度环境中,而后者指针对某一特殊元素的经验与知识。——译者注

级。我们开发了两个过程模型,将组织身份和实践两个概念作为连接制度逻辑与组织内部过程的关键环节。这两个模型具有递归性,因为其中的制度逻辑不仅塑造了组织身份和实践,同时也为组织身份与实践所塑造。

中观与宏观——制度场域与社会层级

在第七章里,我们在制度场域的分析层级上考察了制度逻辑的涌现和演化。我们结合了关于实践的诸多理论、叙事和语汇。我们针对场域层级的制度逻辑变迁,开发了一种新的类型学,从而区分了两种截然不同的变迁。其中,第一种是涉及逻辑替换、混合和隔离的转型变迁(transformational changes),而第二种是有关逻辑同化、细化、扩展和收缩的发展变迁(developmental changes)。在这一章里,我们将阐明场域层级的制度逻辑如何既嵌入社会层级的逻辑,又受制于制度场域层级的变迁。

综合

在第八章中,我们简练地概述了对制度理论的分析以及在制度逻辑视角下发展的新理论。这些新的理论拓展包括了多重制度系统(第三章)、制度逻辑的可获取性与可利用性(第四章)及其如何取决于制度创业者纵向专业化与横向普遍化的能力(第五章),将组织身份与实践作为连接制度逻辑与组织内部过程的关键环节的过程模型(第六章),以及在制度场域层级上解释制度逻辑变迁的类型学(第七章)。最后,在第八章中,我们还摘选了每一章的讨论部分,并阐述这些内容如何为社会科学以及商业和政策领域指明未来的研究方向。

结论

在这一章里,我们勾勒了制度逻辑视角的元理论原则,进而梳理了这一视角的先驱、拓展和发展。再次强调，我们的目标并不是一份文献综述，而是要拓展制度逻辑视角下的理论和经验性研究。制度逻辑视角与新制度理论的主要差别就在于前者考量了制度所具备的物质、象征二元性。因此，制度逻辑视角并不带有西方世界的偏见，而是呈现了一个关乎文化异质性的一般模型。与之相对，J. W. Meyer和他的同事们（1997）聚焦于西方文化的同质性；DiMaggio和Powell（1983）则着眼于组织场域的同质性。

通过鉴别制度逻辑视角的元理论原则，我们探讨了这些原则为何被先前的研究激发，又为何会影响制度分析的持续发展。首先，如何解释结构与能动性之间的关系或许是制度逻辑视角下最重要的元理论难题。其关键在于理解行动者如何在受制于制度的情境下改变制度。解决的方案便在于将社会看作一个多重制度系统；这样做使研究者得以将结构与能动性的部分自治性理论化并加以测量。其次，只有结合制度的象征层面与物质层面，研究者才能够观察、测量制度的动态变化，从而创造更为丰满的制度变迁理论。再次，对于研究制度逻辑的涌现、再现与变迁，历史权变性这一概念是至关重要的。最后，多层级的分析使研究者能够观察与测量跨层级效应和因果机制，进而获取更为精确的理论。我们在图1.1中展示了一个递归模型，概述了制度逻辑机制的跨层级效应。我们在这些机制和分析层级上还标注了章节数，便于读者寻找相关部分的具体讨论。

这是一部有关制度逻辑视角的、包罗万象的入门读本。我们希望本书能够促进众多学者进一步发展相关理论与经验性研究。我们采用了J. Berger和Zelditch（1993）考察理论研究项目的方法，从而揭示了制度逻辑研究的基本要素。制度分析领域在社会科学中已广泛扩散。我们相信，作为元理论的制度逻辑视角有望促进卓有成效的跨学科整合。我们相信，对社会科学来说，制度分析比以往任何时候都更为重要，我们不能再依赖于片面的描述和理论来解释制度如何塑造、激励和正当化个体与组织的行动。我们试图开发一种超越先前工作的元理论和模型集合，从而整合并进一步发展制度分析的核心概念。本书中的想法是丰富合作的结果。我们希望读者们找到有助于开拓研究思路的材料，并对制度逻辑的研究做出更多的贡献。

第二章 制度逻辑视角的先驱

引言

本章将解读制度逻辑视角是如何在新制度理论和组织制度分析的背景下产生的（J. W. Meyer和Rowan，1977；DiMaggio和Powell，1983；Powell和DiMaggio，1991；Scott，1995，2001，2008a；Fligstein，1987，1990，2001）。我们采用了Berger和Zelditch（1993）在分析理论研究项目时提出的研究方法。理论研究项目的典型特征是其经历的渐进式变化及其拥有的"定向战略"（orienting strategy）；换言之，理论研究项目提供标准，指导理论构建和实证研究，其中包括选择理论问题和解决方案。我们对新制度理论的解读表明，这是一组定向战略。首先，我们将阐释理论分析的方法；其次，我们将运用此方法来解释制度逻辑视角的先驱。

根据Berger和Zelditch（1993：3）的观点，一个理论研究项目由互相关联的理论或是定向战略，以及支撑性理论和应用性研究组成，并且能够根据以下五个范畴进行分类，即：细化（elaboration）、增生（proliferation）、变异（variation）、竞争（competition）与整合（integration）。我们运用这些范畴来进行分析而非实证。在运用过程中，它们两两之间并不相互排斥，而是被用来强调和区别促进制度逻辑视角发展的理论元素和实证研究。

细化是理论发展的一种形式，在这种形式中理论领域逐渐扩张，例如增加一个新的因变量或者范围条件。由此，一个理论能够运用到新的或更广阔的重要现象中，又或者，该理论的结构和方法能够通过增添新的命题和扩大该理论实证结果的新的数据建模进行正式化（formalized）。增生是一种细化，但不同之处在于增生中的重大理论飞跃是通过引入额外的概念和理论原则来完成的。而当两种理论采用相同的概念体系来解决相似的问题，又使用一种或多种截然不同的机制来解释相关过程的运作时，它们便是彼此的"变体"（variants）。理论变体可能相互之间存在竞争关系。这种敌对关系会导致一种理论最终取代另一种，或者两者的整合。当两种理论运用不同概念和原则来解释同一问题时，它们便是竞争对手。当变体与增生二者相结合，进而决定每一个变体的运作条件或是描述不同理论阐述的不同过程间的相互关系时，整合就出现了。

我们用表格展示了新制度理论中的关键定向战略，以此作为基准来比较它们与制度逻辑视角的假设和发展之间的联系。首先，我们剖析了J. W. Meyer和Rowan（1977）以及DiMaggio和Powell（1983）的开创性理论，他们分别把同构视为制度化（institutionalization）的文化解释和结构解释。我们又分析了此后的理论发展，对能动性的研究（DiMaggio，1988），以及Powell和DiMaggio（1991）所编的论文集里的认知转向，还有Scott（1995，2001，2008b）将制度理论整合为规制性（regulative）、规范性（normative）和文化认知性（cultural-cognitive）三个支柱。如此的综合分析揭示了制度逻辑视角的理论根源。

同构论

通过关注三个中心概念——制度规则（institutional rules）、合法性和同构，J. W. Meyer和Rowan（1977）开创了制度理论的一个新变体。根据韦伯的观点，合法性是正式组织结构的来源，它可能与技术工作活动的协调和控制无关，Meyer和Rowan提出的首要主张即组织文化须符合环境中的制度规则，这一主张解释了组织的形式为何会变得相似，以及这些形式为何可能脱离实践。

相关数据显示，学校的正式组织结构（例如组织结构图、目标和政策）的理性化与学校教育的核心活动并不相符。受此启发，J. W. Meyer和Rowan问道：如果正式组织结构并不解决功能性需求问题，那么为什么组织看起来相似，即它们为什么同构呢？他们认为，组织的结构相似性反映了它们在制度情境中遵守文化神话和象征的努力，这些神话和象征催生了组织生存所必需的公共合法性。

根据J. W. Meyer和Rowan（1977）的观点，公共合法性的源头来自现代化进程，而这一进程是通过专业与国家的活动、政策和计划的渗透而产生的。以下三种进程催生了理性化神话（rationalized myths），进而影响了组织结构：（1）复杂关系网络的细化，例如专业与国家的办事机构的密度及其相互连通性的增强；（2）环境中组织集体化的程度，例如通过国家集权来提供法律授权、许可、认证和学校课程；（3）本地组织努力成为领导的程度，例如通过将其目标制度化为国家和专业机构的规章制度来塑造自己的制度环境。表2.1总结了这些机制及其产生的实践。这些机制产生了理性化的制度规则，为组织提供了构成要素（building blocks）和正式组织结构的语汇。

J. W. Meyer和Rowan（1977）的理论认为，正式组织结构的生存和成功源于它们对社会文化体系中理所当然的规则（taken-for-granted rules）的反映式理性化（reflective rationalization）。但是，这种理性化的过程会导致组织制定一些并非其核心技术使命的目标。这就使组织面临紧张的状况,即其需要在完成内部技术使命的同时满足制度环境的外部要求。根据March和Olsen(1976)以及Weick(1976)的观察,组织是松散耦合的,它们经常违反规则并做出一些不会被实施的决策。J. W. Meyer和Rowan认为,组织通过将其外部活动与内部活动去耦(decoupling),从而取得成功。学者们已经找到了对这个命题的支持(Oliver,1997)。

表2.1 同构论与松散耦合:组织结构的理性化神话得以产生的条件

合法性来源	专业	国家
机制		
复杂关系网络的细化	专业知识	合同
环境和舆论的集体组织	执照、资格认证制度、法律、司法机关	国家建设、国家形成、国家集权、法律授权
本地组织努力成为领导	制定标准、制定认证规则	执行标准、采纳认证规则

来源:J. W. Meyer和Rowan(1977)。

J. W. Meyer和Rowan(1977)提出的制度理论的新变体与旧制度理论形成了鲜明的对比,后者侧重于在组织结构和文化的正式与非正式的力量之间寻求一致性(Selznick,1957)。除却去耦,组织还可以通过信任和诚信的仪式(rituals of confidence and good faith)以及检查的禁忌(taboo of inspection)来管理相互冲突的制度和技术环境。这意味着,如果组织的目标或行动经由专业机构认证,那么它在本质上就是道德的,其在政治上就是正确的,因此不需被进一步质疑或评估。J. W. Meyer和Rowan(1977)最初提出的理论框架为充满活力且不断发展的学者社群提供了启发(Tolbert和Zucker,1983;Strang,1987)。

随着J. W. Meyer的研究团队不断壮大,文化越来越被认为是世界体系(world-system)层级的概念;在这个层级上,分析单位高度聚合,因而产生了在同构上最强有力的发现(J. W. Meyer等,1997;Suárez、Ramirez和Koo,2009;K. Weber Davis和Lounsbury,2009;Hallett,2010;综述可参见Boxenbaum和Jonsson，2008）。虽然这点在J. W. Meyer和Rowan（1977）的文章中并没有明确指出，但是在没有审稿人约束的课堂讨论中，J. W. Meyer把他的世界文化观视为一种理性主导逻辑，它整合了市场、公司、国家和专业逻辑，使之成为一个统领逻辑。其他制度秩序的逻辑，比如家庭、宗教和社区，并不重要，因为它们既不现代也不理性。因此，J. W. Meyer的理论是线性渐进的，它并没有像新出现的反向学术运动那样，从事以宗教、家庭或社区为显著或主导制度逻辑的研究（Greenwood等，2010；Lounsbury，2005；Marquis和Battilana，2007；Marquis和Lounsbury，2007）。

变体：微观层级

Zucker（1977）在微观层级上进行分析，验证了J. W. Meyer和Rowan（1977）的宏观理论中的一个重要假设，即：理所当然的规则或制度被个体视为"事实"。在一项实验设计研究中，她发现"不需要以内部化、自我奖励或其他干预过程来确保文化的持续性，因为社会知识一旦制度化，就成为一个事实，作为客观现实的一部分而存在，并可以在此基础上直接传播……祖父母们不必在场来确保文化含义传播的充分性。每一代人都认为自己在描述客观现实"（斜体由作者添加；Zucker，1977：726）。这一发现对随后的制度理论和制度逻辑视角的发展在多个层面上有着重大意义。

在分析层面上，对制度的认知性感知与外部环境的约束力相互独立。这意味着，首先，仅在宏观层级上分析制度化程度可能会混淆制度化与资源依赖的影响，例如遵循制度环境从而获得政府合同或国家拨款，又或是遵守ISO认证要求从而成为合格的供应商（Dobbin等，1988；Edelman，1992；Guillén，2001；Sutton等，1994）。也就是说，不能以是否采用了某种实践来辨别其到底是反映了制度化（例如外在性和客观性），还是对外部制度环境约束做出了巧妙的战略性回应（Zucker，1991：104；Oliver，1991）。其次，需要内部化（internalization，或译"内化"）的社会化过程并不是新观念和实践的制度化传播所必需的，这意味着播散并不一定像两阶段同构模型所展现的那样依赖于时间（Tolbert和Zucker，1983）。对于DiMaggio和Powell（1991）后来的理论，Zucker（1977）的开创性发现的重要性在于，它支持认知过程驱动的制度化理念会导致理所当然的理解和行为。这些实验结果提供了坚实的早期证据，驳斥了在社会系统中的行动依赖于价值观的内部化这一统治性理论（Parsons，1951；Selznick，1957）。

细化：从社会文化到场域结构

为回应J. W. Meyer和Rowan（1977）关于文化同构和去耦的社会层级理论，DiMaggio和Powell（1983）提出了同构论的变体，强调组织场域的结构动态。他们对J. W. Meyer和Rowan（1977）的回应是，合法化的模型来源于组织场域的结构化。他们将组织场域定义为"那些共同构成某一公认的制度生活领域的组织，如关键供应商、资源、产品消费者、管理机构和其他提供类似服务或产品的组织"。

根据DiMaggio和Powell（1983：148），场域是制度上的范畴，只能根据实证调查来确定。这表明，一个场域的边界可能会由于具体研究、实证研究者和分析方法的差异而有所不同。从这个意义上来说，组织场域不同于典型的分析层级，如个体、组织和社会，也不同于产品市场、产业、组织群落或基于民族国家的世界体系。这一特点使理论建立变得复杂化，因为它妨碍了组织场域研究结果的可比性和积累。

与此同时，对场域动态的关注清晰地展现了DiMaggio和Powell的制度分析是与种群生态理论学派相互竞争的（Hannan和Freeman，1977；Hannan和Carroll，1992）。请注意，DiMaggio和Powell（1983）的许多主张都是作为种群生态学的竞争理论提出来的。DiMaggio和Powell（1983）这篇引证良好且颇具影响力的文章带来的明显效果便是，它将制度分析中的观点清晰地整合在一起，形成了十分强大的学者社群，使其本身发展成为一个研究主题（Mizruchi和Fein，1999）。

基于韦伯（1978）对官僚化和理性化原因的分析，DiMaggio和Powell（1983）认为组织结构将会在形式上同质化，因为组织结构的变化更大程度上是由组织场域的结构化（Giddens，1979）而非竞争与效率需求所驱动的。像J. W. Meyer和Rowan（1977）一样，他们认为结构化过程很大程度上是国家和专业活动的结果（DiMaggio和Powell，1983：148）。

像Hannan和Freeman（1977）一样，DiMaggio和Powell（1983）利用了Hawley（1968）对同构的定义，即"约束过程迫使种群内面临相同环境条件的某一单位与其他单位变得相似"。他们通过确定两种同构——竞争性同构和制度性同构，详细阐释了J. W. Meyer和Rowan（1977）的理论。第一个是指场域内部组织之间对资源和客户的竞争——经济拟合（the economic fit）。第二个是指追求政治权力和制度合法性——社会拟合（the social fit）。他们认为，与Tolbert和Zucker（1983）的两阶段模型的实证结果相一致，早期的创新采用者追逐的是经济效益；而一旦创新被制度化且被视作理所当然，后期的采用者就会追求合法性。他们说明了组织场域中组织同构的三种理性化来源——强制性、规范性和模仿性。

DiMaggio和Powell（1983）的理论的核心主张，即组织场域结构化的增强会导致组织形式和实践中同构的增加。随着理性化的进行，组织形式看起来日益相似。增强理性化的结构化过程包括：（1）场域内组织间互动的增加；（2）组织间主导结构和同盟模式的涌现；（3）组织必须参加的一个场域中的信息超载的增加;(4)在一系列组织的参与者之间建立相互共识,从而使他们拥有共同的追求。组织场域的这种结构化取决于场域活动与三个制度部门——专业、国家和市场——的一致性。

表2.2对DiMaggio和Powell(1983)的分类进行了一种程式化的分析,而非实证性的描述,其中三种类型的同构可以混合,但来源于不同的条件。在他们的文章中,该分类的X轴和Y轴之间的联系并不清晰。他们的许多主张与种群生态学理论的子领域相对立(Hannan和Freeman,1977),但与J. W. Meyer和Rowan(1977)的同构和去耦理论相关。这两种形式的同构理论有着不同的元理论,在不同的分析层级上是彼此的变体,分别强调文化和结构的作用。与J. W. Meyer和Rowan(1977)不同,通过模仿性同构的概念,DiMaggio和Powell(1983)的理论明确地纳入了市场竞争。

表2.2 同构论:组织理性化的来源

合法性来源	专业	国家	市场
制度性同构的形式	规范性	强制性	模仿性
场域结构化的机制	专业化	政治权力、文化期望	对不确定性的标准化回应
组织互动的增加			
主导模式	地位竞争、专业过滤、国家指派		
联合模式		共谋、政府授权、预算周期	
信息过载的增加			
关于共同追求的共识	专业人士、贸易协会、咨询师的社会化		成功组织的实践

来源:DiMaggio和Powell(1983)。

DiMaggio和Powell(1983)的定向战略是制度逻辑视角的先驱,因为它将专业、国家和竞争（市场观点）确定为理性化的来源。这些制度秩序表明组织可能从制度情境中寻求相互替代的合法性来源。但是，根据制度逻辑视角，理性化的来源因制度秩序的不同而不同。仔细研究DiMaggio和Powell（1983）的同构论，可发现它凸显了一个尚未成熟的重要因素。那便是，理性的含义并不随着不同制度秩序的影响的变化而发生实质性的变化。这使得他们的理论预言不同制度部门或秩序会产生不同类型的制度性同构，但缺乏考虑利益和行动的理论，也无法解释每一种同构将如何改变价值观、实践与战略行为。认知的作用显然只是间接地通过模仿性同构以有限的方式产生，其表现为对结构理性化的相对无意识的回应行为。

尽管DiMaggio和Powell（1983）描述了三个制度部门——国家、专业和市场——如何创造三种不同形式的同构，但他们忽视了公司本身也是自变量的来源，以及它如何成为理性化的重要来源。他们认为公司已经理性化了。但是，韦伯的官僚主义理论与现代企业理论并不相同。根据这一点，Fligstein（1985，1987，1990）的研究证明了公司本身是一个日益强大的理性化来源。

Fligstein（1985，1987，1990）的研究识别了指导大型工业企业治理的三个相互竞争的控制概念，即制造的控制概念、销售的控制概念和财务的控制概念。对于Fligstein来说，无论是组织内的权力斗争（Fligstein，1987）还是控制市场竞争的场域层级的斗争以及争夺国家立法权的斗争都塑造了这些相互竞争的概念。就如何更好地管理公司而言，高管们的观点有选择性地受到其在公司内的专业或职能背景的影响。员工能够在企业中脱颖而出的能力和强大活跃的状态，都发生在Chandler（1962）勾勒的由重大经济与工业变革、组织与专业创新，以及强大和积极的国家所构成的世界中（L. Campbell和Lindberg，1990）。最终的结果是：首先是制造，其次是销售，相继在权力和控制上屈从于财务。Fligstein（2001）更新了对公司控制的研究，提出了股东价值的控制概念，其与早期的财务概念不同，把影响力从公司转向了市场这一制度秩序。

Fligstein（1985，1987，1990）对公司控制概念的研究启发了制度逻辑视角。它特别有趣，因为它展示了在一个公司制度逻辑之中，具有争议性的、激发不同权力观和实践的行动逻辑是如何产生的。例如，他展现了由国家和专业（例如工程、销售和财务）制度秩序相互作用而产生的三种不同的管理资本主义（managerial capitalism）的追随者之间的权力斗争和冲突。Ocasio和Kim（1999）也研究了美国公司的控制概念。他们强调，控制概念并不是制度化的，而是不同群体为获得权力所使用的替代性方案（或行动逻辑）。不像Fligstein（1990）那样强调不同历史时期的主导逻辑，Ocasio和Kim（1999）证明了多个控制概念的共存，类似于后来的制度逻辑中有关多元性的研究。

除了公司作为一个制度部门被忽视外，其他制度部门的影响在DiMaggio和Powell（1983）的理论中也是明显缺失的。伴随着其后来在制度逻辑研究中的涌现，一系列影响个体和组织行为的制度秩序的理论发展概念将在随后的章节中讨论。

命题是理论建构的要素，因此，我们将J. W. Meyer和Rowan（1977）与DiMaggio和Powell（1983）的命题进行了对比。他们的命题已列在本章的附录中，供讨论参考。尽管J. W. Meyer和Rowan以及DiMaggio和Powell都强调专业和国家在建立制度性同构中的作用，但J. W. Meyer和Rowan的命题的一个重要不同在于他们在更高层级上抽象和强调了社会文化的影响力。相比之下，DiMaggio和Powell（1983）的命题关注组织不确定性和场域层级的资源依赖性。Zucker（1991：104）警告说，只在宏观分析层级上构建制度化的测量，容易把制度化与资源依赖相混淆。她认为制度化的认知测量具有一个优势，因为它们在分析上独立于外部环境行动者的制

28

裁能力，例如，基于对联邦契约收入的依赖，企业采纳肯定性行动政策（Dobbin等，1988）。如前所述，如果没有微观层级的变量衡量，很难确定效应到底反映了制度化本身（即外在性和客观性），还是与其相竞争的资源依赖理论观点，即对外部制约因素的巧妙战略性反应（Oliver，1991）。

细化：起源、繁衍、消失

制度理论发展的一个迫在眉睫的问题是对利益和能动性的解释。DiMaggio（1988：12）的批评指出，制度理论的成就局限于成功制度化的组织形式和实践的播散与繁衍。没有利益和能动性理论，就无法解释制度的起源、繁衍和消失。这些是如何发生的？DiMaggio为弥补这个惊人的缺陷又提出了什么？

在回答第一个问题时，DiMaggio（1988：4-5）提出了组织生活中的两个普遍条件。首先，只要组织行动是以规范或者理所当然为导向，那么行动者的利益差异就不可能在解释结果时发挥重要作用。其次，制度理论所侧重的领域中的认知与协调是受到约束的；在这些领域中的行动者不太可能完全理解手段和目标之间的关系。由于人和组织偏好确定性、可预测性和生存性的这一假设是制度理论的核心，所以许多行为属于通过寻求合法性来获取资源的范畴，这维持了现有的制度。J. W. Meyer和Rowan（1977）预示了创造性行动者为了自己的目的而展现了运用并操纵制度的能力，但并没有真正解释它。因此，DiMaggio（1988：9）认为自利行为"潜入了制度理论但没有被明确地理论化"。

为了弥补这一点，DiMaggio（1988）提出了几个定向命题，其一是制度化是政治行动者的产物，其成功取决于那些支持、反对或以其他方式努力发挥作用的行动者的相对力量。这些行动者具有以下影响力：（1）通过社会化新参与者来繁衍现存的制度;(2)通过制度创业者的努力创造新的制度;(3)将核心制度去合法化(delegitimize),因为制度的播散很少完整,局部与系统之间的差距为制度的混合(hybridization)留下了很大的空间。DiMaggio(1988)的定向命题导致了对制度创业研究的逐渐增多,参见Hardy和Maguire(2008)。

然而,回到讨论最大化利益或者避免不确定性的功利主义个体,或者回到分析试图通过保持环境中的相对权力而生存的组织,并不能解决形而上学的激情。利益与文化、物质与象征的二元性问题仍然困扰着制度理论,而这一直阻碍着理论的发展。

变体:工具主义逻辑、恰当性逻辑

制度学者和社会学者面临的另一个棘手问题是关于行动者如何做出选择并采取社会行动的理论假设,即理性是如何定义的。迄今为止,制度理论在这个问题上没有取得实质性进展,因其采用了二分法,将理性选择决策对立于非理性选择决策,或是在早期的社会学术语中将技术与制度对立。这种分歧被进一步固化于不同的社会科学和学术身份上——理性选择学者与政治学、经济学相关,而非与社会学相联系(Scott,2008a)。

Simon(1957)的有限理性概念指出,在决策过程中达到高度理性的能力受到了认知约束,这是因为需要评估的信息和替代方案具有复杂性,而这种复杂性是将行动者的选择和行动嵌入制度的理论前提。作为亲密的同事,March和Olsen(1984,1989)对于行动者如何做出选择提出了一个更加情境化的有机观点,即手段改变目的,目的可能在持续的决策过程与活动中涌现,而手段本身可能会变成目的(March和Olsen,1989)。他们提出两种理性变体:工具主义逻辑和恰当性逻辑。前者回答:"在这种情况下我有什么利益?"后者回答:"鉴于我在这种情况下的角色,别人对我的期望是什么？"恰当性逻辑是一大进步，因为它将行动置于规范的框架之中，这个框架考虑到人在情境中与他人的关系和义务。但它继续维持着旧有的利益与规范的二分性，没有具体解释规范本身可能因情境或文化内容而变化。正如后续讨论所揭示的，制度逻辑视角解决了先前文献中的这一局限。

变体：从结构性到认知性与文化性

现在我们分析DiMaggio和Powell在其1991年编写的"橘皮书"的引言中提出的定向战略。在引言中，他们对制度理论的亮点和局限做出了评论。在几个统领主题下，他们指明了制度理论的新发展目标，称之为新制度理论。我们将简单列举这些主题，然后详细地讨论它们，因为这些主题与理论建构相关，并奠定了制度逻辑视角的起源。

首先，DiMaggio和Powell（1991）号召制度学者遵守基本原理，并从狭隘的组织理论转向更广泛的社会学和社会理论领域。为此，他们将直接研究组织理论的篇章与那些更加关注一般社会学的篇章配对分析。

其次，他们虽然解构了Parsons（1951）的社会与制度理论的问题，却没有意识到他们自己的理论和Parsons的理论具有类似的缺陷。正如Hirsch和Lounsbury（1997：415）所指出的，Parsons"引起了严重的分歧，因其过于坚持同构论，过快地将功能主义合法性赋予现有的结构和结果；过于注重稳定性而非改变，而又太晚才发现冲突或变化具有内生性"。为了回避Parsons的规范社会学，DiMaggio和Powell（1991）进一步将制度理论的社会学基础——尤其是Selznick（1949，1957）的理论——归为"旧"制度主义，就好像个体根据规范和价值观进而社会化的世界已不复存在。

再次，他们主张制度学者接受心理学和社会学中发展起来的、更普遍的认知与文化转向，这是DiMaggio在后来的研究中遵循的一个富有成果的方向（DiMaggio，1997，2002）。

最后，他们把认知转向运用到关于组织场域的结构性同构理论中，将其建立在习惯、脚本和基模（schemas）这些心理学概念（即相对无意识的认知）之上，从而构成了其制度分析的新微观基础。最后，他们留下了一份主题和作者清单，如Simon（1957）、Garfinkel（1967）和Giddens（1984）等人，为建立制度分析的微观基础指明了方向。

他们以"组织理论与社会学中的新制度主义拒绝理性行动者模型"这一陈述开始讨论他们的新定向战略（DiMaggio和Powell，1991：8）。具有讽刺意味的是，他们在否定Selznick（1957）所强调的领导力和能动性在创建和塑造制度方面的作用的前提下做出了这一陈述，却同时在自己的结构性同构理论中感叹利益和能动性理论以及微观基础的缺乏。正如Hirsch和Lounsbury（1997：415）所指出的："旧制度主义与行动的联系更清晰，而新制度主义与结构的联系更明确。"

我们同意他们的评价，即强调社会科学中的理性行动者模型是制度理论发展的主要动机。然而，抛开Selznick（1957）的观点，似乎只会加剧他们所提出的新制度理论的问题。讽刺的是，他们没有意识到，就在他们主编的论文集中，Friedland和Alford（1991）提出了一个解决理性问题的方案。简而言之，理性的意义随着制度秩序情境的变化而变化。我们将在随后的章节中详细讨论这一点。

DiMaggio和Powell（1991）的贡献是把认知带到了制度分析的最前沿，扩展了Zucker（1977）的研究范畴。然而他们是通过强调无意识的认知（mindless cognition）以及忽视有意识的行动和能动性来完成这一贡献的。他们不仅忽视了Friedland和Alford（1991），也忽视了DiMaggio（1988）自己先前对能动性和制度创业的呼吁，以及Powell（1991）在"橘皮书"中要求考虑权力因素以扩大制度分析范围的呼吁。由此，DiMaggio和Powell（1991）试图建立在无意识认知理论之上的综合理论受到了其本人的理论挑战。

我们质疑他们为什么坚持要限制理论定向战略的范围条件。定向战略是否应该能够解释由不同来源与类型的利益驱动的不同行为？难道不能把Selznick（1957）的领导力和行动理论纳入其中，通过整合更复杂的多层级和多元理论来进一步发展理论吗（Hirsch和Lounsbury，1997）？制度理论学者甚至已经认识到，在许多情境中，领导者可以通过组织治理来塑造制度（J. W. Meyer和Rowan，1977），或通过使用规范来传播制度过程（P. L. Berger和Luckmann，1967）。

表2.3　旧制度主义与新制度主义

	旧	新
利益冲突	中心的	外围的
惰性来源	既得利益	合法性必要（imperative）
结构重点	非正式结构	正式结构的象征性作用
组织嵌入于	当地社区	场域、部门或社会
嵌入的性质	吸纳（cooptation）	构成式（constitutive）
制度化的场所	组织	社会或场域
组织动态	变迁	持续
批判功利主义的基础	利益集合理论	行动理论
批评功利主义的证据	意料之外的结果	非反映性活动
认知的关键形式	价值观、规范、态度	分类、常规、脚本、基模
社会心理学	社会化理论	归因理论
秩序的认知基础	承诺	习惯、实践行动
目标	取代的（displaced）	模糊的
议题	政策相关性	学科的（disciplinary）

来源：DiMaggio和Powell（1983）。

如表2.3所示，通过比较DiMaggio和Powell（1991）对新旧制度理论的表述，不难让人产生以下推测：（1）为了狭隘的利益而破坏组织的理性使命（参见Haveman，2009）；（2）在解释某些现象时，局部环境比整体环境的作用更突出（Marquis、Glynn和Davis，2007；Stuart和Sorenson，2003）；（3）组织不是由松散耦合的部分组成的，而应该被视作有机的整体（de Geus，1997）；（4）制度化可能会增加局部环境下的多样性（Lounsbury，2007）；（5）适应环境可能是组织稳定性的一个根源（Oliver，1991；Baum和Oliver，1992）；（6）个体的意图和行动可能是反映性的，而未必是理性的或社会化规范的结果（Swidler，1986）。当然，这张表的本意是为新的制度理论变体奠定基础，而非抛弃经典理论的试金石（Stinchcombe，1982）。

变体：行动逻辑

被称作行动逻辑的研究与制度逻辑视角的发展几乎是平行的（DiMaggio，1991；Boltanski和Thévenot，1991）。注意，这两篇文章拥有惊人相近的出版日期，但它们显然是在北美和欧洲同期、独立发展的。行动逻辑与制度逻辑视角的紧密联系在于二者都聚焦于对冲突逻辑的分析而非聚焦于同构，二者都指出行为的意义会根据制度秩序的变化而变化。它是制度逻辑视角公认的、鲜有的先驱。有意思的是，DiMaggio（1991）这篇文章也收录在"橘皮书"里，尽管它和引言章节中的新研究议程——基于习惯、脚本和基模的心理学——并不合拍。

行动逻辑研究是制度理论中第一个聚焦替代性意义（alternative meanings）的分析方法。[1]它使用历史比较的理想型来确定Y轴上的一组

---

[1] 新制度理论从种群生态学理论中借鉴了事件历史分析。这一进步使得大样本研究和理论及假设检验的发展成为可能，这是对早期制度理论基于书本知识和案例研究的方法的一大改进。然而，这种方法创新的代价是减少了对文化含义的理解，这使得批判者们大呼——数字究竟意味着什么？其也掩盖了重要的差异，这可能使同构论看起来比实际上更真实。

属性——合法性来源，而其根据X轴——制度秩序——的变化而变化。这种定性方法加上定量的事件历史分析为Thornton和Ocasio（1999）以及Thornton（2004）提供了研究模型，显著扩展了Friedland和Alford（1991）最初的理论框架。这些理论建构引出的关键洞察即不同的制度秩序蕴含了不同的理性来源。这种见解挑战了20世纪70年代和80年代的新制度理论提出的简化假设，后者倾向于将行为二分为相互对立的理性和非理性，抑或是相互对立的技术和制度（J. W. Meyer和Rowan，1977；DiMaggio和Powell，1983；Tolbert和Zucker，1983）。

DiMaggio（1991）借鉴韦伯的比较分析，率先将理想型纳入到对美术馆组织场域的制度分析之中，即Gilman和Data模型。他的目标是理解相互竞争的文化模式如何通过调节权力斗争的基础来重新定义这个场域，对抗的一方是上层精英阶层和他们的收藏家社交圈（社区逻辑），而另一方是扩张的高等艺术教育带来的博物馆专业人士和策展人构成的新阶层（专业逻辑）。虽然这只是一个定性案例，但它揭示了组织场域的结构化是这两种文化模式间竞争的过程，而不是播散和同构的故事。

Boltanski和Thévenot（1991）也提出了理想型，并运用文化形式库（cultural repertoire）的分类法，呈现出不同价值的正当理由（justifications of worth），从而理解人们如何产生分歧、妥协并达成一致。作者详述了几种制度环境的模式或理想型，称之为政体（polities）。政体各自表现出一种独特的价值定义和一套价值衡量标准。其主要观点是，这些政体就像制度秩序，各种类型的社会实践因制度秩序而被正当化，并因其影响力而被繁衍。他们用六个理想型代表六个不同世界——灵感（inspired）、家庭（domestic）、声誉（fame）、市民（civic）、市场（market）和工业（industrial），在不同情景中，什么是合法性的变化取决于使用代表哪个世界的理想型来进行谈判和评估情境。如果能够把妥协嵌入这些世界的具体安排，并且其嵌入的方式与该世界的逻辑是一致的，那么这种妥协就不是脆弱的。将从不同世界的价值描述中提取的元素进行转置或并列，可能会导致行动者在特定情况下被置于不恰当的或妥协的情境当中。

例如，Boltanski和Thévenot认为，用一个尴尬的例子就能直观证明他们的观点。"在家里，为了引起孩子的注意，父亲展示了他在工作中胜任项目指导的光辉形象……组合了从家庭世界（一个父亲和他的孩子）、声誉世界（吸引注意力、展示光辉形象）和工业世界（指导项目的能力）借鉴的元素。"（Boltanski和Thévenot，1991：227）这是不同的世界之间不一致的价值转移，因为父亲不会从孩子那里获得基于工业价值的关注。

DiMaggio（1991）以及Boltanski和Thévenot（1991）的视角都假设在超组织（superorganizational）层级上存在概念、模型或逻辑，他们都或隐晦或明确地强调了文化在个体和组织诠释和参与实践中所起的作用。这些例子对个体、组织和环境之间的相互关系进行了更为系统的分析。它们展示了制度逻辑如何贯穿于从社会心理到组织场域乃至社会部门的多层级分析之中。需要注意的是，行动逻辑研究聚焦于不同制度逻辑的意义和决策后果，而非制度化如何塑造制度逻辑。

虽然DiMaggio和Powell（1991）的引言章节预示了认知和文化转向，但它也引来了一些攻击，因为它回避了制度理论的规范性基础，没有成功回答如何将文化内容概念化并加以衡量，以及如何发展非同构的变革理论这些重要问题。因此，我们在阅读后来的制度理论文献时也发现，他们的"新"理论并没有像他们之前的同构理论一样被后来的研究者拥抱并产生影响（DiMaggio和Powell，1983）。同构论是一种不同的元理论，而结构性同构与文化性同构也不相同。在对这个反常现象的探讨中，我们发现，DiMaggio似乎在1991年发表了这一章节之后不久就离开了这个研究领域。后来的研究人员用这个章节作为依据来攻击同构论（Kraatz和Zajac，

1996）和认知转向（Hirsch，1997），却没有人为此辩护！尽管如此，1991年这个章节中的一些观点为DiMaggio（1997）后来在文化和认知领域的工作提供了肥沃的土壤，也对制度逻辑研究（Thornton，2004）和文化社会学（Cerulo，2002）发挥了作用。此外，DiMaggio（1983）在20世纪80年代就颇有见地地呼吁将组织和制度理论同文化社会学结合起来，虽然理论整合并没有产生，这却在制度学者和文化学者之间建立了有效的交叉关系。

整合：制度的三大支柱和载体

通过检验Scott（1995，2001，2008b）的三大制度支柱——规制、规范和文化－认知，我们继续分析制度理论中重要的定向战略。Scott说，他进行这种元理论的混合和整合，目的是要找出研究文献中的"理论断层线"以及不同制度学者所强调的相对重点。为了理解Scott整合理论的历史进程，我们从《制度与组织》（*Institutions and Organizations*）的三个版本中复制了有关制度支柱和制度载体的表格。通过分析三个版本中他对制度学者的分类，我们能够发现Scott系统化综合文献的进展和改变。我们将先后分析制度支柱（institutional pillars）和制度载体（institutional carriers）这两个概念。

制度支柱

根据Scott（1995，2001，2008b）的理论，这三大支柱是构成或支撑制度的关键要素。在Scott的第一版（1995：35-40）中，规制性支柱指的是制定规则、监督与制裁活动，诸如警察和法院的活动，以及较为非正式的民俗活动（其常常与行动者对理性利益的追求相关）。规范性支柱指的是价值观和规范，它们规定了社会生活的道德、规范、评价和义务等维度，这些维度往往以个体内部化的角色表现出来，而其表现方式可能看起来并不理性。认知性支柱指的是现实的本质，以及类别和框架的构成和解读，经由这些类别和框架，身份和意义得以阐释。

在每一个版本中，Scott都将他的支柱和载体整合在一组由两部分构成的表格中，如表2.4a（1995）、表2.4b（2001）和表2.4c（2008b）代表支柱，而表2.5a（1995）和表2.5b（2001，2008b）表示载体。表格中的列标识了三个不同的支柱，我们称之为X轴。而表格中的行界定了理论家强调的各支柱的主要维度和假说，我们称之为Y轴（Scott，1995：35）。Scott对三大支柱的定义在三个版本中并没有发生实质性的变化。虽然每一版本中黑体加粗的内容都有明显的变化，但是我们主要关注的是Scott对DiMaggio和Powell（1983）的同构论的整合。

与每一个支柱相联系的是相互关联但区别显著的合法性来源。根据Scott的说法，合法性不是等待私有化或交换的商品，而是与相关法律法规、规范性支持和文化达成一致性的条件（Scott，1995：45）。规制性支柱强调遵守法律规定从而获得合法性；规范性支柱强调遵守道德基础从而获得合法性；认知性支柱则强调采用一种共同的意义框架或情境定义从而获得合法性（Scott，1995：65，47）。

表2.4 不同的焦点：制度的三大支柱

表2.4a 制度的三大支柱

	规制性	规范性	认知性
依从的基础	便利	社会义务	理所当然
机制	强制性	规范性	模仿性
逻辑	工具性	恰当性	正统性
指标	规则、法律、制裁	认证、资质	普遍性、同构
合法性基础	法律制裁	道德治理	文化支持、概念正确

来源：Scott（1995）

表2.4b 制度的三大支柱

	规制性支柱	规范性支柱	文化—认知性支柱
依从的基础	便利	社会义务	理所当然、共同理解
秩序的基础	规制性规则	有约束力的期望	构成式基模
机制	强制性	规范性	模仿性
逻辑	工具性	恰当性	正统性
指标	规则、法律、制裁	认证、资质	共同信念、共享行动逻辑
合法性基础	法律制裁	道德统治	可理解的、公认的、文化支持

来源：Scott（2001）

表2.4c 制度的三大支柱

	规制性支柱	规范性支柱	文化—认知性支柱
依从的基础	便利	社会义务	理所当然、共同理解
秩序的基础	规制性规则	有约束力的期望	构成式基模
机制	强制性	规范性	模仿性
逻辑	工具性	恰当性	正统性
指标	规则、法律、制裁	认证、资质	共同信念、共享行动逻辑、同构
情绪	恐惧罪疚／清白	羞耻／荣誉	确定性／困惑
合法性基础	法律制裁	道德统治	可理解的、公认的、文化支持

来源：Scott（2008b）

在三个版本中，Scott的整合分别将规制性、规范性和文化—认知性支柱的类型（X轴）与DiMaggio和Powell（1983）的结构性同构机制——强制性、规范性和模仿性同构（Y轴）进行了交叉分类。例如，Scott把规制性支柱与DiMaggio和Powell（1983）所说的强制性同构统一，因为它们都源自政府命令和共同的法律环境对组织施加的一致性压力。

Scott将规范性支柱与DiMaggio和Powell（1983）的规范性同构机制统一。但是，这种交叉分类在分析上并不严谨。根据Scott（1995：40）

的定义，规范性支柱的合法性依赖于遵守"道德基础"。然而，根据J. W. Meyer和Rowan（1977）以及DiMaggio和Powell（1983：70）的观点，规范性同构主要来源于专业化，这往往与科学与专业知识，或者基于教育和培训的专业价值相关。Scott的道德治理行为是更为狭义的概念，且并不必然与专业化一致。可以设想一些复杂的例子，比如在某些宗教中，祭司这一职位可能会模糊专业与宗教之间的分析界限。Scott（1995：38）指出："制度的规范性概念被早期的（'旧'的）社会学家——从Durkheim到Parsons和Selznick——接受，也许是因为这些社会学家倾向于把注意力集中在诸如亲属关系或宗教系统等制度上。"然而，对DiMaggio和Powell（1983：64）来说，是国家和专业缔造了理性，进而带来结构与文化的同质性。

从制度逻辑视角来看，Scott的规范性支柱并没有将存在潜在冲突的专业逻辑与宗教逻辑分开，二者蕴含的分别是道德和伦理与科学和进步。此外，Scott的规范性支柱也没有区分专业逻辑的规范性和认知性成分。Scott（1995：95）在其他地方也认识到了这一点，并指出"专业人士通过认知性和规范性过程来实施控制"。

Scott将文化—认知性支柱与模仿性同构的机制统一起来。当我们读DiMaggio和Powell（1983）的文章时，不确定性和竞争的变量是模仿性同构的驱动因素。也就是说，被认为是更合法或更成功的组织是模仿新实践的便捷来源。然而，我们怀疑：规制性和规范性支柱是否也与文化—认知性观念有关？例如，文化的变化将决定个体、组织和民族国家如何构建、参与、解释和约束规则（Dobbin，1994）。Scott（2008b：54）也认识到这一现象："许多法律都有太多争议或含糊不清之处，以致不能为行为提供明确的规定。在这种情况（多数情况）下，法律最好被看作意义的建构和集体解释，其实施效果多依赖于认知性和规范性因素（见Suchman和

Edelman, 1997)。"制度逻辑视角认为,规制性和规范性支柱应该是Y轴上不同制度秩序的可变属性。

总的来说,我们认为三大支柱之间缺乏平行性。文化－认知是比规范和规制更普遍、更抽象的概念;规范和规制是文化－认知的因素,而文化－认知指导我们如何理解规范和规制的含义。正如Scott(2008b:57)所述,"内部的解释过程是由外部文化框架所塑造的"。

制度载体

Scott(1995:52)认为,制度嵌入各种载体,而这些载体与制度支柱是正交的概念,从而产生两者的交叉分类。如表2.5a和2.5b所示,Scott(2001:77—81,2008b:79)在第二版和第三版中,修改了X轴,将认知性支柱修改为文化－认知性支柱,这显然是为了反映社会学、制度与组织理论的文化转向。Scott还修正了Y轴,将社会结构修改为关系系统,这显然是为了反映社会学和制度理论中网络分析的发展,以及回避结构标签所隐含的上下层级。此外,Scott还添加了第四类载体,标记为人造物(artifacts),以表示对民族志在组织分析中越来越受欢迎的认可。Scott第二版和第三版的综合结果即三大支柱与四种制度载体——象征系统、关系系统、常规(routines,或译惯例)和人造物——的交叉分类。

表2.5 制度支柱和载体

表2.5a 制度支柱和载体

载体	规制性	规范性	认知性
文化	规则、法律	价值观、期望	类别、类型
社会结构	政府系统、权力系统	政体、权威系统	结构性同构、身份
常规	行为准则、标准程序	一致性、履行责任	履行项目、脚本

来源:Scott(1995)

表2.5b　制度支柱和载体

载体	规制性	规范性	文化－认知性
象征系统	规则、法律	价值观、期望	类别、类型、基模
关系系统	政府系统、权力系统	政体、权威系统	结构性同构、身份
常规	行为准则、标准操作程序	工作、角色、遵守义务	脚本
人造物	遵守授权的具体规格的对象	符合习俗、标准的对象	拥有象征价值的对象

来源：Scott（2001，2008b）

以Bourdieu的惯习（habitus）概念为例，Scott将象征系统定义为模型、分类、表征和逻辑。关系系统载体包含了与社会位置网络相联系的模式化期望，例如，其认为规则和信仰系统被编码到位置和角色当中。常规是一种模式化的行动，它反映了行动者基于习惯和信仰的隐性知识。作为载体的人造物是人类通过自己的聪明才智创造的物质，用以协助任务的执行，如早期的人造物包括用岩石制造的工具，后来的人造物则包括CT扫描仪（Barley，1986）。

为了回应有关制度理论中能动性的解释，Scott将脚本和基模的概念添加到他的属性表当中。然而，这些特征仅仅意味着无意识的、常规的认知，而非战略性思维和行动。相反，对战略行动的解释被归于资源依赖理论（Oliver，1991）。值得注意的是，Scott并没有将制度逻辑视角的能动性品质，特别是其对能动性－结构问题的解决方案纳入他的文献综述（Thornton和Ocasio，2008）。

分析这三个版本，我们认为Scott的综合性整合与DiMaggio和Powell的新旧制度理论的二分法一致。这三个版本中的支柱整合即把先前理论家的成果归类为仅代表一个支柱，或仅受一个支柱的约束。经济学家和政治学家统一归于规制性支柱，经典的或"旧"的社会学家统一归于规范性支柱，而"新"制度理论家统一归于文化－认知性支柱。Scott的支柱方法是制度逻辑视角的竞争性定向战略，其旨在发展关于制度视角和载体的学术分类，而非实现它们之间的理论整合。

增生：制度逻辑

1991年，Friedland和Alford提出了一项理论基础，说明为什么需要一种新的制度理论。他们的理论基础认可DiMaggio（1988）关于引入能动性视角的呼吁，但拒绝了这一呼吁所维护的利益与文化之间的二元性。在同一部论文集中，当DiMaggio和Powell（1991）介绍新制度理论之时，Friedland和Alford（1991）勾勒出了他们自己的新理论。然而，Friedland和Alford关于制度逻辑的新观点与DiMaggio和Powell（1983，1991）提出的观点有很大的不同。DiMaggio和Powell（1991：29）曾简单地评论说，Friedland和Alford（1991）在文章中"形成了与其他贡献者大不相同的论点"。当同构研究在此之后持续前行（Mizruchi和Fein，1999），Friedland和Alford（1991）的观点却沉睡了将近十年，直到1999年经由Thornton和Ocasio的文章才引起学者们的关注。这篇文章是一个关键的基准，开启了制度逻辑研究的增生式成长。

Friedland和Alford（1991：244）批评了DiMaggio和Powell（1983，1991），声称后者没有充分解释制度化的成功与失败。他们认为新的制度理论——一个将社会的外在性（exteriority）理论化的制度理论——需要说明利益是如何被制度塑造的。尽管制度的塑造可能在组织场域内被实例化，但是制度化的根源应该来自社会层级的制度，而非像DiMaggio和Powell（1983）所说的那样来自组织场域的结构化。Friedland和Alford（1991）认为，DiMaggio和Powell（1983）的理论假定了一个没有利益与权力的制度概念，并且维持了唯物主义—唯心主义的二元论，其对行动者的利益的理解独立于行动者的认知。正是这种理论错误导致了错误的假设，即组织场域的属性设定可以独立于它们所处的制度场所。与之相对，Friedland和Alford（1991）认为，制度秩序的内容设定了组织场域中网络关系的参数，如果不知道行动者依赖场域中的哪种制度秩序，网络和场域动态的概念就是空谈。

因此，DiMaggio和Powell（1983）有关组织场域的结构化观点便是他们的同构论与制度逻辑视角相竞争的元素。我们在先前的文献综述中发现了这一点。Boxenbaum和Jonsson（2008：94）指出：

> 随着能动的和非能动的制度主义者之间的差距的扩大，一大问题便是组织场域的研究将会发生什么。前者正在向组织层级或个体层级的分析下移，而后者正在向诸如制度逻辑和国家商业系统等更高层级的分析过渡。组织场域层级是否会被削弱？又或者，其他研究社群是否会转移到这个研究领域，并尝试阐明不同分析层级之间的联系？

Friedland和Alford（1991）的观点也与DiMaggio和Powell（1991）基于习惯、脚本和基模心理学的，对制度理论的认知性修正（其中行为是相对无意识的，且缺少冲突与利益）有着显著不同。显然，无意识且一致性的行为很普遍，但我们同意Friedland和Alford（1991）的观点，即脚本和基模是一项不完整的理论。从制度逻辑视角来看，行为可以是强有力的、战略性的；当个体和组织违背文化意义时，行为便被调动起来。Friedland和Alford（1991）便是试图回答这是如何发生的。

Friedland和Alford（1991：240，244）的洞见在于，制度在不同的分析层级上（个体、组织和社会）运作。这些层级是嵌入式的，但是它们也具有近似可分解的能力，因为多重制度系统的要素在制度秩序之内与之间具有去耦性和自主性（Thornton，2004）。不同制度秩序中的制度内容可能会产生冲突，这就为个体和组织在实践和象征（Y轴）中操纵冲突创造了机会。其结果是产生了一项包含利益和制度变革的理论，整合了社会制度的物质层面与理想层面。例如，市场作为一种文化系统，其行为规则与家庭和公司的行为规则就有所不同。而且，这种观点不同于二分式的理论化，即简单地将行动者的行为分为理性的与非理性的（DiMaggio和Powell，1983，1991；Scott，1995，2001，2008b）。相反，按照Friedland和Alford（1991）的理论，理性是一个相对的概念，取决于个体和组织在多重制度系统内的一项或多项制度秩序（文化子系统）中的位置。

J. W. Meyer和Rowan（1977）以及DiMaggio和Powell（1983）的同构论变体以及制度逻辑视角都属于制度与文化内容分析的"子系统方法"（subsystem approach），这与"规范性方法"（normative approach）截然不同。子系统方法在特定集群或部门内（诸如国家、专业、家庭和市场）定义或识别制度。这些部门被概念化为不同的活动领域，每个领域都具有由象征和实践支撑的特定规范，每个领域都形成了制度类型系统的一个特定部分，尽管其具体类型可能千差万别（Zucker，1977：727）。实质上，文化被外在化了。

规范性方法则主要通过内部化机制来解释规范的持续存在。虽然规范性方法在Parsons（1951）对社会系统研究的影响下颇具统治力，却出于几点原因而受到了批评，其中最主要的原因即文化社会学中的工具箱视角等竞争性视角的发展（Swidler，1986）。

定量社会学的发展无疑促进了规范性方法的消亡，正如统计方法的发展要求解决一个棘手的问题：开发独立的测量方法，来衡量在社会系统中哪一种规范更为重要。通过比较，子系统方法能够回答哪种规范比其他规范更为突出，因为任何个体或组织都可能更集中于某项或某些制度秩序。

与之相比，新制度理论（J. M. Meyer和Rowan，1977；DiMaggio和Powell，1983，1991）对规范性方法进行了两次攻击。虽然认知革命的影响导致了对规范的重要性的回避，但是有关何种规范更为重要的问题未能得到充分的回答，因为制度子系统视角的发展是不完整的，换言之，它只关注专业、国家以及有限的市场观念。后来的制度逻辑视角以其完整的子系统理论解决了这个问题，在该理论中，文化的概念在实践和语汇中被外部化了，使规范成为可测量的事实。此外，通过将规范设定为制度秩序的可变要素或属性（Y轴），制度逻辑方法将规范性方法纳入了自身。第三章将结合多重制度系统模型的最新观点，详细阐述如何结合子系统和规范性方法对文化进行研究。

表2.6介绍了Friedland和Alford（1991）提出的制度本身具有秩序的观念，以及制度通过所谓的制度秩序明确地组织起来，如基督教、核心家庭、官僚国家、资本主义市场和民主构成了社会多重制度系统的组成部分（Friedland和Alford，1991）。虽然Friedland和Alford（1991）没有制定表格中单元格的内容，但是我们能够直接从他们的文本中得出内容。市场的制度秩序强调人类活动的累积、规则化和定价（Friedland和Alford，1991：249）。宗教的制度秩序着重于解释世界的起源，并在信仰基础上将所有议题转化为绝对道德准则的表达。家庭的制度秩序强调将社会关系转化为互惠、无条件的义务，实现家庭成员的繁衍。信仰通过仪式得以加强。国家制度秩序的重点是将多样化的议题转化为共识或多数票决。

表2.6　制度秩序的多重制度系统：文化的象征与物质内容

组织原则	资本主义市场	官僚主义国家	民主	核心家庭	基督教
增强信仰的仪式	签订合同	预算和计划的发布	投票	婚姻	圣餐仪式
价值的相对化	人类活动的积累与商品化	人类活动的理性化与规制	大众对人类活动的控制	人类活动的动机	人类活动的象征性建设
隶属的基础		法律和官僚等级制度	公民参与	社区	会众成员

续表

组织原则	资本主义市场	官僚主义国家	民主	核心家庭	基督教
义务的基础	将人类活动转化为价格	将多样的个人议题转化为共识		家庭成员的繁衍	将议题转化为道德准则
忠诚的基础				无条件地对待成员	对会众的信任

来源：Friedland和Alford（1991）

综述所言，Friedland和Alford（1991）的制度秩序概念并未暗示同构或无意识的认知。相反，他们的理论允许文化不是同质的，而是可变的，因为文化是由非常不同的制度秩序塑造的。变化之所以可能，是因为文化并不像Parsons（1951）的观点那样，需要被内部化；相反，它在制度实践和语汇中被外部化了，这不仅塑造了惯性行动，还塑造了战略性决策。正如Friedland和Alford（1991：232—235）所言："每项秩序都是用于产生和衡量价值的特定的制度文化系统。"这意味在每项制度秩序中，个体面临着不同类型的工具性选择。而个体的意识和行为——他们对理性的解读——取决于个体如何在特定的制度秩序中定位并参考他们的意义建构和决策（Friedland和Alford，1991：242）。

而且，个体和组织可以改变多重制度系统，探索如何解读和操纵象征和实践，从而解决不同制度秩序之间的制度矛盾（Friedland和Alford，1991：254）。事实上，如果没有多种制度逻辑提供替代性意义，越轨对于个体和组织来说是不可想象的，更不用说找到抵抗的方法或者使用冲突导向的词来思考（Friedland和Alford，1991：254）。制度逻辑视角提出了一个非功能主义的视角：将社会概念化为一个存在潜在冲突的多重制度系统（Friedland和Alford，1991：240）。

Friedland和Alford（1991）明确批评了DiMaggio和Powell（1983）的同构性组织场域，认为场域应该有巨大的潜力来产生和突出矛盾、冲突以及实践与形式的自主性,而未必是同构。因此,制度逻辑视角提出了一个对立的命题:根据其定义,组织场域是由各种各样的组织构成的,这些组织的价值观基于不同的社会层级的制度秩序。例如,天主教医院(宗教)、美国医学会(专业)、联邦医疗保险(国家)和哈门那公司(公司和市场)在提供和支付医保方面都拥有巨大的相关利益。按照DiMaggio和Powell的同构论,将会预测这些组织由于相互观察、彼此关联、相互竞争与合作而变得同构,但这并没有回答它们为什么不同,它们为什么竞争或合作,它们为什么会努力维护各自的自主性和独特性。

相比之下,从制度逻辑视角来看,组织对现实有着"跨理性的"(transrational)看法,并根据其依从或栖居的制度秩序的根隐喻、价值观和实践来定义理性(Friedland和Alford,1991:235,254)。不同制度秩序间存在的矛盾关系,提供了个体和组织的自主性。这并不是说组织场域层级的动态没有影响力。像很多研究所表明的那样,它确实具有影响力(参见Wooten和Hoffman,2008)。

然而,Friedland和Alford(1991:238)认为,研究人员不应该把国家或七项制度秩序中的任何一项降低为组织场域的动态机制;个体和组织的行为需要被定位到社会的制度结构中去理解。同时,社会层级的逻辑并不是完全决定性的(determinative)。在各个层级上,个体、组织和社会都具有相对于彼此的部分自治性。Friedland和Alford(1991)的重点是将社会带回到制度分析当中,但不是通过Parsons的价值共识模型,而是通过理解个体和组织如何立足于不同制度秩序的文化制度之中,来解释他们的行动。他们的观点隐含着这样的看法,如果只关注国家和专业作为理性和现代主义制度秩序的影响[如J. W. Meyer和Rowan(1977)以及DiMaggio和Powell(1983)让我们做的那样],会对分析产生严重的约束或范围条件。事实上,这么做可能会错失对重要价值差异的起源和定义的分析,并错失对妥协和冲突的来源的理解。此外，这么做限制了将理论应用到世界上大多数不那么现代的地方（Greenwood等，2010），也限制了将理论应用到许多基于本土文化的重要变异（Westney，1987；Guillén，1994）。正如Friedland和Alford（1991：235）所指出的，"制度秩序所产生的价值观不能被替代性的价值观所抵消"。

在早期关于制度逻辑视角的陈述中，Friedland和Alford（1991）主张引入社会的影响力，展现利益和能动性的定义如何在多重制度系统中根据不同的制度秩序而变化。J. W. Meyer和Rowan（1977）以及DiMaggio和Powell（1983）提供了制度化研究的经典子系统视角的早期版本；他们仅仅在有限的范围条件下，侧重于专业和国家的角色，J. W. Meyer和Rowan（1977）在社会层级进行理论化，而DiMaggio和Powell（1983）在场域层级进行理论化，但他们都缺乏能动性理论。

变体：聚焦规范性维度

Jackall（1988）有关公司组织中的伦理冲突的民族志分析是制度逻辑视角的一个变体，它独立产生于制度理论之外。虽然Jackall（1988）在权力和文化的作用方面得出了与Friedland和Alford（1991）类似的结论，但他更侧重于制度的制约因素，而非其为能动性展现的机会。通过分析组织层级的家产官僚制（patrimonial bureaucracy）逻辑及其制度性矛盾，Jackall（1988）描述了美国管理主义的普遍实践。然而，Jackall（1988）并没有像Friedland和Alford（1991）那样在多重制度系统等超组织结构层级上解释制度创造和变迁。

Jackall（1988：112）将制度逻辑定义为"复杂的、经验的建构，因而是一组权变的、由男人和女人在特定的情境下创造和再创造的规则、奖励和惩罚，以至于他们的行为及其伴随的观点在一定程度上是规范化的和可预测的。简而言之，制度逻辑就是特定社会世界的运作方式"。与J. W. Meyer和Rowan（1977）不同，Jackall（1988）强调了实践而非正式的组织结构。与Friedland和Alford（1991）相同，Jackall（1988）认为制度逻辑体现在实践中，是通过文化假设与政治斗争来维持和繁衍的。但是Jackall（1988）的重点是制度的规范性维度与当代组织形式的制度内矛盾；Friedland和Alford（1991）更关注象征性资源和多重制度系统中的制度间矛盾。

总而言之，尽管侧重点不同，但Friedland和Alford（1991）以及Jackall（1988）都假定了一个核心的元理论：为了理解个体和组织的行为，必须立足于社会和制度情境当中，而后者既规范了行为，也为能动性与变革提供了机会。然而，犹如我们将在第三章中所讨论的，Friedland和Alford（1991）关于多重制度系统的制度秩序的类型学并不完善，且具有概念缺陷（Doty和Glick，1994），而且Friedland和Alford（1991）以及Jackall（1988）提出的元理论的各个维度仍然需要详细说明。在第三章中，我们将讨论多重制度系统，并根据当下学术界的新观点更新制度逻辑视角。

讨论与总结

在本章中，我们努力论述了制度逻辑视角产生的基础，回答了为什么制度逻辑视角是从社会学的新制度理论发展而来的。它是J. W. Meyer和Rowan（1977）以及DiMaggio和Powell（1983）的同构论和合法性理论变体的显著增生。[①]Friedland和Alford（1991）跟J. W. Meyer和Rowan（1977）一样，强调文化在制度中的作用；两者之间的不同之处在于，前

---

① 组织场域至少有两个定义，一个是Scott（2008b：182）的版本，另一个是DiMaggio和Powell（1983）的版本。如果遵循Scott的定义，同构论就是一个竞争者；如果遵循DiMaggio和Powell的定义，其就是一个增生者。

者的定向战略从关注单一文化、理性逻辑转向了关注多元逻辑。根据制度逻辑视角，合法性只是文化的一个元素，甚至不一定是主导元素，这取决于具体的研究背景和问题。在制度逻辑视角下，技术与制度环境之间的二元性［这是J. W. Meyer和Rowan（1977）以及DiMaggio和Powell（1983）的同构论变体的核心］被制度秩序间的逻辑矛盾取代。J. W. Meyer和Rowan（1977）以及DiMaggio和Powell（1983）清楚地认识到专业和国家的影响，这让我们看到了逻辑间争议的可能性，但这只是一个不完全的多重制度系统。March和Olsen（1984，1989）认为，逻辑指导行动，而且逻辑与身份密切相关。身份就像合法性一样，是制度秩序的另一个重要因素。然而，他们的理论化受限于恰当性逻辑与结果逻辑的二元性，而没有像Friedland和Alford（1991）最初的理论框架那样去整合。同样地，DiMaggio（1988）的尝试也未能解决二元性问题。尽管Zucker（1977）以及DiMaggio和Powell（1991）解放了新制度主义，使其免受结构化的局限，并且在引入认知革命方面带来了重要的进步，但他们只涉及无意识的认知。Friedland和Alford（1991）则至少隐晦地倡导了无意识和有意识的认知。Scott（1995，2001，2008b）对制度支柱和载体的概念化仍然是制度逻辑视角的一种替代方法，但它只有在作为制度分析方法的分类而非理论整合时才是有益的。

以上对制度逻辑视角的理论先驱的批判似乎比我们意图做的更为消极。我们显然希望向先前的理论家致敬，而且意识到后见之明使我们更容易批判、更容易获得新见解。在我们看来，我们毫无疑问是站在巨人的肩膀上。

接下来，在第三章中我们将介绍多重制度系统，并详细讨论当代制度逻辑学者为解决下一代理论与方法问题铺平道路所做的贡献。

附录：命题比较

J. W. Meyer和Rowan（1977）

1. 随着工作活动领域的理性化制度规则的出现，正式组织通过引入这些规则作为结构要素，得以形成和扩张。

2. 社会越现代化，理性化制度结构在特定领域的延伸就越长，包含理性化制度的领域就越多。

3. 组织将社会合法化的理性要素纳入其正式的结构，从而最大化其合法性，并增加了资源和提高了生存能力。

4. 在制度化的组织中企图控制和协调活动将导致冲突与合法性的丧失，也因此，结构要素之间以及结构与活动之间都发生了去耦。

5. 一个组织的结构因素越是来源于制度化的神话，就越能对内部和外部维持和展示信心、满足和诚信。

DiMaggio和Powell（1983）

1. 一个组织对另一个组织的依赖性越强，其在结构、氛围和行为关注点上就越类似于另一组织。

2. 组织A的资源供应的集中化程度越高，组织A就越可能同构式地改变，从而与其在资源上所依赖的组织相似。

3. 手段和目标之间的关系越不确定，组织模仿其认为成功的组织的程度就越高。

4. 一个组织的目标越模糊，其模仿其认为成功的组织的程度就越高。

5. 选择管理人员和工作人员时对学历背景的依赖程度越高，组织在其场域中与其他组织相似的程度就越高。

6. 管理人员越多地参与贸易和专业协会，组织在其场域中与其他组织相似的程度就越高。

7. 组织场域依赖于单个（或几个相似）来源的程度越高，同构程度就越高。

8. 组织在一个场域内与国家机构进行的交易越多，这个场域的同构程度就越高。

9. 一个场域中可见的替代性组织模式的数量越少，这个场域的同构速度就越快。

10. 一个场域中的技术不确定程度越高或目标越模糊不清，同构变化的速度就越快。

11. 一个场域的专业化程度越高，制度性同构变化就越大。

12. 场域结构化程度越高，同构程度越高。

第三章 定义多重制度系统

引言

Friedland和Alford（1991）对制度逻辑视角的最重要贡献即他们在社会层级上发展的制度理论，被称为多重制度系统。虽然他们有关社会层级的想法最终对新制度理论造成了破坏，但其需要极大的发展才能激发出当下有关制度逻辑视角的研究。

在本章以及第五章中，我们的目标是传递有关多重制度系统的知识，这是理解制度逻辑视角的元理论架构的必备指南。首先，我们将定义多重制度系统的概念，然后按编年史方式记录它如何发展为一种类型学，用于理论化和衡量制度对认知与行为的影响。这部编年史将讨论为什么Friedland和Alford（1991）中多重制度系统的类型学需要发展，以及为什么Thornton（2004）发展的理论增生还不够完善。我们通过提出一个新的变体来进一步发展多重制度系统的类型学，其包含一项新的制度秩序，即社区逻辑。

我们预示了多重制度系统作为一项包含了个体与组织的、递归的社会理论的重要性（Friedland和Alford，1991）。我们针对先前章节中识别的理论局限，设计了示例与应用。回想一下，在第一章中，我们简要地强调了这些局限性，并主张任何制度理论都需要：1）整合，并阐明社会结构和行动的部分自治性，2）理解制度如何在多个分析层级上运作，3）整合制度的象征性和物质性层面，4）解释制度的历史权变性。正如我们在本章和第五章中将要解释的那样，如果缺乏社会结构和行为的部分自治性机制，制度理论就不能解释制度的起源和变迁。同样，如果缺乏把象征与物质两个方面结合起来的方法，制度变迁就不会发生。

总而言之，我们阐述多重制度系统的目标是确定与简化其性质，并展示其在实证研究中应对上述理论挑战的优势。在第五章中，我们将继续讨论多重制度系统，聚焦于其历史权变性及其稳定性和变迁的系统属性，并进一步应用类型学来理解制度变迁。

定义的差异

Thornton和Ocasio（1999）整合了Jackall（1988）以及Friedland和Alford（1991）提出的观点，他们将制度逻辑定义为一种由社会构建的、关于文化象征与物质实践（包括假设、价值观和信念）的历史模式。正是通过这种模式，个体与组织为他们的日常活动赋予意义，组织时间和空间，并再现他们的生活和经验。重要的是，Friedland和Alford（1991）的视角是结构性和象征性的，而Jackall（1988）的方法是结构性和规范性的。Thornton和Ocasio（1999）则整合了结构性、规范性和象征性，并认为它们是制度的三个必要且互补的维度。这与第二章讨论过的Scott（1995，2001，2008a）的制度支柱方法——其提出结构性（强制性）、规范性和象征性（认知性）三种可分离的载体——是不同的。制度逻辑视角将这些概念进行了整合。结构、规范和象征的各种基础是每一项制度秩序的组成部分，是Y轴上不同制度秩序的可变属性。

根据Thornton和Ocasio（1999）的定义，激励认知和行为的制度逻辑在一定程度上是由外部社会形成的刺激所驱动的。因此，要理解制度是如何创造的，以及它们如何影响认知和行为，就需要了解制度如何独立地塑造个体和组织的利益。这就是Friedland和Alford（1991）在如今被奉为经典的"重新引入社会"一章中所指的制度的"外在性"。他们的首要目标是激发如何将社会层级的制度内容融入个体与组织行为的构想（Thornton，2009）。他们强调了发展一项将内部的心理认知与外部的社会仪式和刺激相结合的、多"层级"的制度理论所需的诸多基本要素（Wiley，1988）。他们认为必须包括三个层级："相互竞争与谈判的个体、相互冲突与协调的组织，以及相互矛盾与依赖的制度。"（Friedland和Alford，1991：240—241）请注意，"个体"和"组织"的概念可以转置，多重制度系统为理解多层级的制度元理论提供了框架。这个多层级元理论被概念化为一个矩阵。在这个矩阵中，制度秩序在X轴上表示，构成制度秩序的元素类型在Y轴上表示（Thornton，2004）。

作为理想型的多重制度系统

理想型的类型学是一种将制度逻辑视角的核心假设纳入多重制度系统，并使之适合系统地推进理论构建的方法，其有助于推动科学研究（Doty和Glick，1994）。科学探索假定了一个可用于观察的、先验的类别建构，用于简化并组织观察。系统地发展先验的分析类别的目的是突显现象的本质，并减少自然的、常常是无意识的观察者偏差。在经过了后续将要讨论的一些修改之后，Friedland和Alford（1991）的多重制度系统概念提供了一种理想型的类型学，这是一件有助于实证研究的分析工具。我们认为，制度逻辑的理想型是对先前的基于规范性和潜变量（Parsons，1951），以及结构组织场域方法（DiMaggio，1997）的文化分析的一大改进。它在很大程度上帮助研究者提出了更犀利的问题,并对多重制度系统与能动性理论视角(如工具箱和事件序列等)之间的联系进行了理论化(Thornton,2004)。根据潜变量视角,个体的行为是以其对家庭或公司等特定领域内的文化规范和价值观的社会化为基础的。我们将在第五章中阐述,将多重制度系统概念化为理想型是为了缓解Swidler(1986)的批判压力:对规范的社会化使得作为战略行为的一种来源的文化受到了限制(参见Thornton,2004:38)。

理想型是一件分析工具,它将文化含义解读成逻辑上纯粹的组成部分。这一概念是韦伯最突出的贡献之一,尤其是在他为人熟知的适当因果关系(adequate causation)理论中(Swedberg,2005:120)。理想型的使用是分析的首要步骤,其可以帮助研究者避免因无谓重复经常混淆的实证情境而陷入困境。正如第二章所指出的,DiMaggio(1991)首先在制度分析中使用了理想型,来分析他对艺术博物馆制度和组织变革的观察。

在理论构建和实证研究中使用理想型的目的是对不同过程提供丰富但普遍化的理解,这些过程塑造了制度结果。理想型通过对其中某些方面的夸大分析来传递现象的本质(Swedberg,2005:119)。理想型是一种理论模型,适用于系统地定义和确定制度秩序的边界。这种分析方法有几个优点。它非常适合对特定结果进行多因素解释,通过将规范性(纵向Y轴)方法和子系统(横向X轴)方法结合起来,进而说明文化的内容。它适合在多个分析层级整合理论,从而提高理论的准确性和普遍性(Doty和Glick,1994)。此外,理想型的使用与混合研究方法相兼容,整合了定性数据的理论构建、定量数据的理论检验及分析方法(Thornton和Ocasio,1999)。

我们强调,理想型不是对组织场域、研究背景或分析层级的描述。它是一个抽象模型,用来衡量实际观察和纯粹形式或理想型之间的相对距离。理论上，这个距离可以用来预测一些结果变量，但关于如何量化这个距离，我们需要进行方法论的研究。理想型不是一个假设，但它为假设的构建提供了指导。理想型不是一个平均的类型，理想也不意味着认可——理想型既有妓院也有教堂（Swedberg，2005：119）。

理想型的使用与研究人员使用统计模型来预测和估计总体特征的方法相似。例如，正态分布被用作预测和衡量受试者得分与已知特定的得分模式之间的相对距离。在使用正态分布时，研究人员并不期望找到一个正常的个体、组织或总体。Doty和Glick（1994）认为，如果构建得当，类型学不仅仅是简单的分类系统；相反，它符合理论的标准，因为可以使用定量模型对其进行严格的实证检验。在本章的附录中，我们对理论构建和实证研究中的理想型进行了更全面的阐释，并列出了延伸阅读的材料。

制度秩序：X轴

如第二章所述，社会制度是由子系统组织而成的，也即Friedland和Alford（1991）所说的制度秩序，它们组成了社会制度的关键基础。多重制度系统中的每一项制度秩序都被定义为围绕着基础制度建立的不同制度领域，其描述了文化象征和物质实践对共同认知的生活领域的治理。每一项制度秩序都代表了一个治理体系，它提供了一个参考框架，构成了行动者进行意义构建的前提。基础制度意味着根象征和隐喻，个体和组织根据它们来感知和分类活动，并为活动注入意义和价值。虽然处在不同的分析层级，但是"基础制度"一词和英文单词的拉丁词根相似，词根指出了单词的含义该如何被解释与详述。

在其多重制度系统最初的理论框架中，Friedland和Alford（1991）确定了市场、官僚国家、民主、核心家庭和基督教，作为被我们称为的其类型学中的横向X轴。随着本章讨论的深入，在后续部分我们将回到他们对制度秩序的分类上，进而检验它为什么存在问题，并提出一条替代性的X轴。

制度秩序：Y轴

每一项制度秩序都是由类别要素或构成要素组成的，它们代表了该制度秩序所特有的文化象征和物质实践，我们称之为纵向Y轴。这些构成要素确定了塑造个体和组织的偏好和利益的组织原则，以及在特定秩序的影响范围内获得利益和偏好的行为组合（Friedland和Alford，1991：232）。从理论上讲，纵向Y轴上的类别要素代表了个体和组织如果受到任何一项制度秩序的影响，将如何理解他们的自我感觉和身份，即他们是谁、他们的行为逻辑为何、他们如何行动、他们的动机语汇是什么，以及何种语言最为突出。

Friedland和Alford（1991）没有在元素类别的层面上充分发展多重制度系统的理念，例如，在Y轴上概念化的规范和身份的来源是X轴上的制度逻辑的一个变量。基于美国高等教育出版社这一特殊的实例，Thornton和Ocasio（1999）最先对两种制度秩序——市场和专业进行了基本的元素类别分析。我们使用实例化（instantiation）一词来表示支持理论的具体证据（Random House Webster's College Dictionary，1990）。

如表3.1所示，当其认识到需要为多重制度系统的Y轴发展一个更为普遍化的理论模型之后，Thornton（2004）在六项制度秩序（市场、公司、专业、国家、家庭和宗教）之间比较了秩序内的元素类别，例如根隐喻、合法性、身份、规范和权威性的基础，以及注意力基础。这些例子并未涵盖Y轴上的所有内容，它们只是由现有理论指导产生，且得到实证研究支撑的具体示例。

Thornton和Ocasio（1999）将他们的理想型发展为实证研究的一部

分，因此，感兴趣的读者可以容易地追溯他们的研究问题、数据和理论焦点。但是，表3.1节选的Thornton（2004）的更为普遍化的类型学或许没有那么直观，并且引出了新的问题：Y轴上的类别元素如何与每项制度秩序相联系。笼统的答案便是，纵向Y轴上确定的元素类别是以社会科学实证研究的传统术语，以社会学、人类学、考古学、心理学、政治学或经济学概念为基础，这些概念有助于学者对制度秩序内和制度秩序间的认知和实践比较解读。这种方法鼓励在现有的微观和中观层级的社会科学研究的基础上进行理论建设，因为多重制度系统的元理论不隶属于任何一门学科，其鼓励综合和跨学科的理论化。这不同于制度支柱方法和新制度理论的学科划分（Hall和Taylor，1996）。还需注意，我们的跨学科方法不同于Friedland和Alford（1991）早期对组织和经济理论的批判，那些批判是在详细阐述多重制度系统的概念和制度逻辑视角之前所做的。

关于Y轴上的类别元素如何与制度秩序相联系的问题，一个具体的例子便是专业秩序与公司秩序的比较（见Thornton，2004：42—44）。参考表3.1中专业制度秩序下的元素类别——"控制机制"，其指的是由外部协会组织的一套有关伦理和同行监督的准则。与之互补的是"根隐喻"这一元素类别，即关系网络，它允许个体对专业特长的分配进行控制（Powell，1990）。与专业制度秩序截然不同，公司制度秩序对控制机制的期望是将知识和专业特长嵌入到等级制的常规和能力当中（Nelson和Winter，1982；Levitt和March，1988；M. D. Cohen和Bacdayan，1994；Freidson，2001），这意味着将专业知识嵌入到公司当中，而非个体或其关系网络当中。根据公司逻辑，一旦一个人成为雇员，他就要受到管理者的控制（Blau和Scott，1962），而不能作为准独立的专业人士。

表3.1 多重制度系统的理想型*

Y轴		X轴：制度秩序					
类别	家庭	宗教	国家	市场	专业	公司
根隐喻	家庭作为企业	寺庙作为银行	再分配机制	交易	关系网络	等级制度
合法性来源	无条件的忠诚	社会中的神圣性	民主参与	股价	个人的专长	企业的市场定位
权威性来源	家长的统治	神职的魅力	官僚制的统治	股东行动主义	专业协会	高层管理人员
身份来源	家族名誉	与神灵的联系	社会与经济阶层	无个性的（faceless）	与工艺品质的联系；个人名誉	科层中的角色
规范的基础	家庭成员	会众成员	公民	自利	协会成员	公司雇佣
注意力的基础	家庭中的地位	与超自然的关系	利益集团的地位	市场中的地位	专业中的地位	等级中的地位
战略的基础	增强家族荣誉	增强自然事件的宗教象征	增强社区利益	增加利润	增强个人名誉	扩大企业规模
非正式控制机制	家族政治	使命崇拜	后台政治	行业分析师	有名望的专业人士	组织文化
经济体制	家庭资本主义	西方资本主义	福利资本主义	市场资本主义	个人资本主义	管理资本主义

*节选自Thornton（2004）

在商业媒体上，Dugan（2002）描述了一家领先的国际会计公司"安达信"的灭亡，在这个案例背后隐含着冲突的制度逻辑。在本质上，其经历的变化相当于控制机制和组织形式由专业制度逻辑转向公司制度逻辑，如一位会计师阐述了他过去如何进行审计服务，又如何在后来接受了"销售培训"，并被迫从事销售管理咨询服务。

类似地，在学术文献中，Y轴上的元素类别在X轴上的这种管辖权迁移（jurisdictional migration）是显而易见的，只不过先前的分析没有按照理想型的模式进行。例如，Greenwood、Suddaby和Hinings（2002）探讨了会计师事务所在审计和会计、税务和破产，以及管理咨询服务之间的管辖权迁移。Suddaby和Greenwood（2005：50）通过描述专业与市场之间模糊的认知界限，进一步发展了这些观点，阐述了将法律与会计业务混合的全方位专业服务公司（multidisciplinary firms）的正当性。正如我们在第五章中阐述的那样，正是这种制度秩序间的管辖权重叠（jurisdictional overlap）创造了制度复杂性。

部分自治性：认知的与组织的松散耦合

特别是在多元社会中，个体和组织通常要承担多种角色和身份，这往往对他们的认知和行为能力产生相互冲突的压力。更抽象地说，这种现象首先在心理学中、在角色理论的角色紧张和角色冲突等概念中被认识到（Sarbin，1943，1954）。正如第四章将详细解释的那样，当代的认知与社会心理学理论认为，个体完全有能力处理多种角色和身份。例如，当个体将两个不同的制度秩序中的规范进行配对时，能够通过分隔（compartmentalizing）规范来避免认知上的冲突。在更高的分析层级上，组织研究具有类似的概念，即松散耦合与去耦（Weick，1976；J. W. Meyer和Rowan，1977）以及隔离（segregating）（参见Hannan和Freeman，1998）。

J. W. Meyer和Rowan（1977）在他们的松散耦合理论中，首次确认了社会学中存在类似的冲突形式。该理论解释了组织为何仅仅在其行政职位上仪式性地采纳一个实践，例如，人力资源部门批准了某一实践，或者管理部门宣布了某一实践，但是这个实践并没有在组织的技术核心中实施。他们认为，组织通过松散耦合来防御制度环境中相互冲突的期望所造成的复杂性。这使得组织既能够应对冲突，又能够遵循制度环境的压力来寻求合法性，同时还能够捍卫组织技术核心的高效运作。尽管分析层级不同，但是我们认为类似的过程之所以存在是因为个体和组织处在制度秩序的多重影响范围之下，而这些秩序可能会在运作过程中相互冲突。假设存在跨层级的并行效应，我们认为，个体和组织处理不同制度秩序的冲突逻辑的一种方式，便是将他们的身份与行为松散耦合或者去耦。

关于松散耦合的文献可以分为侧重于防御性方面的和侧重于战略性方面的：防御性方面的文献描述了组织在面对来自异质性组织场域的压力时如何维持内部的组织效率［见Boxenbaum和Jonsson（2008）的综述］。战略性方面的文献则侧重组织如何有意识地去耦，从而通过印象管理来获得某种优势（Elsbach和Sutton，1992）。J. W. Meyer和Rowan（1977）最初将松散耦合理论化为一种防御性行为，其有助于增强组织的生存能力。大量的定量研究支持了这一理论（Edelman，1992；Westphal和Zajac，1994，1997，1998，2001；Fiss和Zajac，2006）。虽然松散耦合和隔离的概念假定组织和个体可以分别在战略上操纵类别元素（Swidler，1986），但像所有的制度分析一样，制度逻辑视角假定制度对战略性行为具有约束，不过这种约束的强弱尚有待分析。

这些研究大部分是组织－组织场域层级的分析，因此，后续研究尚有待在个体－制度场域或组织－制度场域的层级上进行。至于以松散耦合作为战略性行为的定量研究还很少，因此尚有很大的空间来进一步研究何种变量会影响个体，以及组织是否可能出于截然不同于防御原因的战略原因进行松散耦合或去耦（Boxenbaum和Jonsson，2008）。我们还不清楚，认知约束和社会约束的类型和水平将如何随着制度秩序（或Y轴元素的象征和实践的重组类型）的变化而变化。在认知层面上，我们认为某些制度逻辑比其他制度逻辑更易受到个体和组织的利用。举一个简单的例子，人们普遍地认为，教会要比华尔街具有更多的规范性限制，因而支撑华尔街的基本原则和指导教会的基本原则需要相互隔离或松散耦合。然而，当社会事实被较好地制度化以后，民俗方法学者声称道德方面的影响不如认知方面的影响来得显著（Garfinkel，1967）。在接下来的章节中我们将进一步讨论，行动者如何战略性地使用文化，以及文化对战略行为的约束。

总而言之，Thornton（2004）的整套理想型是一个理论模型，是从其对社会科学理论和实证研究的仔细研读中发展而来的。纵向Y轴上的元素类别和坐标系单元格中的内容是指导性的示例；类别和单元格中的内容并不需要被解读，也不是对多重制度系统事先预设好的描述。如表3.1中所示，Y轴上的元素类别是既有的社会科学概念，而X轴则体现了文化子系统或社会的制度秩序，其中的某些秩序在现代社会或西方社会中更有可能被观察到。例如，专业秩序可能具有更早的形态，比如行会；而公司秩序在非西方社会或前现代社会中可能不太发达（Scott，2003）。纵向Y轴上的元素类别并不详尽，也可能根据其在研究问题和语境中的重要性而发生变化。我们强调，坐标系单元格中的内容会根据多重制度系统的制度逻辑在特定研究语境中的实例化而发生变化。单元格的内容并不是对特定实例的描述，而是一个分析性解读，用以强调关键概念并预示可验证的假设。

你可能会问，这不会对分析造成先验性偏差吗？答案是：不，不一定会。科学研究往往假设类别的先验性递归构建，然后将其用作测量观察的工具,进而简化和整理观察的结果。这可以防止研究者陷入未观察到的偏误和细枝末节,以免只见树木不见森林。Y轴上的类别是隐含地存在的,我们建议研究者使其变得透明。使用理想型有助于"理论化"(Strang和Meyer,1993),因为它要求研究者确定抽象类别,从而简化与提炼新实践的属性以及预期的结果。在实证研究中选择哪些元素类别取决于研究者的问题和关注的焦点,以及研究背景的特点。理想型的使用可以引导研究者从现有理论中提出假设,还可以指引全新理论的发展,因为实例,即具体的证据,可能与理想型相差甚远。我们将在下一节里关于理想型的部分中继续讨论这个问题。

部分自治性:制度秩序的近似可分解性

横向X轴上确定的制度秩序与纵向Y轴上确定的元素类别虽然相互关联,但是也具有部分自治性。为了论证我们关于部分自治性的观点,我们使用了Simon(1962)关于复杂系统的近似可分解性理论。根据Simon(1962)的观点,复杂系统由相互关联的子系统构成,而这些子系统反过来又可以分成更小的子系统,更小的子系统还可以进一步细分,以此类推。子系统之间的相互作用有别于子系统内部各部分之间的相互作用。Simon(1962:469)举了一个例子:"几乎所有的社会都有家庭这样的基本单位,家庭可以组成村庄或者部落,而这些村庄和部落又会组成更大的组织。"Simon利用物理学、生物学和社会科学中的大量实例,证明了复杂系统可以分解为个体元素组成的子系统,尽管他并不是要提出一个分割模型(model of segmentation),但是他的文章强调这些部分是松散耦合的,且具有近似可分解性。Simon(1962)解释说,在复杂系统中,不同等级之间的近似可分解性增强了整个系统的生存能力。

第三章　定义多重制度系统

有关近似可分解性如何影响整个系统的生存能力，一个案例便是M型组织（Chandler，1962）和集团公司（conglomerate）的组织形式。在这种情况下，随着市场环境的转变（Galunic和Eisenhardt，2001）、可持续性要求的变化（Pil和Cohen，2006），以及管理哲学的演化（Davis、Diekmann和Tinsley，1994），管理层有能力混合、隔离或重新配置事业部。在第五章中，我们将更深入地论证：多重制度系统有一种类似的模块性，而这种模块性使多重制度系统能够随着时间的推移，通过诸如文化创业者、结构重叠和事件顺序等各种外力的驱动，进行跨制度秩序的元素类别迁移，从而得到适应与改变。关于多重制度系统的近似可分解性的界限是一个有待探索的实证问题，我们认为分解不会是无穷无尽的，因为从历史上来看，即使制度发生了革命性的变化，也保留了一些根本的成分。

多重制度系统的X轴和Y轴在各层级之内与之间的因果联系并不是先验设定的，其有待研究人员在具体的实际语境下去发现。请注意，这个假设与组织场域定义的假设类似。但是，从理论上来说，与组织场域不同的是，在制度逻辑视角下，X轴和Y轴的边界是可以识别的。X轴和Y轴在变化过程中的因果路径可以通过制度秩序的形式［而非组织或组织场域的结构过滤（filters）］来分析。我们并不认为在制度变迁的方程式中不存在结构或组织场域的因素；我们只是认为，我们的理论允许更广泛的可能性，即个体可以直接在社会层级上接触多重制度系统中制度秩序的类别元素，并且在组织场域中不具备任何逻辑参照点。

研究表明，物质实践可以在没有结构性网络纽带的情况下进行认知性的扩散，其扩散的过程可能更像社会身份的构建，而非信息传播的机制（Strang和Meyer，1994）。行动者可能不需要类似家庭或组织的关系纽带或通常意义上的社会化，来感知文化象征的意义并完成体现这些象征的实践。正如第二章所述，DiMaggio和Powell（1991）最初尝试通过提出制度的认知性理论，来纠正这种二分法的误解。

需要重点指出的是，这一从个体到组织再到社会的观点与J. W. Meyer及其同事（1997）的世界社会视角是不一样的。在后者的视角中，民族国家（nation-states）做出了相对同质化的决定，其并未根植于当地多样化的文化习俗。此处的一个重要区别在于，制度逻辑视角是一项关于文化异质性的理论，其中文化内容是根据七项制度秩序中的一项或多项秩序的类别元素来设定的。文化并不仅仅是由现代化力量决定的。尽管J. W. Meyer及其同事提出了专业（社会科学和物理科学）和国家的现代化力量，但这或许是一种先验的、带有西方视角的偏见，因为在另外一些社会中，家庭和宗教制度秩序可能更为重要。因此，制度逻辑视角包括更广阔的范围，使其有助于我们理解以互联网社区和自由职业者为特征的当代组织形式，这些形式可能非常反专业（anti-professional），但却是文化象征和实践的强大仲裁者。举一个例子，由开源程序员组成的无政府主义者社区击败并颠覆了闭源"公司"的软件经理构成的等级世界（Raymond，[1997] 1999）。另一个例子是最近在埃及发生的动乱，其通过手机和"脸书自由战士"（2011）在社区爆发，而非通过先前政治活动中的"专业"知识分子推动实施（C. Brinton，1938；1965）。

总而言之，社会的基石或构成要素体现在一个多重制度系统中，这个系统包含了制度秩序（X轴上的列）、元素类别（Y轴上的行），以及由X轴和Y轴交织而成的文化内容（单元格）。制度逻辑视角包含了经线与纬线，它认为世界既可以在制度场域中被感知（识别象征与实践，即Y轴），也可以在其中收获行动（产生象征与实践的手段，即X轴）。

定义制度场域

在制度场域中,参与者将考虑彼此,因为他们在个体和组织之内及之间展现出相互关联的象征和实践类别。象征和构思是制度表示意义的方面,而实践则实现象征所代表的思想(Zilber,2008)。这个定义并没有将场域概念局限为"结构化"(DiMaggio和Powell,1983)。它也没有将场域概念局限在国家、专业和市场竞争的制度秩序之内,抑或是将其局限在一个特定的分析层级上。这意味着在制度秩序及其类别元素的界限之内或之间,制度场域的边界是可以观察的。我们的定义与Friedland和Alford(1991:240—241)对理论的呼吁一致,即要允许"相互矛盾和依赖的制度"。

重要的是,要记住DiMaggio和Powell(1983)对场域的定义来源于组织社会学,而且他们试图发展一项有关制度环境影响组织的组织理论。制度逻辑视角是一项包括组织的、有关制度的元理论。制度场域要求象征意义与物质实践的联姻。

文化内容:X轴、Y轴形成的单元格

在对Y轴上的元素类别与X轴上的制度秩序进行比较时,象征和实践看起来是矛盾的或是互补的。这些矛盾性与互补性带来了机会,个体和组织可以利用这些机会来识别和解决问题,并通过现有的象征与实践的新组合来获得支持。这是通过在一个制度场域内将一项制度秩序的类别元素(即文化象征和物质实践)转置到另一项制度秩序中来实现的(Thornton,2004)。转置(Transposition)是指某一制度秩序的类别元素迁移或被转移到一个原本并不包含它的实际情境中(Sewell,1992)。转置可以通过多种机制，如制度创业、结构重叠和事件顺序（Thornton和Ocasio，2008），使制度逻辑产生各种形式的转型变迁与发展变迁。我们会在第五章的案例叙事以及第六章和第七章的理论阐述中进一步说明和详解这些制度变迁过程。

社会中的文化空间

制度秩序及其类别元素通过竞争个体和组织的注意力和支持（patronage）来争夺社会文化空间。正如Hughes（1936：186）所主张的，"制度会争取个体的支持；支持它的人可以被看成是客户……为了生存，一项制度必须在人们的生活标准和情感中找到自己的立身之地"。X轴上的制度秩序的文化象征与物质实践是彼此竞争和互补的组织原则。它们具有共同占有文化空间的潜力。实证研究表明，这种管辖权的合作与竞争会随着时间的推移而波动（Abbott，1988；Dunn和Jones，2010）。

回想一下，正如第二章中描述的J. W. Meyer和Rowan（1977）以及DiMaggio和Powell（1983）的理论所示，社会或组织场域的结构化是由国家、专业和竞争（市场逻辑）的共生利益所驱动的。他们的理论认为，专业与国家的利益是互补并且一致的。例如，专业会构建知识来支撑恰当的概念，而国家则制定法律武器来执行或加强这些概念。在第二章中，我们综述了这些学者关于世界社会或组织场域的命题与定义，其依赖于国家和专业的支持者们（constituents）之间的关系网络。又如，韦伯（1904）关于"新教伦理与资本主义精神"的经典论著在近期的语境下已经发展为有关基督教与市场制度逻辑之间互补的类别元素的论述。实际上，这将把"使命"（calling）等同于专业道德，并把储蓄和投资翻译成救赎的信号。不过，当代的伊斯兰教仍然与市场原则相冲突，若将韦伯的论点应用在这一语境当中就不会产生由资本主义经济体制起源得出的观点。在第五章中，我们将通过阐述性的案例叙事来进一步说明这些观点。

与此相对，现代西方世界的大部分国家与宗教的制度秩序常常被认为是互相冲突的，例如，美国宪法就确保了二者的分离。然而，从历史上看，情况并非总是如此，支持（即国家对基于信仰的社会服务组织的资助）在当代的起伏时常展现出一种张力。例如，在大革命前的法国，古老的议会形式是由神职人员（宗教）、贵族（国家）和平民（社区）组成的。在历史上，一些社会的国家统治者和公司领导人会依靠宗教元素来合法化他们的权力。这不仅仅是一种有关这些制度秩序之间的关系的陈旧观点，无论是在当代西方世界（Greenwood等，2010）还是在如今的伊斯兰神权国家，这类观点的痕迹都依然存在。

虽然在某种程度上，我们依赖生态理论的隐喻来表达我们的观点，但这并不是在暗示我们对多重制度系统的解释是宿命论的，或缺乏权力与能动性。不过，我们在多种互补和竞争的逻辑下针对个体与组织的讨论确实引出了下面的问题，即权力和能动性在制度逻辑视角中所扮演的角色为何。

文化对权力和能动性的影响

可以说，对制度逻辑视角最显著的批判便是其对权力概念的处理。Friedland和Alford（1991：246）认为，权力的效应不是普适的，其在制度秩序之间受到文化和制度的影响。因此，权力不是解释制度化或制度变迁的充分条件。

换言之，不同制度秩序的影响便是参考框架，其预先确定了个体和组织对于如何使用权力具有不同的解读。因此，权力被概念化为多重制度系统中纵向Y轴上的一个变量，这意味着对权力的某些使用是具有合法性的，而另一些则不具有合法性，这取决于个体和组织在认知上援用了哪些制度秩序，以及在社会上最显著的秩序是哪些。

关于哪个逻辑具有主导性和变革性或具有竞争性、互补性和稳定性，有一种理论化的方法即参照不同制度秩序如何影响权力的实施，从而比较其合法性来源的结果。Thornton和Ocasio（1999）对这个论点进行了检验，对比了组织中权力使用的结果，但他们只在专业与市场制度秩序之间进行了对比，因为在其对美国出版业的研究观察期内，这两种制度秩序表现得最为具体。

更普遍地来说，权力可以从更全面的视角，如家庭、宗教、国家、公司与社区的逻辑，来解读与实现。其他的制度秩序可能会在其他历史时期，在出版业或其他物质环境下发挥作用。例如，在出版业的早期历史中，家庭的影响力更强；而国家在国际出版方面的影响更大，比如加拿大和法国都力图促进和保护其文化产业（Smith，1995；Jourdan，Thornton和Durand，2011）。另一个例子是以社区制度逻辑而非权力和强制关系为基础的领导风格推动了开源软件行业，因为开源依赖于对拥有共同利益与志愿的团体的激发（Raymond，[1997]1999）。

研究者必须考虑特定案例中的干扰变量，这些变量对权力进行了替代性或权变性的解释。例如，组织场域或行业的制度化（结构化）程度有多高（DiMaggio和Powell，1983）？它是否刚刚萌发，因而权力尚未巩固（Fligstein，1996）？能力摧毁型的技术创新是否会重新分配权力，将其民主地分给个体，并为众多小型组织降低准入门槛（Tushman和Anderson，1986）？

"权力取决于文化"，这一论断的界限尚未在更广泛的制度部门和非西方语境之下经过有效的检验，也尚未和诸如性别之类的分层变量一起接受检验，而这可能表明男性统治在整个社会和制度秩序中具有普适和同构的效应。目前，关于权力和制度逻辑的实证研究非常有限，这引出了有关这些争论的相对局限的问题。从制度逻辑视角来看，制度秩序之间的矛盾所产生的复杂性带来了文化异质性，那么权力的使用是否反映了对异质性文化的不同回应呢？又或者，对权力和统治的回应是普适的，那么它对各种制度秩序的不同逻辑之间的差异和矛盾就是免疫的、不受影响的。这些有关文化与权力的相对效应的问题为未来的研究梳理制度逻辑视角的假设和范围条件提供了可能。

最后，Stinchcombe（2002：429）对如何理论化权力问题进行了评论。他认为，在定义权力和竞争的意义时，对文化的理解是必需的，而且在构建理论之时，权力问题展现出因果顺序的难题。如果把权力理论化为独立于文化的、解释制度变迁的一阶建构（first-order construct），就需要解决两个问题。首先，权力产生于行动过程中，不会产生于它所解释的行动之前。其次，关于权力使用的决策是有意图的战略选择，但是，行动者不可能在任何行动之前都知晓文化框架或可用选项。

总之，在生态学意义上，多重制度系统的制度秩序随着时间的推移而相互竞争与合作，从而得到文化空间以及个体和组织的关注和支持。虽然制度变迁的过程在元素类别的层面上更容易观察到，但从制度逻辑视角来看，重要的是变迁的微观过程是由更为宏观的制度逻辑的类比、组合、翻译和适应构成的。接下来的章节将详细阐述有关文化嵌入性的理论。

增生：重新排列制度秩序

如前所述，对比以前的制度理论，Friedland和Alford（1991）的类型学在不同的方面更加完善。然而，它的应用具有局限性，因为它仍然不够完善、抽象，难以应用于不同的社会，而且制度秩序在分析层面上也不够清晰（Doty和Glick，1994）。Thornton（2004）率先为弥补这些问题做出尝试，其目的在于使多重制度系统成为理论构建和实证研究的实用工具。如表3.1所示，Thornton（2004）的模型基于韦伯（[1922]1978）和组织理论，其确定了每一项制度秩序（行）的类别元素，并预测了在每一项秩序的影响范围内，理论上可能观察到的象征和实践。类型学假设制度分析中的理性可以被理论化为不同制度秩序下的一个变量，这与新制度理论对理性的二元化观点有着关键性的区别。

Friedland和Alford（1991）没有以教导的口吻讨论多重制度系统，那并不是他们的文章的目的。我们评价和修改其基本构想的理论依据建立在仔细阅读J. W. Meyer和Rowan（1977）、DiMaggio和Powell（1983）以及韦伯[（1922）1978]作品的基础上，我们还参考了类型分析的原理（Doty和Glick，1994）。令人惊讶的是，Friedland和Alford（1991）并没有直接引用韦伯关于现代性和社会发展的研究成果，但是两者在许多方面都有着密切的联系，尤其是韦伯的价值领域（value-spheres）概念（Swedberg，2005：290—291）。韦伯确定了几项生命秩序（life-order），即他所谓的价值领域，例如经济、政治、美学、情色和智识领域（Gerth和Mills，1946：323—357；Whimster，2004：220—241）。每一项秩序都有其独有的逻辑模式，在其价值领域内具备有限的自主性。每一项秩序对于个体而言都代表着追求何种价值观的艰难选择，因为各个领域体现的价值观在彼此之间往往具有不可调和的冲突性。例如，韦伯评论了经济和宗教价值观之间的张力，并且承认随着历史的推移，秩序之间的差异变得更加明显。

在Friedland和Alford（1991）对多重制度系统的阐述中，有几个制度部门的影响是缺失的。专业的影响被神秘地遗忘了，尽管Meyer和Rowan（1977）以及DiMaggio和Powell（1983）都曾清楚地阐述专业制度。缺失的还有公司制度秩序，其在Fligstein（1985，1987，1990）的开创性研究中得到了展现。Thornton（2004）整合了这两项制度秩序，进而发展了Y轴上的类别元素和单元格中的内容。

鉴于组织是一个比公司更宽泛的概念，你可能会问，公司制度秩序难道不应该被标记并定义为组织制度秩序吗？此处的关键在于公司是一项制度、一个治理体系，而组织是一个类似于等级或网络的结构，它并不一定会成为一项制度或一个治理体系（Selznick，1957）。如前所述，组织是Y轴上的一个变量，可以随着X轴上的制度秩序的变化而变化。但公司是一个制度创新，其起源可以追溯到个人权利向公司权利（corporate rights）的转变，伴随这一转变的是封建主义的分崩离析和17世纪哲学家对"自然权利"的强调（Coleman，1974，1990）。公司是一项促进了广泛经济活动的法律制度，因其具有资本吸纳、参与合同的能力以及股东有限责任等独特的优势（Williamson，1975；Roy，1997）。Scott（2003）认为公司扩张是区分现代与前现代世界的最重要的基石之一。事实上，Chandler（1962）和Fligstein（1985，1990）的实证研究表明，公司是社会和经济转型的强大推手。

Thornton（2004）还质疑了将国家制度秩序定义为"官僚国家"的推理。官僚制（bureaucracy，或译"科层制"）难道不是国家用来实现其目标的一种组织形式吗？其他制度秩序难道不能也采纳官僚制吗？例如，通用汽车（公司逻辑）和天主教（宗教逻辑）都以科层制为核心。基于这个推理，Thornton把官僚制从其与国家制度秩序的单一联系中去除，留给研究者自行决定其是否作为Y轴上的一个元素类别及其实用性。[①]

[①] 值得注意的是，DiMaggio和Powell（1983）特别把韦伯对官僚主义根源的研究作为同构论的起点。因此，作为一种组织形式，官僚制似乎与组织和文化社会学的新制度主义——而非制度逻辑视角——更一致，而这似乎与Friedland和Alford对新制度主义者的批判不太一致。

继续这样的分析，产生了一个问题，为什么Friedland和Alford（1991）的民主概念在X轴上拥有一项单独的制度秩序，而不是作为Y轴的类别元素呢？民主难道不是一种不同于制度逻辑的、特定的意识形态，就像社会主义和共产主义一样吗？那么，为什么民主不是国家、公司或者其他制度秩序中的一个变量呢（参见第一章关于意识形态和制度逻辑的讨论）？公司可以实现扁平化结构，从而追求民主的管理风格。因此，我们认为最好把民主当作现有制度秩序在Y轴上的一个变量。Thornton（2004）在Friedland和Alford（1991）最初的理论构想上添加了上述的每一个变化，进而建立起一组互斥的理想型，其对于理论构建与实证研究具有更普遍的实用性，正如表3.1所示。

变体：社区作为一项制度秩序

Thornton（2004）的类型学大大发展了Friedland和Alford（1991）关于多重制度系统的最初理论构想，使其能够应用于理论构建和实证研究。但是，我们认为它忽视了一项重要的制度秩序——社区。在本节中，我们利用有关社区的研究来评估将社区概念作为X轴上的一项制度秩序的重要性。Marquis、Glynn和Davis（2007）指出，公司进行社区参与的规范在每个社区中有着不同的演化路径，并以此论断，本地社区对制度和组织研究具有多方面的重要性。将新制度理论应用于社区基础建设时，他们认为社区体现了当地的理解、规范与规则，其构成了将心理模型合法化的基石，而个体和组织在此之上形成了对当下情境的共同定义（Marquis、Glynn和Davis，2007：927）。

社区作为一个重要变量的想法并不新鲜，它是经典理论与20世纪中叶的理论的核心。在韦伯（[1922]1978：902）的定义下，社区不仅仅构成了一个经济体,因为一个社区不仅受到对商品和服务的经济配置的驱动,还受到指挥其经济的价值体系的驱动。一个社区是由一块"领地"和社会行动构成的,其并不局限于满足社区经济体的共同经济需求。Tonnies(1887)强调社区(Gemeinschaft,或译"礼俗社会")与社会(Gesellschaft,或译"法理社会")之间的区别;社区蕴含着人与人之间的集体关系,强调了人际的、特殊性的关系,而社会指的是透明的、匿名的,以及普适性的关系。

20世纪中叶的理论家对组织的研究"自然地"与其对社区影响的理解交织在一起(Scott,2003)。Selznick(1949)对田纳西河流域管理局的研究和Zald(1970)对芝加哥基督教青年会的考察都证明了当地社区在解释制度和组织方面的重要性。此外,社区概念是城市生态学研究的基础(Hawley,1950),也是Warren(1967)的"组织间社区"概念的核心,后者被定义为在一定地理范围内相互依赖、为了集体利益互相竞争与合作的一群组织。正如Scott(2003:129—130)所指出的,Hirsch(1985)发展了一个相关的概念,即工业体系。Warren(1967)和Hirsch(1985)的观点预示了"组织场域"(DiMaggio和Powell,1983)概念的流行和发展,后者声称取代了此前的社区概念。在其综述评论中,Scott(2003)认为组织场域是一个进步,因为这一概念不仅包括组织之间的横向关系,还包括与社区之外的组织之间的纵向或等级关系。这种学术分析的变化提醒我们,网络分析的日益普及可能进一步促进了社区概念的被取代。如果我们的预感是正确的,那么没有社区的概念,我们就无法知晓网络的管道和棱镜将如何传递或处理规范、价值观、象征以及实践(Podolny和Page,1998;Fligstein,2001)。

Brint(2001)评论说,有关社区的社会学文献受到了描述性研究的困扰,这意味着如果没有理论的发展,任何概念都容易在学术分析中衰落。

我们注意到一个例外，即Merton（1942）利用科学社区发展了中层理论（middle-range theory），就像Podolny（1993）发展了基于地位（status）的市场理论这个模范案例一样。为了给这种学术分析注入新的活力，Brint（2001：8）对社区做出了新的定义。他指出："社区是一群拥有共同的活动和（或）信仰的人，一群主要通过情感、忠诚、共同价值观和（或）个人忧虑而捆绑在一起的人。"请注意，这里没有提及空间、领土或地理边界，从而将可探索的范围扩大到了受开源技术影响的当代社区类型（von Hippel和von Krogh，2003；O'Mahony和Ferraro，2007；O'Mahony和Bechky，2008），以及在地方和国家层级上的创业与社会运动的交集（Rao、Morrill和Zald，2000；Ingram和Rao，2004；Lounsbury，2005）。

目前，学者们正在迎接挑战，以新的、有趣的方式重振社区研究（Marquis、Lounsbury和Greenwood，2011；Marquis和Battilana，2007），他们甄选组织理论文献来展示社区如何在组织行为中发挥作用。O'Mahony和Lakhani（2011）等人对组织理论提出了质疑，他们认为组织理论在解释包含协作和共享知识的非正式志愿者团体的新式C型组织时，忽视了社区效应（Seidel和Stewart，2011）。

Marquis和Battilana（2007）在其文献综述中提出要复兴有关社区效应的研究。他们解释道，这是对过分强调制度性同构和全球化的回应。他们的主要论点在于，并非所有的制度效应都可以根据同质性产生的过程，以及社会由特殊性转向普适性的观点来解释。他们识别出了新制度理论中的自相矛盾之处：其严格的假设将个体和组织置于历史与文化背景之下，却忽略了本地体制——文化、社会和法律的影响。

在总结其综述时，他们发现在多种情境之下本地社区都对组织行为具有显著的影响，例如，相近的地理边界影响了非营利性赠予（Galaskiewicz，1997）、董事会结构（Kono等，1998；Marquis，2003），以及公司治理（G. F. Davis和Greve，1997）等组织实践。根据观察，不同地区在企业社会责任行为（Marquis、Glynn和Davis，2007）、公司战略（Lounsbury，2007）、治理过程（Abzug和Simonoff，2004）和组织创立（Sorenson和Audia，2000）等各种各样的问题上呈现出共享的参考框架。此外，Marquis和Battilana（2007）还指出，本地法律的重大差异（Campbell和Lindberg，1990）和市场边界的邻近性为组织行为的差异提供了解释（Audia、Freeman和Reynolds，2006；Stuart和Sorenson，2003；Freeman和Audia，2006）。例如，Greve（2000，2002）发现，地方竞争而非更宏观的场域层级特征对于组织决策更为关键。

Marquis和Battilana（2007）所综述的文献表明，共处一地（colocation）、邻近性和社区是驱动组织和市场生态学的核心概念。他们还指出，在解释关系网络（Putnam，1993，2000）、工业区（Piore和Sabel，1984）和创新（Saxenian，1994）时，持久的社区和地方绑定（placebound）效应也很重要。

O'Mahony和Lakhani（2011：6）提供了一篇有趣的关于社区的文献综述，聚焦于新技术和组织形式的因果关系，例如在开源运动中，组织的特点便是处于"社区的阴影之中，而不是相反的情况"。他们认为，社区对于组织的演化至关重要，因为它既是组织绩效和成长的起源，也是其中介。然而，有趣的是，社区也可能成为组织的替代者，对组织造成威胁，使其难以开展业务甚至终止运营，但社区可以在没有组织的情况下高歌猛进。Ingram和Rao（2004）以及Ingram、Yue和Rao（2010）在研究针对沃尔玛等连锁商店的抗议活动时展现了这一点，行动派（activists，又译"倡议者"）通过抗议来保护当地的独立零售商构成的商业社区。Marquis和Lounsbury（2007）则发现，社区代表着威胁，因为它们有能力促进建立对抗主流价值观的新组织。

O'Mahony和Lakhani（2011）指出，当代社区结合了多种身份来源，从学术社区（Crane, 1972; Knorr-Cetina, 1999）到职业社区（van Maanen和Barley, 1984; Orr, 1996; Bechky, 2003），再从实践社区（Brown和Duguid, 1991, 2001; Wenger, 1998, 2000; Lave和Wenger, 1991）到技术社区（Tushman和Rosenkopf, 1992; van de Ven和Garud, 1994; van de Ven和Hargrave, 2003）、在线社区（Cummings、Kiesler和Sproull, 2002; Fayard, DeSanctis和Roach, 2004）和开源社区（von Hippel和von Krogh, 2003; O'Mahony和Ferraro, 2007; O'Mahony和Bechky, 2008）。

Marquis、Glynn和Davis（2007）认为，社区对分析制度的建设、维护和毁灭至关重要；Marquis和Battilana（2007）的综述则认为，组织理论需要修正，进而考虑本地社区对组织行为的影响。O'Mahony和Lakhani（2011）更为大胆地暗示，组织理论尚未朝着解释互联网时代的组织形式和行为的正确方向发展，因为它忘记了自己的根就在社区研究中。

正如Brint（2001）的评论，我们要帮助社区研究超越描述性的阶段。为此，我们将从大多数定性的社区研究中搜集的观点进行扩展，引入一种更为正式化的比较方法，从而将社区的影响理论化并加以衡量。换言之，我们将根据制度逻辑视角，把社区的影响概念化。这意味着，社区将被概念化为X轴上的制度秩序，与多重制度系统中的其他秩序，尤其是市场、公司和专业的治理体系相互竞争或补充。

例如，Schneiberg（2002）以及Schneiberg、King和Smith（2008）表明，在19世纪末、20世纪初的保险、奶制品和粮食行业中，在美国资本主义体制下，基于社区的合作社和联合会是与市场和官僚制相竞争的治理形式。在社区成员承诺相互承担损失的基础上，互助社和合作社的成员资格确保了社会、移民和宗教团体的自主经济发展，从而抵挡了股份制公司（公司逻辑）的崛起和盛行所带来的压力。Lounsbury（2005）及其合作者（Lounsbury、Ventresca和Hirsch，2003）认为，早期的再循环运动是由关心经济发展的社区逻辑发起并驱动的，其后来才受到等级森严的国家方案的挑战，后者促使它们根据公司和市场逻辑建立一个营利性的再循环产业。这意味着或许有一种阶段性效应，社区或许是新实践的缔造者（O'Mahony和Lakhani，2011）。Raymond（［1997］1999）在解释开源软件行业的合法性来源时，描述了"众人的齐心协力"。开源需要将软件开发的管辖权转移到社区制度秩序中，从而使程序员的自我满足和声誉取代市场逻辑下的效用函数，进而带来自我纠正的自发性秩序。Raymond（［1997］1999）写道："对黑客而言，在粉丝中提升自己的声誉是其志愿行为背后的基本动力，它将自私的黑客与持续的合作联系在一起。"

通过在X轴上添加了一个新的条目——社区逻辑，表3.2展现了一个多重制度系统的理想型。基于对上述有关社区的文献的广泛阅读，我们得出了纵向Y轴上类别元素的理想型，包括合法性、权威性与身份的来源，以及规范性、注意力和战略的基础等。理论上，其每个元素类别都与其他制度秩序的元素类别相互排斥。正如前一节所强调的，理想型是用于比较的，例如，Schneiberg（2002）将合作社（社区逻辑）与市场和等级制（市场与公司逻辑）进行了比较。

讨论与总结

在本章中，我们讨论了在多层级制度理论中，社会文化如何以及为何会被外部化于个体和组织。这是一个重要的问题，因为制度理论需要认识到个体和组织是嵌入到社会结构中的，还需要解释它们如何被外部化并拥有部分自治性，从而使它们能够对制度进行社会构建（P. L. Berger和Luck-

表 3.2 修订版多重制度系统理想型

Y 轴		X 轴：制度秩序					
类别	家庭 1	社区 2	宗教 3	国家 4	市场 5	专业 6	公司 7
根隐喻 1	家庭作为企业	共同边界	寺庙作为银行	再分配机制	交易	关系网络	等级制度
合法性来源 2	无条件的忠诚	意愿的统一；信任与互惠的信念	信仰与神圣性在经济和社会中的重要性	民主参与	股价	个人的专长	企业的市场定位
权威性来源 3	家长的统治	对社区价值观与意识形态的承诺	神职的魅力	官僚制的统治	股东行动主义	专业协会	董事会与高层管理人员
身份来源 4	家族名誉	情感联系；自我满足感和名誉	与神灵的联系	社会与经济阶层	无个性的	与工艺品质的联系；个人名誉	科层中的角色
规范的基础 5	家庭成员	群体成员	会众成员	公民	自利	行会和协会成员	公司雇佣
注意力的基础 6	家庭中的地位	个人对群体的投资	与超自然的地位关系	利益集团的地位	市场中的地位	专业中的地位	等级中的地位
战略的基础 7	增强家族荣誉	增强成员和实践的地位和荣誉	增强自然事件的宗教象征	增强社区利益	增加效率利润	增强个人名誉	增加企业规模和多样性
非正式控制机制 8	家庭政治	行动的能见度	使命崇拜	后台政治	行业分析师	有名望的专业人士	组织文化
经济体制 9	家庭资本主义	合作资本主义	西方资本主义	福利资本主义	市场资本主义	个人资本主义	管理资本主义

mann，1967）。解释制度的外在性或部分自治性需要结合制度逻辑视角的元理论的其他基本原则。也就是说，其元理论必须具备整合多层级分析的能力，并将制度的物质性和象征性两个方面结合起来，正如Y轴上的类别元素和一个近似可分解的多重制度系统所示。既要囊括这些基本的元理论原则，又要澄清它们对理论构建与实证研究的实用性，那么最明智的方法便是基于Friedland和Alford（1991）关于多重制度系统的基本构思发展出一种理想型的类型学。这种具有模块性和近似可分解性的、多层级的X-Y矩阵方法对于解决嵌入能动性问题，以及解释制度的涌现和变迁至关重要。

通过详细阐述X轴和Y轴的特征，并通过文献综述来证明社区概念是一项制度秩序，我们已经超越了Thornton（2004）最初的概念模型。简而言之，我们的基本方法便是将多重制度系统的概念正式化为一种分析工具，从而为后续章节奠定基础，进而以正确的方式处理新制度理论所受到的批判。另外，我们还定位并讨论了权力概念作为能动性机制在多重制度系统中不同制度秩序的语境下的权变效应。

在第五章中，我们将继续讨论多重制度系统，并着重于该系统的稳定性和变迁及其历史权变性。我们将进一步运用和展示多重制度系统的类型学，来分析个体和社会层级对创新和制度变迁的影响。

附录

类型学允许对现象进行多维分类，其由两部分组成：（1）对理想型的描述；（2）将理想型与因变量联系起来的一套主张（Doty和Glick，1994）。理想型是一个概念性的方案，它暗示着一组假设。类型学必须符合理论构建的三个标准：（1）必须确定建构；（2）必须明确这些建构之间的关系；（3）这些关系必须是可证伪的。理想型旨在提供一个抽象模型，能够代表那些被认为是决定因变量的属性的组合。理想型提供了一种将个体和组织聚合成特定类型的手段，以衡量和解释其与纯粹形式的偏离。通过这种方式，可以进行可理解的比较（Zelditch, 1971），并且可以通过确定理想型与因变量之间的相似性或非相似性程度，来证伪该理论。

类型学有许多优点。首先，理想型不是由样本中的观察来指定的。样本中的观察可能与理论中描述的理想型非常相似，也可能不相似。因此，理论发展的过程以及因变量的范围不受样本特征的制约。其次，理论构建的类型学方法，对确定建构的多元模式以及决定因变量的非线性关系很有用。两个建构可能在类似于一个理想型的组织中呈正相关关系，在那些看似是第二种理想型的组织中呈负相关关系，而在与第三种或第四种理想型相似的组织中则毫不相关（Doty和Glick, 1994: 244）。这种概念上的灵活性能够帮助理论构建，特别是在这种理论构建中，预期存在抵消和时间依赖效应时。此外，这种特征非常适合使用动态模型的理论检验，因为它不限制假设，例如理论上精确的因果关系的逆转（Tuma和Hannan, 1984）或多层级效应（DiPrete和Forristal, 1994）。这允许个体层级的分析效应与组织和环境层级的分析效应不同。又如，要深入了解如何进行事件历史分析，首先要教学生图解自变量和因变量的状态空间，从一个状态空间到另一个状态空间，以及理论上预期的转换（Tuma, 1990）。然而，如果脑海中没有至少一个论点，这就是一个令学生困惑的任务。类型学元素的知识可以使这个任务更清晰。最后，类型学方法对于检验文化观点是有用的，在排除结构位置或物质条件变化的情况下，分析文化效应如何在总体中或研究的时间跨度内产生变化（DiMaggio, 1994: 28）。有关理想型的一般介绍，请参阅Martin Albrow（1990, 149—157）。

第四章　制度逻辑的微观基础

在本章，我们探讨制度逻辑的微观基础及其在组织和制度的不断繁衍和转型中的作用。新制度理论（J.W. Meyer和Rowan，1977；DiMaggio和Powell，1983）最初发展为一项关于结构如何影响组织的理论，能动性在其中仅仅扮演有限的角色（参见DiMaggio和Powell，1986），而更晚近的理论发展则强调了社会行动者在制度过程中的重要性（例如：Hallett和Ventresca，2006b；Powell和Colyvas，2008；Battilana、Leca和Boxenbaum，2009）。从制度逻辑的视角来看，社会行动者是理解制度持续与变迁的关键。

社会行动者的重要性在于Friedland和Alford（1991）对于制度逻辑的开创性贡献中的关键洞见。Friedland和Alford（1991）的理论强调了相互依存而又各自独立的三方：社会、组织和个体——"相互竞争和谈判的个体、相互冲突和协调的组织，以及相互矛盾和独立的制度"（240—241）。在他们关于个体行为的观点中，Friedland和Alford拒绝使用理性选择理论中的方法论的个人主义（methodological individualism）及其相关变量。同时，他们也拒绝了结构决定论，而强调认知、身份、利益和权力对于能动性的重要影响。但是，Friedland和Alford并没有提供一个完善的微观理论。不过，他们认为个体的行为是"嵌套"（nested）在赋予其机会和束缚的组织和制度中的（242）。

基于对Friedland和Alford（1991）这篇文章的仔细研究，可以得出关于个体和制度逻辑的关系的两种观点，一种强调机会，另一种则强调束缚。制度逻辑视角对个体能动性提供的机会反映在以上作者的文章标题中："重新引入社会：象征、实践与制度矛盾。"这一视角强调了构成现代社会的、相互矛盾的社会秩序。制度的矛盾性为个体和组织提供了能动性和制度变迁的机会。个体在实行组织和制度变革的过程中可以援用更高层级的制度逻辑中的象征和实践（Holm，1995；Seo和Creed，2002；Greenwood和Suddaby，2006）。

第二种强调束缚的观点提出，制度逻辑塑造个人偏好、组织利益以及满足这些利益和偏好的行动类别和行动形式库。主导的制度逻辑被认为是理所当然的（Zuck，1977），但其并不是像DiMaggio和Powell（1991）说的那样为行为提供具体的脚本，而是为行为的组织和利益的疏通建立核心原则。这种有关制度逻辑如何塑造行为的观点被称为嵌入能动性，即在文化意义上被嵌入制度逻辑的社会行动。

尽管嵌入能动性通常被认为是一种制度束缚的来源（Holm，1995；Seo和Creed，2002），但它也允许重大变化的发生，且并不一定意味着组织或者制度的惰性。例如，Thornton和Ocasio（1999）以及Thornton（2002，2004）展现了高等教育出版行业的主导制度逻辑如何通过高管更替、采用M型组织结构以及企业兼并来助推能动性。尽管相关理论尚不成熟，但主导制度逻辑同样可以推进内生性制度变迁。制度逻辑不是静止或无法变化的。制度逻辑为社会行动者提供了阐明和发展现有逻辑的动力和动机（见Edelman，1992）。股东价值导向的兴起和金融市场的主导地位，就是市场逻辑如何被阐明的例子（Zajac和Westphal，2004；G. F. Davis，2009）。随着市场逻辑在美国的企业和金融市场中占据越来越主导的地位，实践者和理论家开始阐明市场逻辑的更为极端的形式。制度逻辑通过刺激逻辑在不同组织形式和制度场域间流动，提供了制度变迁的内部动力（Djelic和Ainamo，2005）。

尽管嵌入能动性和制度矛盾是制度逻辑微观视角的关键，但是对于社会行动者如何塑造逻辑和被逻辑塑造的完整理解需要建立一项关于个体行为的更为完备的理论。Thornton和Ocasio（1999）以及Thornton（2004）建立了一项关于注意力的理论（Ocasio，1997），其将宏观逻辑和微观行为与决策连接起来。尽管注意力视角能够更好地解释宏观如何限制微观行为，却不能很好地解释不同制度逻辑在社会和制度场域中所提供的机会。值得注意的是，Thornton（2004）更进一步地考虑了制度逻辑如何不仅带来束缚，还能够通过认知基模（cognitive schemas）的形成促进行为的产生。但注意力理论如何与认知基模相连接并产生影响，尚未被完全阐明。为了完全解释制度逻辑如何为组织和个体提供机会和束缚，以及制度逻辑在什么情况下产生影响，我们需要发展一项更为完备的理论，其关乎人类注意力、认知与行动如何为制度逻辑带来的机会和束缚提供解释。

我们旨在提供一项理论，纳入当下心理学对人类行为的解释，并将其与社会学视角相连接。文化社会学家运用类似的方法，强调了文化的认知基础（DiMaggio，1997；Cerulo，2002）。在这里，我们不仅依靠认知心理学，还依靠有关微观基础的社会心理学。为此，我们将首先提供对于人类行为的基本假设。然后，在关于人类行为的模型的基础上，我们将提供一个关于多重制度逻辑、实践、个体与互动之间的因果模型。

人类行为模型：情境化的、嵌入的、有限意图性的行为

建立微观基础的一个关键挑战就是建立一组一致的、有关个体（或群体）行为的假设。理性选择理论就是一个一致且完善的例子，该理论不仅主导了经济学，还在政治科学里颇具影响力（例如，Riker，1990；Krehbiel，1991），不过其在社会学中的影响力相对较小（例如，Coleman，1990；Hechter和Kanazawa，1997）。理性选择方法已经被一些在经济学（例如，Schotter，2008）、政治学（例如，Shepsle，1995）以及社会学（例如，M. C. Brinton和Nee，1998）范畴中探讨制度的理论采纳。然而，理性选择模型背后的心理假设却受到了挑战（例如，Sen，1977；Simon，1995），它的预测效度也受到了质疑（例如，Tversky和Kahneman，1986；Green和Shapiro，1996）。近来，这些挑战在经济学中已具有影响力，而且行为经济学已经成为一项关于人类行为的流行理论（Kahneman，2003；Camerer、Loewenstein和Rabin，2004）。不过，行为经济学虽然包含了个体的、系统性的认知局限，但仍然只提供了一个非社会化（asocial）的人类行为理论。

Granovetter（1985）的理论文章通过引入"嵌入"的概念，从社会学的角度挑战了理性选择理论。Granovetter认为理性选择和有限理性理论（例如，Williamson，1975）都提供了关于人类如何行动的非社会化视角。他还提出，传统的结构、文化与制度化的论述（例如Parsons，1956）提供了过度社会化的视角，赋予能动性以有限的作用。通过假设个体嵌入社会网络，Granovetter认为个体的选择与实践尽管具有目的性，但都受到了个体所嵌入的网络的限制。在组织理论中，社会嵌入视角被广泛应用于对组织间关系的研究（例如，Uzzi，1996，1997）。

Zukin和DiMaggio（1990）发展了Granovetter关于结构嵌入的理论，从而解释了其他几种嵌入：认知的、文化的和政治的嵌入。认知嵌入被定义为"心理过程中结构化的规律限制经济推理活动的方式"。文化嵌入指的是"共享的集体共识在塑造经济战略和目标中的作用"（17）。政治嵌入包含"经济活动参与者与非市场化的制度在争夺权力的过程中塑造经济制度和决策的方式",其中非市场化的制度包括政府(20)。结构、文化和政治嵌入在本质上都是社会学概念。"认知嵌入"则是一个心理学概念,我们并不将它包含在我们的嵌入概念中,因为我们的概念强调了人类行为的社会性本质,但是,认知嵌入将成为我们即将展开的有限意图性概念的一部分。为了解释制度逻辑的微观基础,我们强调文化嵌入的作用——由个体组成的社会群体的文化,为个体提供了用于理解和构建他们所处的环境的象征性结构。

嵌入的行为,既非不够社会化,也非过度社会化,其暗含着受到限制的个体能动性。个体能动性包括对自身利益的追求和个体需求的满足。但是,我们关于能动性的模型并没有把能动性等同于利益或追逐私利的行为。个体的能动性也将受到他的社会身份和社会认同(social identities and identification)的引导(March和Olsen,1989;Holland等,1998)。一个人的社会认同是通过与一类人感受到同一性(oneness)来获得的(Ashforth和Mael,1989)。个体具有多重社会认同,包括其对组织、工作团体、专业领域、政党、同龄人和族群的认同。社会认同在人际关系网络缺乏或者互动不足的情况下也会产生。

我们将利益和身份作为个体意图的两个方面——身份与目标结合起来(参见March和Olsen,1989)。个体的意图受到注意力在认知上的局限(Simon,1947;Ocasio,1997),也受到认知启发(cognitive heuristics)的限制(Kahneman、Slovic和Tversky,1982;Kahneman,2003)。受社会认同与个人利益和目标的引导的个体意图受制于认知局限对人类行为的约束。社会身份、目标以及认知局限这三个因素的结合定义了有限意图性。

我们关于人类行为的模型认为,社会行动者嵌入到社会、文化和政治结构当中,并且由认知上受限的身份和目标所引导。虽然,与理性选择理论相较而言，将嵌入性与有限意图性结合起来是对于社会行为更为复杂且真实的描述，但它仍然不完善。人类在加入多种社会网络和群体时，带有各不相同的文化和政治结构。人类也有多重的、松散耦合的、经常相互矛盾的社会身份和目标。意图不仅受到认知的限制，还受到多重目标和身份的内部冲突的限制。为了解释哪些特定的目标、结构和身份塑造了行为，我们关于人类行为的模型还包括了一个社会心理学的核心原则：情境主义（situationism）（Ross和Nisbett，1991）。情境主义指的是在时间和空间上与行为最接近的因素对于个体行为的影响。情境包括了直接的社会环境和互动，以及情境中的物质属性。特定的社会情境与互动会影响到多重社会身份和哪些目标会被触发。特定的情境和互动还影响了个体在任何特定环境中面对的不同形式的社会、文化和政治嵌入的显著性。情境的特征（以及个体如何对此谈判）塑造了影响社会行为的社会身份和目标的相对重要性。情境主义也解释了人类行为在不同情境下的不一致性。

我们已经大致勾勒出了情境化的、嵌入的、有限意图性的人类行为模型，该模型和理性选择模型以及结构决定论都不同。我们模型中的不同成分更多是从社会心理学研究推导出来并证实的，其受到政治学和人类学的影响相对较小。我们将据此模型探索制度逻辑的微观基础。

为微观基础建模

我们想推导出一个关于制度逻辑微观基础的模型，该模型不仅考虑个体能动性如何从文化上嵌入到制度逻辑当中，还考虑个体能动性如何在制度逻辑的繁衍和转型中发挥作用（参见Giddens，1984）。我们的框架与只依靠宏观层级的解释来研究制度逻辑的方法有所不同。在图4.1中，我们呈现了一个制度逻辑在宏观层级上的效应的程式化模型。在这种方法中，组织的结构和实践被主导的制度逻辑塑造。逻辑要么被视为限制组织的、类似规则的结构，要么被看作为现有结构和实践提供变化机会的文化工具箱。

宏观制度逻辑 —————规则和工具————→ 结构和实践

图4.1 制度逻辑的宏观-宏观模型

Haveman和Rao（1997）提供了一个将制度逻辑运用于宏观层级的例子。结合组织生态学和制度理论两种方法，他们将储蓄和贷款行业的制度逻辑视为有关道德情操的理论，其塑造了对于组织形态的选择。具体来说，他们发现随着进步主义（Progressivism）在社会中的兴起，进步逻辑——他们将该逻辑视为社会中的统治性规则——青睐于那些结合了官僚结构和自愿储蓄的组织形式。

Thornton和Ocasio（1999）以及Thornton（2004）运用Simon（1947）和Ocasio（1997）关于注意力的理论，推导了制度逻辑对于组织行为的影响。尽管他们没有明确解释个体的能动性与互动，但是他们提供了一个有关制度逻辑如何通过个体和组织的认知产生了从宏观影响到微观影响的例子。具体来说，Thornton和Ocasio（1999）以及Thornton（2004）强调了社会行动者的有限注意力如何被主导的制度逻辑结构化。图4.2提供了其理论的程式化模型。组织行动者在文化上嵌入到主导制度逻辑当中。主导逻辑将行动者的注意力集中在组织和环境的具体特征上（例如，市场竞争、

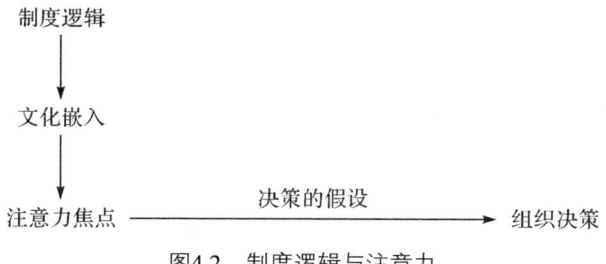

图4.2 制度逻辑与注意力

等级结构),并且塑造了可获取的组织方案与计划(例如,高管更替、兼并以及组织形式的改变)的形式库。

Thornton和Ocasio(1999)以及Thornton(2001,2002)所沿用的理论方法都聚焦于制度逻辑从宏观到微观的影响。社会行动者在繁衍和转变制度逻辑时的作用并没有被明确地提及。然而,这一视角的隐性假设即嵌入能动性,即组织的决定似乎能够使得主导逻辑不断繁衍。而制度逻辑不断繁衍的趋势则被称为嵌入能动性的悖论(paradox of embedded agency)(Holm,1995:398):"如果行动者的行动、意图和理性都受到制度的塑造,其如何能够改变这一制度呢?"

对于制度逻辑微观基础的更为成熟的理解不仅应该解释嵌入能动性,还应该解释社会行动者在繁衍和转变制度逻辑时的作用。这要求一个比文献中出现的模型更为复杂和完善的模型。我们的方法建立在Coleman(1990)在其社会理论中提出的普遍性方法之上,这一方法为战略组织学者所采纳(Abell、Felin和Foss,2008;Felin和Foss,2009)。图4.3展示了Coleman关于宏观到微观、微观到微观,以及微观到宏观的效应的模型。这一模型试图通过宏观到微观的机制(例如,制度逻辑塑造注意力焦点)、微观到微观的机制(例如,注意力焦点塑造决策),以及微观到宏观的机制(例如,决策影响结构和实践)来解释宏观层级的推论(例如,制度逻辑塑造结构和实践)。但是,Coleman的解释假设了方法论的个人

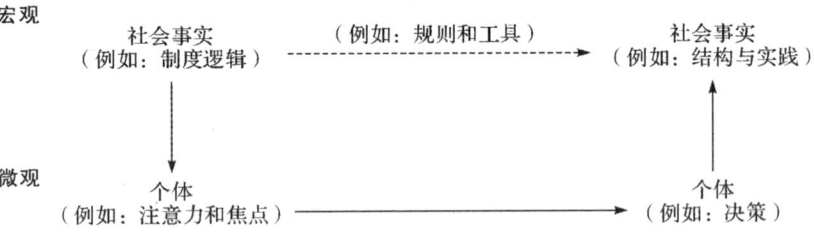

图4.3　Coleman的模型图解

主义，并且没有包含从宏观到宏观的直接效应。在Coleman的（1990：12）描述中，宏观层级是对微观行为的抽象反映。注意，这张图并没有包括有关制度逻辑如何维持和转型的完整解释。

Coleman（1990）在他的叙述中进一步假设了理性选择理论，但其他关于人类行为的模型也可用于阐释他的模型。全面展开关于微观基础的模型要求具体说明对于人类行为的假设。在本章前面的部分，我们已经概述了一个关于人类行为的较为复杂的具体说明：人类是情境化的、嵌入的、具有有限意图的行动者。我们的理论模型将把这一具体说明和动态建构主义（dynamic constructivism）理论（Hong等，2000；Morris和Gelfand，2004）与符号互动主义（symbolic interactionism）结合起来。

动态建构主义

关于动态建构主义的理论和实证研究是由社会心理学者（Hong等，2000；Hong和Mallorie，2004；Morris和Gelfand，2004）在研究双重文化中的个体（例如，美籍华人）时发展出来的，以此来解释文化如何塑造认知和行动。该理论可用于解释个体的行动基于何种文化。动态建构理论并不将文化视为统一体，而是提出文化最好被理解为一张在文化成员中分布的、知识结构的网络。

基于以往社会心理学者关于社会认知的研究（例如，Wyer和Srull，1986；Higgins，1996），这一理论预测个体的行为取决于文化知识的可获取性、可利用性和是否激活。将该理论应用于制度逻辑中，我们假设个体通过社会互动和社会化来学习多种具有差异且经常相互矛盾的制度逻辑。多种制度逻辑构成了社会行动者在社会、制度场域和组织中可获取的文化知识。

可获取性指的是能被个体应用于认知过程中的知识和信息。个体关于制度逻辑的知识可以从长期记忆中获取,并可以在建构社会意义、解决问题、制定决策和协调的时候被激活。考虑到多种逻辑的可获取性,个体具有潜在的能动性来选择他们依靠何种逻辑进行社会行动和互动(Friedland 和 Alford,1991)。然而,多种逻辑在认知和行动上所具有的可获取性并不意味着不同形式的知识被利用的机会是均等的。为了解释哪种制度逻辑和知识结构更有可能会被援用,我们必须考虑知识和信息的可利用性和激活。

可利用性指的是出现在脑海中的知识与信息。根据动态建构理论,文化和情境都塑造了可利用性。文化嵌入影响了知识结构的长期可利用性:通过认同和社会化从而被深刻地嵌入一个特定的制度逻辑的个体更有可能会援用该逻辑中的知识。情境通过暗示其与可获取的知识结构之间的关系影响知识结构的临时可利用性。大部分的社会心理学研究都支持以下观点:影响可利用性的长期来源与临时来源是可以叠加的(Bargh 等,1986)。当长期的与临时的概念相互冲突的时候,临时的概念会在开始的时候占据主导地位,但是长期的概念将后来居上。

激活指的是可获取和可利用的知识和信息实际运用于社会互动。社会认知学者认为,激活随着知识的可利用性和注意力焦点的变化而变化(Higgins,1996)。在常规的情境中,长期的和临时的知识和信息的可利用性将共同激活无意识的(automatic)注意力焦点和行为反应(Bargh,1997)。在制度层级上,认知和行为理所当然地只需要有限的注意力、意识和能动性(Zucker,1977;DiMaggio 和 Powell,1991)。在非常规的情境和互动中,注意力的焦点是自下而上和自上而下两种注意力的结果(Ocasio,2011)。情境和环境的显著特征,即与过去的情境相比能够察觉到的、鲜明的改变,驱动了自下而上的注意力过程。制度逻辑提供了一个可利用的结构网络,用于引导个体的注意力焦点。制度逻辑的每一个部分都取决于可利用的知识结构是否能够适用于情境和环境中显著的方面。如果可利用的制度逻辑的各种方面并不适用或者并不相关,个体就要依靠其他可获取的制度逻辑来激活知识和信息,用于此后的信息加工。

制度逻辑微观基础的整合模型

在图4.4中,我们将多种理论要素结合起来以呈现一个制度逻辑微观基础的整合模型。在这个模型中,制度逻辑通过文化嵌入来聚焦个体的注意力(Ocasio,1997;Thornton和Ocasio,1999;Thornton,2004),从而激活社会行动者在特定情境下的身份、目标与基模。这些被激活的身份、目标,以及基模和共享的注意力焦点一起塑造了社会互动(Goffman,1974;Collins,2000,2004)。社会互动产生了交流、资源流动和相互依赖性,并形成了包括组织和制度工作在内的社会实践和结构。特定情境下的实践通过文化演化的过程被选择和保留。在这些演化过程中,制度逻辑在社会、制度场域和组织层级上涌现。

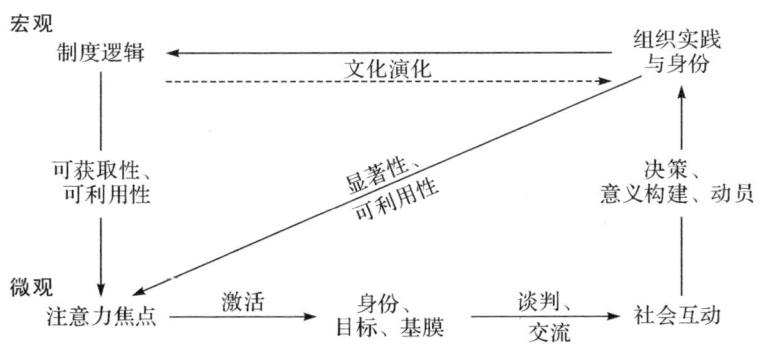

图4.4　宏观-微观和微观-宏观相结合的制度逻辑的跨层级模型

接下来,我们将讨论该模型的各个因素及其之间的联系。我们将最先讨论模型中强调的三种个体特质：社会身份、目标与基模。我们将运用动态构建理论来解释如何通过社会结构、实践和制度逻辑对社会行动者的注意力焦点的影响来获取、利用和激活身份、目标与基模。然后，我们将讨论被激活的身份、目标和基模对社会互动的影响。之后，我们将讨论微观到宏观的联系是如何通过决策、交流和互相依赖性来建立的。

社会身份、目标和基模

我们关注社会行动者的身份、目标与基模，并将其视为情境化的有限意图性引导认知和社会互动的因素。

社会身份

个体拥有多重社会身份。心理学社会身份理论（Tajfel和Turner，1986；Hogg和Abrams，1988）将身份定义为团体或类别的成员；而社会学社会身份理论（Stryker，1968；Burke和Tully，1977；Stryker，1980）将身份定义为对于特定社会角色的认同。两种形式的社会身份都与制度逻辑的微观基础相关。相关的类别身份包括社会行动者的行业、职业或专业、雇主、部门、志愿组织关系、种族、性别、族群、国籍和地域。角色身份的定义是关系性的，与社会行动者之间的互动关系有关，例如，首席执行官、投资者、经理、领导和志愿者是组织内的社会行动者。父母、伴侣、朋友和公民则是组织外的角色。注意，对于专业和职业身份，类别身份和角色身份可能会重叠。例如。内科医生是专业团体的成员，但也同时具有与其他角色（护士、病人、技师和管理者）相关的角色身份。

虽然个体拥有多重身份，但并不是每一种身份都能够被社会行动者获取或利用。通过应用符号互动主义，有关身份的社会学视角突出了身份确认和身份承诺（verification and commitment）如何使某些身份在不同情境中更易于利用和激活。身份确认指的是社会行动者尝试通过与其他社会行动者在多元的情境下进行象征性的交换从而确认自己的身份。当一种身份逐渐被确认的时候（Burke和Stets，1999），社会行动者对于该身份的承诺就增强了。社会行动者对于不同层级的身份和角色有不同程度的（情感的与认知的）承诺（McCall和Simmons，1978）。社会行动者的身份承诺的强弱影响着他们与其他有着相似身份的行动者之间的关系（Stryker，1980），也影响着他们与其他具有不同身份的社会行动者之间的、潜在的身份冲突和竞争。

制度逻辑研究已将身份的概念用于解释组织和制度的稳定性和变迁。例如，Townley（1997）研究了学者的专业身份与制度逻辑在反抗英国大学中兴起的绩效评价体系时的相互作用。Thornton和Ocasio（1999）关注了主导制度逻辑如何通过竞争者之间的社会比较和地位竞争反映在市场参与者的共同身份上。Rao、Monin和Durand（2003）将新浪潮料理界定为一场身份运动，其产生了一个与经典法式料理不同的制度逻辑。R. E. Meyer和Hammerschmid（2006）更明确地在社会行动者的层级上分析了社会身份，其调查了奥地利的公共管理者，从而研究他们的行政身份如何反映了冲突的制度逻辑，即官僚主义且法治的逻辑、管理的逻辑，抑或是混合型逻辑。

目标

除了多重身份，个体（Simon，1955；Ford，1996）和组织（Cyert和March，1963；Ethiraj和Levinthal，2009；Joseph和Ocasio，2010）还具有经常产生分歧的多重目标，这些目标在多样的情境与领域中引导着认知和行动。与理性选择模型不同，依据这一观点，目标之间的冲突仍然没有解决，但是会被注意力焦点激发出来（Simon，1955；Cyert和March，1963；Ocasio，1997）。目标在不同的时间段中发生变化，塑造当下的行动以及未来的目标和期望。

制度逻辑视角假设目标与社会身份一样，是从文化上嵌入到不同的制度逻辑当中的。Mohr和Lee（2000）研究了在加利福尼亚大学中从基于种族的个人主义逻辑到公司逻辑的转变如何影响从肯定性行动（affirmative action）到外展目标（outreach goals）的转变。Thornton（2002）记录了高等教育出版领域中从编辑逻辑到市场逻辑的转变如何导致了组织目标从声望和销售增长到短期盈利的转变。这一逻辑和组织目标的转变导致了多部门结构的兴起，这种结构支持对利润增长的控制。Townley（2002）研究了经济或市场逻辑如何在阿尔伯塔博物馆和文化组织中催生了新的绩效目标。

对于社会身份和目标嵌入到制度逻辑当中，我们的理念与March和Olsen（1989）的二分法观点不同，后者区分了由制度和社会身份驱动的恰当性逻辑与由利益和目标驱动的结果逻辑。我们没有将身份和目标视为社会行动者的不同动机，而是假设这两者都影响认知和行动。在多样化的制度逻辑中，如国家、市场、公司、社区、专业、家庭和宗教，社会行动者具有多重目标，而他们的行为动机多多少少是由于达成了或没有达成自身的目标。嵌入不同制度逻辑的目标的内容是不同的。例如，在市场逻辑下，着眼于具体行动的成本与收益的功利主义视角是在文化上恰当的行为方式。而在其他制度逻辑下，纯粹的自利心或对于成本与收益的理性计算则未必是目标的驱动力。

在研究身份与目标之间的关系时，我们确实考虑到并非所有的目标都与社会行动者的身份相一致。当社会行动者不认同主导的逻辑或社会身份时，对法规约束的遵守和对规范性制裁的回避也可以激发社会行动者对于特定目标（和行为）的坚持。从这个视角出发，问责制（accountability）提供了一种社会心理学联系，其连接了嵌入制度逻辑的规则和规范与社会行动者的目标和行为（Tetlock，1985）。社会行动者从其负责的其他人当中寻求认可和地位，包括象征性和物质性的奖励，以及避免惩罚。规制性和规范性的压力也因此成为社会身份的替代或补充，从而解释了个体为何遵循嵌入制度逻辑的目标。

Jackall（1988）的《道德迷宫》提供了一项精彩的民族志研究，其描述了美国一些公司的经理人如何遵守着盛行的家产官僚制逻辑。在这种逻辑下，管理层的忠诚度与晋升环环相扣，引导着经理人遵从企业目标，并按照制度的指示接受道德的和非道德的行为。一个基于规范性惩罚和奖励的系统引导着经理人的动机。经济奖励和对规范的遵守，而不是社会认同，成了解释经理人行为的主要因素。

基模

制度逻辑帮助社会行动者生成自上而下的知识结构或基模，用于处理信息和指导决策（Thornton，2004）。自上而下的信息处理方法（Nisbett和Ross，1980）暗示基模是可以习得的、有组织的认知结构，其影响了注意力、理解、推理和问题的解决。Walsh（1995）回顾了有关自上而下的知识结构及其如何影响经理人与组织认知的相关文献。从Simon（1955）的给定（givens）到Bartunek（1984）的解读方案，再到Klimoski和Mohammed（1994）的心理模型，以及此间或此后的许多其他文献，Walsh识别出用于刻画这类自上而下的结构的多种术语。在社会心理学文献中（例如，Fiske和Taylor，2008），用于捕捉这一概念的、最显著的术语就是基模，我们也在这里使用它。

基模的概念强调了行动者如何通过运用高度组织的、抽象和普遍化的、关于世界如何运行的知识来理解、记忆和处理复杂的信息（Bartlett，1932；Fiske和Taylor，2008）。特别是，基模能帮助个体消除模糊性、进行推理和引导评价，从而指引了对行为的期待。脚本就是基模的一个例子（Abelson，1981），其描述了已知情境下恰当的事件顺序。先前关于制度理论的研究（Barley和Tolbert，1997）强调了制度化过程与脚本之间的联系。对于Barley和Tolbert（1997）来说，脚本是在社会互动层级而非个体认知层级上进行定义的："脚本是特定环境中可观察到的经常性活动和互动模式。"（98）这两种关于脚本的观点可以加以整合：个体认知脚本在行为和互动脚本的社会生产中得到援用；行为和互动脚本在个体的记忆中被储存为认知脚本。

在制度逻辑研究中或许有用的一种基模就是Cheng和Holyoak（1985）笔下的实用推理（pragmatic reasoning）基模。与许多在组织研究中应用的基模理论不同，Cheng和Holyoak（1985）强调了在推理和解决问题时对基模的控制性使用（controlled use），而前者则强调对基模的相对无意识的使用。实用推理基模是一系列被普遍化的规则，其定义与具体的行动领域或目标类别相联系。从制度逻辑视角出发，这意味着多样化的逻辑针对决策和行动具有不同的实用推理基模。Cheng和Holyoak（1985）进一步发展和检验了一个观点，即实用推理基模形成了一组许可（permissions）、义务（obligations）和因果关系（causations）。许可基模描述了一种行为规则，在这种规则下采取特定的行动需要满足某些条件。义务基模指的是，一个特定的情境需要一系列行动的执行。因果基模则为因果关系提供了证据。举例说来，因果基模为事件与其造成的问题之间的关系提供了一种基模。解决方案是许可基模的一个例子，其在难题和机会的语境下被援用。社会规范是义务基模的例子。从理论的角度来看，制度逻辑提供了不同的许可、因果和义务基模。

尽管关于制度逻辑的理论文献（Seo和Creed，2002；Thornton，2004；Misangyi、Weaver和Elms，2008）已经强调了制度逻辑如何产生认知基模，但这一概念并没有在实证研究中得到明确的应用。部分原因在于不同文化结构中的理论模糊性。有一些实证研究，例如Creed、Scully和

Austin（2002），并没有区分制度逻辑与基模（或理论与框架，以及其他形式的自上而下的知识结构，详见第七章）。我们认为，即便是很抽象的基模，例如上面讨论的实用推理基模，其应用的范围依然比制度逻辑更为狭窄。基模能够被援用并且全部地应用在特定的情境中，而制度逻辑不能。在任何时间和任何地点，由于认知的局限，制度逻辑中只有一部分类别元素会影响行动者的认知。

注意力焦点

个体受限于其向各种环境刺激和行为反应分配注意力（即用于处理信息的认知资源）的能力（Simon，1947）。选择性的注意力可能受到可直接观察的外部刺激的引导。同样地，注意力也可能受到内部的引导，用于协调记忆、目标和活动。注意力既是无意识的，也是受控制的，或自愿的（Norman和Shallice，1986）。无意识的注意力基于熟练掌握的行为反应和常规化的行为。自愿的或受控制的注意力在以下活动中是必需的：计划与决策、故障排除、新颖的序列、危险或困难的情境，以及克服习惯性的反应（Norman和Shallice，1986）。自愿的或受控制的注意力是大脑执行功能的一部分，其协调了在工作记忆中运作的认知过程，也因此被称为执行注意力（executive attention）（Ocasio，2011）。

在认知的局限性之下，组织发展出了塑造个体和团体注意力焦点的结构和过程（March和Simon，1958；March和Olsen，1976；Ocasio，1997）。制度逻辑通过塑造什么样的问题值得关注以及什么样的解决方案应该在决策中被考虑来指导注意力的分配（Ocasio，1997；Thornton和Ocasio，1999；Thornton，2004）。考虑到有关组织和制度因素如何决定注意力的研究聚焦于决策过程，不难想象这类研究仔细调查了受控制的，或自愿的注意力过程。这与传统新制度理论所关注的焦点不同（J. W. Meyer

和Rowan，1977；Zucker，1977；DiMaggio和Powell，1991），后者聚焦于理所当然的事物，暗示着其关注的是无意识的注意力过程。

实证研究已经探索了制度逻辑对于组织注意力的影响。以Thornton和Ocasio（1999）为例，在高等教育领域的编辑逻辑将注意力聚焦于出版社的名望，而市场逻辑则聚焦于把市场竞争作为高管更替的决定性因素。投向（作为解决方案的）企业兼并和高管更替的注意力更有可能在市场逻辑而不是编辑逻辑下被激活。类似地，Lounsbury（2007）将注意力视为一种机制，展现了非成长型基金和位于波士顿的基金如何将注意力聚焦在产品成本问题上，而成长型基金和位于纽约的基金如何把注意力聚焦于基金的绩效问题上。Thornton、Jones和Kury（2005）对比了相互冲突的专业逻辑和市场逻辑在会计师事务所中如何影响分类账户的恰当性与追求客户这两种目标。

有关制度逻辑如何通过行动基模（如问题和解决方案）影响注意力焦点的应用，反映了嵌入能动性作为制度逻辑视角的核心观点。基于这一观点，制度逻辑限制了个体的认知和行动。但是当前的文献尚未关注多重竞争性逻辑如何促进个体（和组织）的注意力聚焦。为了解释制度逻辑对于注意力的促进和限制效应，我们运用了动态构建理论。我们通过解释制度逻辑如何影响可利用性、注意力焦点，及其对（引导认知与社会互动的）身份、目标与基模的激活，延伸了此前的理论。我们开发了一个结构和过程模型，用于解释注意力焦点如何被自上而下的注意力视角（即制度逻辑和组织实践）和自下而上的环境刺激（Ocasio，2011）塑造。我们重点强调了可获取性、可利用性和激活在无意识的和受控的注意力过程中的作用。[①]

[①] 受控的注意力服从于个体的有限认知能力所做的有意识的、努力的，以及苛刻的控制。而无意识的注意力只需极少的（甚至不需要任何）注意能力，并且很难（甚至不可能）被修改或抑制（Schneider和Shiffrin，1977）。

制度逻辑与组织实践的自上而下的效应

首先,我们认识到注意力的焦点是由制度逻辑和较为本地化的组织实践所塑造的自上而下的注意力视角的函数。与先前的理论及研究一致(Thornton和Ocasio,1999,2008),我们假设制度逻辑在不同的分析层级——组织、场域和社会产生了自上而下的注意力视角来处理信息并聚焦注意力。每一个制度逻辑都通过一组社会身份、目标和基模为聚焦注意力提供了构成要素。但是制度逻辑不是自上而下的注意力视角的唯一来源。个体通过参与情境化的组织和实践发展出更为特殊的身份、目标和基模,这也是自上而下的注意力视角。

例如,Cho和Hambrick(2006)研究了航空公司放松管制对管理层注意力的影响。放松管制与政府逻辑向市场逻辑的转变一致,导致了更具创业精神的注意力视角。然而,这种效果不能一概而论,其取决于高管团队的构成。如果高管具有更多的营销、销售和研发的背景,公司就更有可能采取创业型的注意力视角。缩短行业内的任职期限,与减少对先前占主导的政府逻辑的承诺一致,两者都会导致运营型的注意力视角的增加。Cho和Hambrick(2006)也发现,自上而下的注意力视角在高层管理团队的人口统计特征对是否采用新战略的影响起到了中介作用,从而证明了注意力对行动的影响。

自下而上的环境刺激

其次,注意力的焦点不仅受到自上而下的注意力视角的塑造,还受到自下而上的环境刺激的影响(Ocasio,2011)。这种方法结合了行为的嵌入性与情境化观点。个体和组织可能会面临在现有基模和环境中观察到的行为与结果不一致的情境。然而,并非环境中所有的自下而上的刺激都得到了关注。决定自下而上的注意力的强度的一个因素便是刺激的显著性。

显著性指的是某些环境特征相对于其他特征显得更为突出的程度（Fiske和Taylor，2008）。显著性是多种因素作用的结果，其来自不寻常或意外的行为和结果，来自新颖的事物，或来自其他社会行动者对注意力的明确控制。有关最后一种显著性形式的一个例子就是克林顿的医疗改革工作，其引导社会行动者关注改革工作所强调的方面，而这些方面在此之前并未得到重视（Nigam和Ocasio，2010）。

非常规的、组织和制度场域层级的事件正是与产生注意力有关的显著情境特征的实例（Hoffman和Ocasio，2001；Nigam和Ocasio，2010）。例如，Hoffman和Ocasio（2001）探讨了八个事件，从1962年Rachel Carson的《寂静的春天》的出版到1990年地球日的周年纪念庆祝，进而解释了业界对事件的关注。他们发现，每一个事件之所以被认为是显著的，要么是因为行业外的行动者认为该行业应对此事件负责，要么就是因为行业内的行动者担忧行业的形象。尽管他们没有明确地探讨，但是制度场域的盛行逻辑也塑造了注意力焦点。高度显著的事件即是制度变迁的关键诱因（Hoffman，1999；Nigam和Ocasio，2010）。

可获取性、可利用性与激活

再次，自上而下和自下而上的注意力过程通过身份、目标和基模的可获取性、可利用性和激活来塑造注意力焦点。鉴于社会行动者在制度逻辑中的嵌入性及其先前的承诺和经验，特定的身份、目标和基模将很容易被人们利用来应对显著的环境刺激。然而，社会心理学研究（Morris和Gelfand，2004）表明，可利用性并不能完全决定激活。制度逻辑与情境特征之间的情境拟合度将成为激活特定身份、目标和基模的一个要素。在主导逻辑与组织实践之间观察到的矛盾可能会触发替代性逻辑的激活，或者现有逻辑、身份、目标和基模与新的替代者的结合（参见Seo和Creed，

2002）。在新颖的情境下，其他可获取的但不易利用的逻辑可能会被激活。研究表明，这可能会被认为是特殊的案例（例如Weick和Quinn，1999）。只有在反复对抗新颖的情境时，社会行动者才会改变他们的可利用性和激活模式。他们与具有更大权力的其他社会行动者之间的互动也可能提供不同形式的激活。这里的一个关键特征便在于社会行动者在多大程度上对其他支持者负责（Tetlock，1985）。

无意识的与受控制的注意过程

最后，身份、目标和基模的激活可能来自无意识的或受控制的注意过程（Norman和Shallice，1986）。个体的注意力大多是无意识的，这使他们得以应用非常易于获取的逻辑、身份、目标和基模。情境的变化会带来受控制的注意力和偏离嵌入逻辑的机会。对现有逻辑和基模的承诺水平较低的个体行动者更有可能偏离盛行逻辑并依赖其他逻辑来塑造自己的注意力。在受控制的注意力的情况下，个体在决定他们的环境时是积极的，且具有选择性。社会行动者选择他们的刺激，并组织他们所处的场域。受控制的注意力为个体能动性提供了能力。符号互动主义者强调了对注意力的积极构建：

> 这里，我们看到有机体在行动并决定其环境。它不仅仅是由外部的刺激所引起的一系列被动的感觉。有机体走出去，决定它将要回应什么，并组织这个世界（Mead，1934：25）。

我们对注意力焦点的分析强调了个体的认知过程，但对于组织和制度而言，不仅必须在个体层级上，还必须在社会层级上，感受注意力焦点。对微观社会互动的研究，尤其是象征性互动的视角，使我们能够解释个体的注意力焦点如何塑造社会互动并被其所塑造。

从激活到社会互动

动态建构主义理论虽然有助于解释多种制度逻辑的可获取性、可利用性和激活,但这是一项有关个体内部的认知过程的理论(Brett,2010)。然而,行动者并不是作为单独的个体,而是作为与其他行动者互动的社会行动者来繁衍和转变组织和制度结构的。社会互动既具有物质性,又具有象征性,在这一过程中,谈判、交换和交流是关键的。

符号互动主义视角使我们能够审视谈判和交流互动。符号互动主义最初由Mead(1934)提出,他认为心灵(mind)是一种"社会现象——在社会过程中产生和发展,存在于社会互动的实证矩阵中"(133)。这一观点改变了个体认知和信息处理的视角。认知的情境背景是由社会互动的期望所塑造的。互动过程本身会引起注意力焦点和内容的变化。符号互动通过语言产生,而语言是思想和行动的关键(Mead,1934)。

任何对话,在其参与者能够注意到的范围内,都会将社会行动者的注意力集中在其内容的现实上,即其讨论的事物上(Goffman,1967:113—116)。社会行动者之间的共同注意力和合作是通过共同的语言实现的(Goffman,1967;Tomasello,2005)。正如我们在第七章中讨论的那样,每个制度逻辑都预设了一种共同的、独特的语言。跟随Mills(1939,1940)以及Loewenstein和Ocasio(2003)的研究,我们将为这种语言制定一种实践的语汇。

Collins(1993)将互动仪式描述成一种为社会行动者在相遇之时提供共同的注意力焦点和情感能量的活动。从这个角度来看,行动受到实际的考虑和社会线索的驱动,但也通过本地互动环境中的反馈循环受到社会化规制,而反馈循环使得某些规则比另一些更为成功。通过互动仪式的过程,社会行动者检查了他们的期望是否有悖于他们对身份和基模的理解;通过基于权力差异的谈判来校正,行动和意义得到了情境化的调整。

虽然交流和共同的注意力可能带来合作和共同的意图性，但情况并非总是如此。根据动态建构主义的理论，当面对相同的情境时，只要可利用的身份、目标或基模与情境中最显著的特征一致，嵌入不同文化或制度逻辑的行动者将激活不同的身份、目标和基模。身份、目标和基模之间的冲突成为合作的障碍，并在社会互动中制造冲突和权力斗争。

Strauss（1978）的谈判秩序理论强调每一次社会互动都是一次谈判。在社会互动的层面上，基模作为框架，提供了一种对社会现实的特定解读（Benford和Snow，2000）。竞争和合作塑造了谈判秩序。权力差异（Blau，1964；Keltner、Gruenfeld和Anderson，2003）和地位特征（J. Berger、Cohen和Zelditch，1972）塑造了谈判秩序的结果，并部分地决定了哪些竞争目标和框架可能具有支配性地位。

从社会互动到组织身份与实践

我们的模型强调了制度逻辑的作用如何由注意力焦点和社会互动来作为中介。在社会互动中，行动者依靠制度逻辑及其组成部分——身份、目标和基模来繁衍和转变组织身份和实践。组织实践是如何产生、繁衍或转变的？我们关注以前的研究中考察过的三种互补机制：决策、意义构建和动员。这三种机制直接参与了从微观到宏观的、形成组织实践和身份的过程（如第六章所述）。

决策

卡内基学派在组织研究中的传统（Simon，1947；March和Simon，1958；Cyert和March，1963）将组织决策置于理解组织过程（例如，决策规则、绩效计划和常规）和结果（例如，结构和设计）的中心位置。这一视角主要是自下而上的，侧重用注意力和人类处理信息的局限性来解释行为（March和Simon，1958）。但是，卡内基学派的视角忽视了社会行动者的文化（和结构）嵌入（Gavetti、Levinthal和Ocasio，2007）。通过聚焦于具体身份、角色和基模如何调控注意力焦点，我们可以方便地把制度逻辑视角纳入到组织决策模型当中（Ocasio，1997；Thornton和Ocasio，1999；Thornton，2004）。研究已经发现，制度逻辑能够影响有关运营（Jackall，1988）、高管更替（Thornton和Ocasio，1999）、收购（Thornton，2001）、公司结构（Thornton，2002；Greenwood和Suddaby，2006）以及董事会改革（Shipilov、Greve和Rowley，2010）的决策。虽然这些研究大多侧重于逻辑的繁衍和播散，但是组织决策也是改变支撑组织身份和实践的现有逻辑的机会。例如，Rao、Monin和Durand（2003）虽然没有明确地调查决策，但其通过研究餐厅如何甄选招牌菜，探索了新浪潮料理逻辑及其相关的身份如何在法国餐厅中涌现。

决策视角使我们能够研究行动和行为，而行动和行为所产生的影响超出了导致组织决策的直接社会互动。例如，选择M型组织结构会对整个组织产生影响，导致一系列决策和选择，进而影响正式和非正式的社会互动。但是，决策具有模糊性（M. D. Cohen、March和Olsen，1972；March和Olsen，1976），最初的决策只是部分地决定了由诸多决策交织而成的复杂网络（Langley和Truax，1994）。因此，正式决策之外的其他因素对于组织和制度逻辑的繁衍和转型也很重要。

意义构建

意义构建是社会行动者将情况（circumstances）转化为可以用语言明确理解的、作为行动跳板的情境（situations）的过程（Weick、Sutcliffe和Obstfeld，2005：409）。意义构建是一个持续的、回顾性的过程，其合理化了组织行为。但是，意义构建也具有前瞻性，通过交流和叙事，它体现了使组织和制度得以存在的身份和类别（见第七章）。正如Weick、Sutcliffe和Obstfeld（2005）文章中的一段引文那样，"意义构建是通往自愿共建和协调的行动系统之路上的一个停靠站"(Taylor和van Every，2000：275）。

制度逻辑是意义构建的构成要素，而意义构建也是制度逻辑得以转型的机制（K. Weber和Glynn，2006）。Gephart（1992）研究了本地的安全逻辑和国家的规制逻辑如何影响了有关国家应对环境灾害的意义构建。Nigam和Ocasio（2010）研究了对于克林顿医疗改革事件的注意力如何导致了关于环境的意义构建的变化，并进而导致了新的组织实践和新的管理式照护（managed care）制度逻辑的涌现。总体而言，意义构建和意义赋予对于新制度逻辑的涌现至关重要，本书第七章将进一步阐述这点。

Weick（1995；Weick、Sutcliffe和Obstfeld，2005）强调了语言和语汇在意义构建中的作用。制度逻辑制定了一套用于理解环境的专门语汇（Loewenstein和Ocasio，2003）。制度创业者则援用专门化的语汇，作为修辞手段来实现与可获取的制度逻辑一致的变化（Suddaby和Greenwood，2005）。语汇的变化也表明了盛行的制度逻辑的变化。在Nigam和Ocasio（2010）的分析中，管理式照护逻辑在医疗卫生行业中的涌现，正是通过改变范例的使用、频率和搭配来刻画医疗卫生系统的语汇中的不同词语，才得以体现。通过意义构建的过程，曾经被理解为代表一种组织形式的"管理式照护"一词才逐渐代表了整个美国医疗卫生系统的一个特性。我们将在第七章中更全面地讨论专门语汇的作用，并分析实践的专门语汇如何成为制度逻辑涌现过程中的符号表征与物质实践之间的关键环节。

动员

动员是集体行动者获取象征性和物质性资源并激励人们实现团体或集体目标的过程。动员的概念最初是由社会运动学者发展出来的，他们关注的是被一种被剥夺感或不平等感驱使的群体（McCarthy和Zald，1977）。后来，对社会运动的研究经历了文化的转向，集体行动被视为由集体行动框架所驱动（Benford和Snow，2000）。更广泛地说，在组织理论中，动员被视为组织和制度变迁的机制；其中，社会群体之间的相互传染使得社会行动者在实现集体目标的过程中共同抵制现状（Rao，2009）。

对动员的关注借鉴了社会学中广泛且成熟的社会运动文献，从而发展出一种研究能动性的、理解行动者及其行为的制度嵌入的精妙方法（见Schneiberg和Lounsbury，2008）。对集体行动的关注将分析的注意力从单一的、强有力的行动者的活动转向了制度语境如何促使行动者群体质疑现有的安排，或者促使其发展出替代性的思想或行为方式，而这些替代性方式受到特定语境下的制度逻辑的可获取性的限制和促进。这些发展是促进社会运动学者与组织学者对话的广泛举措中的一部分（例如，G. F. Davis等，2005；G. F. Davis等，2008），但也受到了更广泛的"文化转向"的激励，这一转向影响了更广泛的社会科学和人文学科（Friedland和Mohr，2004a），以及有关运动、文化社会学和制度理论的文献之间的联系（例如，Armstrong和Bernstein，2008；Clemens，1997；Morrill，2008；Schneiberg和Soule，2005）。

介于新制度主义与集体行动之间的交叉研究已经开始评估场域内的多重逻辑如何促进抗争和集体行动，以及制度语境如何塑造运动的动员和能力。例如，Lounsbury（2005）追踪了再循环场域中从主导的、整体的（社区）逻辑到多元整体的、专家统治的（专业）逻辑的转变如何催化了美国固体废物管理的社会组织变化。他展示了倡导再循环的团体如何引入专家统治逻辑，正是在建立了这类团体的州里，废物能源回收被大力发展为解决废物生产问题的关键性方案。

Rao、Monin和Durand（2003）研究了法国料理中的竞争性专业逻辑——高级料理与新浪潮料理如何为厨师个体的身份转变奠定基础。他们记录了法国的新浪潮料理运动如何促使精英厨师回避高级料理，因其强调餐厅老板的权力、需要大量库存与极少鲜货的冗长菜单,以及冗长的品尝过程,而去创造拥抱真实、轻食、简约和想象力等新浪潮理念的餐厅。他们整理的数据表明,当新浪潮的倡议者获得合法性,新浪潮厨师的角色得到更好的理论化,同行厨师转投新的逻辑,或率先转投的厨师所获的利益增加时,高级料理厨师就会转向新浪潮料理。Rao、Monin和Durand利用社会运动理论专门研究了专业人士如何通过批判主导逻辑和角色身份的约束性,以及赞扬新的专业逻辑、角色身份和相关实践提高了自主权,来促进逻辑的转变。

在上面两个案例中,具体的运动是由更广泛的社会发展所推动的;后者为特定场域中的行动者提供了可获取的新制度逻辑。在Lounsbury(2005)的案例中,环保话语的广泛兴起促进了再循环实践的发展,后者与更广泛的社区逻辑进行了理论性结合,而社区逻辑旨在公开挑战主导着固体废物管理的资本主义逻辑。虽然围绕社区逻辑的动员使得再循环的倡议者们能够在固体废物管理的场域中挑战关键的行动者,但是再循环的成功与否取决于倡议者是否能与主流的固体废物搬运工建立起合作联盟,再循环的倡议者是否能转变为专业化的管理者,并取决于社区逻辑是否能最终让位于专业逻辑(另见Lounsbury、Ventresca和Hirsch,2003)。这些研究强调社会运动是将制度逻辑与实践和组织身份的动力机制相连接的关键机制。第六章将更深入地探讨这些影响。

微观基础模型的启示

我们的微观基础模型说明了制度逻辑对社会行动的促进和约束作用(参见Giddens,1984)。同样地,它也解释了制度逻辑和个体能动性在组织和制度的繁衍和变迁中的作用。不同于把认知主要视为制度约束的来源的早期新制度主义（例如，Zucker，1977；DiMaggio和Powell，1991），制度逻辑为社会行动者如何通过社会互动来转变和繁衍社会和文化结构提供了认知性和象征性的构成要素。我们提供了有关制度逻辑的可获取性、可利用性和激活的新理论，其强调了情境化的认知过程如何既包含了无意识的、理所当然的行为，又为制度变迁带来了机会。总而言之，我们的模型考虑到了此前未被整合的多种过程与结果，包括制度的繁衍、嵌入的个体差异、制度逻辑的差异性和复杂性、外生和内生的变化、自上而下和自下而上的注意力、语言在连接微观认知与文化和制度逻辑中的作用，以及微观互动和宏观结构。

第一，我们的模型和此前的新制度主义一样考虑了无意识的、被视为理所当然的行为（J. W. Meyer和Rowan，1977；Zucker，1977）。在社会结构和组织实践都稳定的条件下，认知过程和社会互动的默认结果便是，嵌入主导逻辑且与组织实践一致的、高度可利用的身份、目标和基模会被激活。逻辑、组织实践与社会互动相互支持，因此社会繁衍的可能性很大。

第二，该模型解释了在组织和制度结构转型中暴露于多种可替代的制度逻辑之下的各种社会行动者的作用。并非所有的社会行动者都同等地嵌入或投身于盛行的制度逻辑当中。Greenwood和Suddaby（2006）以及R. E. Meyer和Hammerschmid（2006）分别叙述了加拿大会计师事务所和奥地利公共管理部门中的逻辑变化，其聚焦于社会行动者在先前存在的逻辑中的嵌入程度如何发生改变，前者通过行动者的网络位置，后者则通过专业身份和承诺。不同行动者对替代性逻辑的承诺程度对于社会运动视角的制度逻辑研究也是至关重要的（例如，Rao、Monin和Durand，2003）。新的行动者和评论家不那么致力于传统法国料理，同时又接触到鼓励自主性和创造力的替代性文化框架，他们成了一场新的身份运动与制度逻辑转型的催化剂。

第三，鉴于社会行动的情境化特点，我们的模型考虑了不同组织或制度场域中的主导逻辑的差异性。例如，虽然医疗卫生部门从医生主导逻辑到市场和公司逻辑的转变已有记载（例如，Scott等，2000；Nigam和Ocasio，2010），但其在整个场域中的影响并不是一致的或同质的（Dunn和Jones，2010）。组织和场域内的不同互动和组织实践可能由不同的逻辑指导，即便是相同的社会行动者（例如，外科医生）在与不同的社会行动者互动时也可以受到不同逻辑的引导（例如，外科医生、护士和技师互动中的专业逻辑，以及他们与保险公司互动中的市场逻辑）。在这里，我们看到制度逻辑的多样性促进了组织和制度场域中不同形式的互动和组织实践，进而导致了制度的复杂性（Greenwood等，2010）。

第四，该模型强调组织语境中的情境变化是认知变化的机会，其可能进而导致组织和制度的转型。组织实践的稳定性是现代和当代社会中的例外，而非准则。正如制度分析中的广泛研究所示，情境变化对于盛行的逻辑来说可能是外生的。例如，Baron、Dobbin和Jennings（1986）研究了第二次世界大战如何影响美国现代人事管理制度的形成。Fligstein（1990）分析了反垄断法的变更如何影响替代性管理逻辑在公司治理活动中的流行。

但是，组织实践的变化对于盛行的逻辑来说也是内生的。虽然一些制度逻辑，例如官僚逻辑（M. Weber [1922]，1968；Hannan和Freeman，1984），与结构（和文化）的惰性相关，但其他的逻辑（例如市场逻辑）可能会造成内生的变化。市场逻辑激发了企业家精神，进而创造了新的组织形式。市场逻辑还引发了对竞争战略的关注以及战略变革的制定和实施，为的便是获取竞争优势（参见Porter，1980，1985）。

无论变化是内生的还是外生的，它们都为重新审视盛行的逻辑及其组成部分，即身份、目标和基模，提供了机会。例如，Greenwood和Suddaby（2006）研究了两种情境变化的影响：五大会计师事务所在加拿大的不良业绩，以及全球客户不断变化的对服务范围的需求。这些情境变化导致组织层级逻辑的变化：从传统的专业逻辑转向更为市场化的公司逻辑，前者基于较窄的服务范围和有限的管理职位，而后者具有多样化服务的交叉销售以及专业的全职管理职位。尽管Greenwood和Suddaby的分析更多地立足于结构而非认知，但他们隐含地将注意力焦点作为其解释的一部分。他们将意识视为塑造制度变迁的关键因素之一。五大会计师事务所更有可能意识到环境的变化及其所需的新基模，这使得新的身份、目标和基模被激活的可能性得以增加。

第五，注意力焦点作为身份、目标和基模得以激活的决定因素，可以将制度逻辑的自上而下的效应与情境特征的自下而上的效应结合起来（Ocasio，2011）。当激活并非由无意识的注意力驱动时（例如在情境变迁的情况下），个体能动性的机会便会增加。但是社会行动者并没有构建全新的身份、目标或基模。在这种语境下，可替代的制度逻辑成了行动的工具箱（Swidler，1986）。社会行动者可以调用并激活从其他情境中提取的、其他可获取的逻辑，而不是依赖那些最易于利用的逻辑。例如，Glynn和Lounsbury（2005）研究了罢工如何影响亚特兰大交响乐团的音乐评论家所援用的逻辑的变化。市场逻辑在回应罢工的过程中变得更为显著。评论家在他们的回应中将更易于利用的审美逻辑与同样可获取但不太易于利用的市场逻辑相混合，并持续保持了前者的首要地位。

第六，该模型将社会互动视为组织实践、身份和制度的产生和转型的基础。我们的制度逻辑模型与关于制度工作的文献（T. B. Lawrence和Suddaby，2006）以及关于栖居制度（inhabited institutions）的文献（Hallett和Ventresca，2006b）享有共同的观点，即社会行动者和社会互动，积极地参与到组织和制度的变迁当中。但是，我们认为，无意识的行为也很常见，关于变迁的谈判也并不轻松。从制度逻辑的视角来看，重要的是，微观的变迁过程是通过类比、组合、翻译和调适宏观的制度逻辑来建立的。Hallett和Ventresca（2006b）对Gouldner（1954）的《工业组织的科层制类型》（*Patterns of Industrial Bureaucracy*）的重新分析考察了新的助理经理与矿工之间的互动对于建立更传统的科层制实践的作用。Hallett和Ventresca正确地指出，局部的社会互动和谈判对于创造组织特定的、部分偏离了抽象的科层制逻辑的实践具有重要性。

有关制度逻辑在微观互动和宏观结构的产生中被援用的模型与Boltanski和Thévenot（2006）的视角具有重要的共性（和差异）。他们解释了关于冲突的谈判如何依赖于大体相当于制度逻辑的评价形式库（repertoires of evaluation）。但是，他们的阐述更清楚地涉及逻辑（或形式库）的促进作用，而不是它们的约束作用、行为的部分自治性，或组织实践和逻辑的持续繁衍。Boltanski和Thévenot的模型基于情境化的、有意识的、具有有限嵌入性的行动者。我们的模型与其的不同之处在于，本地情境和组织与制度场域的嵌入性相互结合，从而解释了结构的繁衍与转型。

第七，该模型强调了语言和语汇在组织实践和制度逻辑的繁衍和转型中的作用（Loewenstein和Ocasio，2003；Ocasio和Joseph，2005；Suddaby和Greenwood，2005）。尽管我们的模型强调制度逻辑如何通过认知结构和过程来影响个体，但认知在本质上是个体的，而认知的意义从一个人传递给另一个人主要是通过语言来实现的。语言是社会互动层面上的意义的核心（Mead，1934；Mills，1940；Blumer，1969）。语汇和语言将个体认知和社会互动同组织和制度场域层级的文化连接在一起（Mead，1934；Mills，1940；Blumer，1969）。

结论

Friedland和Alford（1991）提出，个体、组织和制度逻辑彼此间的相互作用塑造了社会结构和行动。但是，他们没有提供一项有关个体行为的理论来解释这种相互作用。在这里，我们提供了一个社会行动者的模型，其身份和目标不仅在文化上嵌入于制度逻辑当中（Holm，1995；Seo和Creed，2002；Battilana、Leca和Boxenbaum，2009），而且还处于受到外生和内生变化影响的组织实践当中。

我们的微观基础模型基于把行动者理解为情境化的、嵌入的、具有有限意图性的行动者。这一模型可以解释无意识的、理所当然的行为，以及能动性和自反性（reflexivity）。制度逻辑的效应为（在谈判与合作中与其他社会行动者互动的）社会行动者的认知所中介。我们的模型结合了动态建构主义的洞见，从而解释由制度逻辑援用的身份、目标和基模的长期可利用性与激活，以及其他可获取但不易利用的逻辑被激活的可能性。认知不是制度逻辑的单独支柱或载体（参见Scott，2008b），而是任何制度逻辑繁衍或转型的过程中的一部分。情境化的组织语境也在我们的模型中扮演着关键的角色。虽然社会互动确实发生在公共空间里（例如，Goffman，1963），但是在与组织研究相关的社会互动类型中是作为正式或非正式的组织或组织间关系的一部分而发生的。

第五章 多重制度系统的稳定性与变迁

引言

我们在第三章中将多重制度系统定义为一种类型学时,探讨了制度逻辑视角的四条元理论核心原则中的三条:(1)社会结构和行动的部分自治性;(2)制度可以运行在多个分析层级上;(3)制度在象征层面与物质层面的结合。在这一章中,我们将继续讨论多重制度系统的原则,并把重点放在第四条假设上,即历史的权变性。正如第一章所言,历史权变性构成了制度逻辑的涌现、再现和变迁的理论基础,同时也是我们理解整个多重制度系统的稳定性和变迁的理论基础。正如我们在第四章中引入的跨层级效应模型所示,我们将制度变迁和稳定性这个宽广的主题分为不同层级的问题。在本章中,我们的焦点落在微观和宏观层级,即个体和社会层级。首先,我们将讨论社会演化-系统层级(societal evolutionary-systems level),然后讨论个体-社会层级(individual-societal levels)。其次,在阐述跨层级的制度秩序效应时,我们将应用多重制度系统的类型学来分析三个案例。①最后,我们将利用案例分析来发展文化创业(cultural entrepreneurship)的新理论(DiMaggio,1982;Lounsbury和Glynn,2001)。

演化-系统层级

多重制度系统不是静态的,而是一个具有适应性的社会系统,它有着一种实用性和一个支持者(Hughes,1936:186)。制度秩序随着时间变化而演化,其在历史中的相互依赖性(historical interdependence)是新制度的源泉。新制度理论假设,与制度演化同时发生的是组织场域的结构化(DiMaggio和Powell,1983)和世界社会的现代化(J. W. Meyer等,1997)。制度逻辑视角则假设,每一项制度秩序都有不同的年代起源,而多重制度系统的演化与历史的变迁相互依赖。在第三章中描绘的多重制度系统的类型学暗示了某种向往现代性的进程,但这并不意味着每个社会都必须踏入这种进步发展的轨道。例如,某些现代西方社会就在其社会、商业实践和经济制度中保留了古老制度的痕迹(Greenwood等,2010)。尽管我们想当然地认为并非所有的制度秩序都在同一时间涌现,但我们尚未看到对历史权变性的系统研究,或是对制度秩序的涌现和变迁的事件序列的比较研究。

对这个问题的在线搜索结果似乎表明,某些制度秩序的起源比其他制度秩序的起源更为紧密相连,尤其是当这些制度秩序在其制度化的早期阶

---

① 用于阐明多重制度系统类型学的案例基于我们先前的论文报告,包括"Cultural Approaches to the study of Entrepreneurship," Showcase Symposium, MOC, ENT, and OMT Divisions, Academy of Management, 2008; "Institutional Logics and Entrepreneurial Ideas," Conference to celebrate the 25th Anniversary of DiMaggio and Powell 1983, University of Arizona, 2008 and Conference on Institutional Theory, University of Alberta, Edmonton, Canada, 2009。

段中具有共生互补或相互依赖的关系时。①尽管我们难以根据制度秩序的相对起源将多重制度系统中的制度秩序进行划分,但现有的证据似乎令我们相信制度起源的顺序大致如下:家庭、社区、宗教、国家、市场、专业和公司。但是,对社区和宗教的起源顺序尤其难以判断。

社区、国家和专业三项制度秩序在其早期形成阶段曾与宗教并行(Norenzayan和Shariff,2008;Schermer,2004;O'Day,2000)。宗教还通过规范和信仰物化(reifies)了家庭中的忠诚。物化为各大世界性宗教所强调,其使得家庭和宗教在各自的演化中互补共生。而且,早期统治者们还利用宗教来合理化国家的中央集权,从而同时扮演着政治和精神领袖的双重角色(Schermer,2004)。当家庭步入晚期发展阶段时,其他制度(例如,国家和私有产权法律)便一起补充或挑战了家庭作为一项制度秩序的管辖权限(Engels,1884)。尽管家庭的权威在西方民主社会中无疑是衰落了,但家庭依然是商业与经济政策中举足轻重的一项制度秩序(Greenwood等,2010)。许多国家至今仍在税收、福利、住房和退休等政策中明确考量家庭秩序。

对于宗教在早期社会中扮演的核心角色有这样一种解释:宗教通过叙事来沟通,其依靠语言和图像而不是阅读和书写来传播。例如,《圣经》就是故事,其在宗教仪式中的展现伴随着象征与仪式,这意味着《圣经》提供了一种解释和意义,使宗教的类别元素能够容易地与其他制度秩序相混合或转置到其他制度秩序当中。这一解释的论点在于,制度的起点是叙事,因为讲故事的形式使得制度可以被人类心智获取和利用,而这并不是发生在智识层面上的,而是发生在更为强大的情感层面上的;只有当叙事获得成功,信仰才会紧随其后(A. Campbell,2009)。在第七章中,我们

---

① 我们仅仅是通过这一探讨来打开话题。对于这个问题的详尽理解超出了本书的范畴,值得独立撰写一部著作。

将详细阐述叙事在制度逻辑变迁中所扮演的角色。

制度秩序的历史相互依赖性

制度秩序与其类别元素的相互依赖性表明转型变迁和发展变迁对整个多重制度系统的适应性和稳定性具有重要的影响。例如,有关中世纪瘟疫的历史事件公开揭露了宗教在处理卫生问题上的无能,败坏了宗教的名声。这些事件将医学与宗教隔离开来,从而创造了机会把医学转置到新的制度空间——专业当中,使其立足于科学和大学而非教会。事实上,这一转变表明了宗教权威的衰退(Chaves,1994)以及随之而来的专业权威的兴起。

这一案例表明,制度元素不仅可以在一项制度秩序当中垂直隔离或混合,还可以在多项制度秩序之间水平隔离和混合。然而,上述例子却未能让我们全面地理解制度秩序中的不同类别如何在微观行为中重新组合,进而影响多重制度系统的稳定性和流动性。所谓流动性,指的是不同制度秩序的管辖权限和权威范围的改变。多重制度系统的近似可分解性是什么样的?其Y轴上的类别元素(例如,合法性和权威性的来源)是如何跨越X轴上的制度秩序(家庭、宗教、市场等)进行转置的?换言之,当个体和组织追求利益和能动性的手段和目的受制于其在多重制度系统中的具体制度环境下的经历时,他们又怎样寻求制度安排的改变呢?

个体－社会层级对制度变迁的效应

被称为嵌入能动性的理论难题获益于诸多探讨与研究(Holm,1995;Sewell,1992;Emirbayer和Mische,1998;Seo和Creed,2002;

Greenwood和Suddaby, 2006; Leca和Naccache, 2006; Battilana、Leca和Boxenbaum, 2009)。该研究的中心焦点之一便是制度创业者这一概念。制度创业者的提出最初是为了弥补新制度理论中对于能动性所缺乏的解释（DiMaggio, 1988), 但其又因为过度地将权力赋予个体而为人所诟病［见Hardy和Maguire（2008）的综述］。我们采用一个相关的概念——文化创业者（DiMaggio, 1982; Lounsbury和Glynn, 2001), 并将之与制度逻辑视角相联系，从而便可受益于其对制度的近似可分解性和外在性的假设。我们认为这一理论整合能够为嵌入能动性的难题提供一种潜在解答，因为普通的个体和组织得以在其最接近的制度环境的限制之外进行行动。

为了更好地阐述观点，我们将运用第三章中讨论过的多重制度系统的类型学来理解个体在制度逻辑的稳定和变迁中可能扮演的角色。我们将聚焦于三个有关个体的历史案例叙事：黄金法则商店（Golden Rule stores）即后来的杰西潘尼公司的创始人兼零售商J.C. 潘尼（J.C. Penney), 凤凰城大学的创始人约翰·斯珀林（John Sperling）教授，以及普林帝斯霍尔出版公司（Prentice-Hall Publishing Company）的创始人理查·普林帝斯·艾丁格（Richard Prentice Ettinger）教授。通过这些个体的职业背景和创新行为，我们将阐述如何利用多重制度系统的类型学方法来分析制度逻辑的变迁。

我们的聚焦有意识地突出了个体－社会效应。然而，这并不意味着组织、场域或跨层级的效应毫无作用。我们将在第六章与第七章中讨论其他的分析层级。本书的安排区分了不同分析层级的效应，从而系统地展现了我们的想法。当分析层级改变时，概念的运用及其效应也会改变。例如，我们对隔离这一概念的使用在第五章与第七章中是不同的。第五章在社会层级上对创业观念的起源进行了理论化，即创业者根据先前的知识将一项制度秩序中的类别转置到另一项制度秩序当中。第七章则理论化了制度场域中的一个制度逻辑如何变化成（morph）场域中的另一个逻辑。换言之，第五章考察了创新的起源，而第七章考察了一个制度场域的起源。

文化创业

我们认为，在制度秩序之中的纵向专业化或者在制度秩序之间的横向普遍化将带来更强的模式识别能力，以及反映和重新框架化（reframing）问题和解决方案的能力，而且后者可以通过混合（Glynn和Lounsbury，2005）或者隔离不同制度秩序的类别元素来实现。正如表5.1所示，潘尼在建立他的黄金法则商店时，隔离了家庭制度秩序，而混合了宗教和公司制度秩序。斯珀林在创建凤凰城大学时则隔离了专业制度秩序，而混合了公司和市场制度秩序。而艾丁格在创办普林帝斯霍尔时，则混合了家庭、国家、市场和公司制度秩序的类别元素。

表5.2中汇总的关键点总结了这些个体在某些制度秩序的独特组合中进行的纵向专业化如何促进了他们在这些制度秩序之间进行创造性的横向普遍化。尽管这些案例叙事源于我们对自传、传记和公司档案材料的阅读，但值得一提的是，每一篇叙事的关键点都在互相独立的定量研究中获得了验证，包括公众对于连锁店的负面看法（Ingram和Rao，2004；Ingram、Yue和Rao，2010），博雅教育的统治和实践教育的兴起（Kraatz和Zajac，1996），以及在出版业中从家庭资本主义到市场资本主义的转变（Thornton和Ocasio，1999；Thornton，2001，2002）。

在讨论案例叙事之前，我们先将论点扎根于文献回顾。通常认为，创业和创新行为在科技颠覆（technological disruption）时期发生得尤为频繁，例如，历史上的工业革命和当下的互联网革命（Baron和Shane，2008：40）。对此有一种解释被Arthur（2009）称为"组合演化"（com-

表5.1 多重制度系统理想型

Y轴：类别	家庭 1	社区 2	宗教 3	国家 4	市场 5	专业 6	公司 7
根隐喻 1	家庭作为企业	共同边界	寺庙作为银行	国家作为再分配机制	交易	专业作为关系网络	公司作为等级制度
合法性来源 2	无条件的忠诚	意愿的统一；信任与互惠的信念	信仰与神圣性在经济和社会中的重要性	民主参与	股价	个人的专长	企业的市场定位
权威性来源 3	家长的统治	对社区价值观与意识形态的承诺	神职的魅力	官僚制的统治	股东行动主义	专业协会	董事会与高层管理人员
身份来源 4	家族名誉	情感联系；自我满足感和名誉	与神灵的联系	社会与经济阶层	无个性的	与工艺品质的联系；个人名誉	科层中的角色
规范的基础 5	家庭成员	群体成员	会众成员	公民	自利	行会种协会成员	公司雇佣
注意力基础 6	家庭中的地位	个人对体的资	与超自然的关系	利益集团的地位	市场中的地位	专业中的地位	等级中的地位
战略的基础 7	增强家族荣誉	增强成员和实践的地位和荣誉	增强自然事件的宗教象征	增强社区利益	增加效率利润	增强个人名誉	增加企业规模和多样性
非正式控制机制 8	家庭政治	行动的能见度	使命崇拜	后台政治	行业分析师	有名望的专业人士	组织文化

注意：虚线格子所标注的是潘尼使用的类别，实线格子标注的是斯迪林所用的类别，而虚线格子标注的是艾丁格使用的类别。被一个大叉叉标记的格子代表制度逻辑的隔离。

binatorial evolution），其基于Schumpeter（1934）与Ogburn（1922）的观点。Schumpeter（1934）认为创业者通过重组现有的材料进行创新；Ogburn（1922）则认为随着社会中出现越来越多的科技，就有更多的"文化材料"（他指的就是科技）可用于创造。类似地，我们可以认为文化材料并非科技，而是制度，也就是象征和实践：随着社会中出现越来越多的象征和实践，就有更多的文化材料可用于创造。

表5.2 个体通过转置不同制度秩序的逻辑来可视化问题

创新过程中的步骤	潘尼	斯珀林	艾丁格
识别并清晰表达问题	在20世纪初的中西部小镇中对所有的顾客统一制定公平的价格并信任外来户所有的零售商店	获得行业协会的授权来教育非传统的学生	在一个手工艺行业中扩张资本，超越了家族资本主义的资源
理论化、翻译、合法化解决方案	将家庭逻辑中的相关类别转移到宗教和公司逻辑中，从而合法化公平定价与黄金法则连锁商店的创新	将专业逻辑中的相关类别转移到市场逻辑中，从而合法化教育的创新	混合了家庭、国家、市场和公司逻辑中的相关类别，从而将企业资本化、规模化
动员解决方案的支持者	向雇员、公众和慈善组织传布"经理即伙伴""顾客即邻居"	向华尔街动员学生成为顾客、教育者成为股东	将编辑即创业者的理念传布给由股票期权与利润共享捆绑在一起的公司家族

然而，极少有公众认为创业和创新行为是由制度元素的重组所驱动的。但是，受奥地利学派所影响的新制度经济学者指出，在制度与创业观念的发现和创业行为之间有一种直接联系，而这种联系影响着制度的根本性变革。Kirzner（1997）认为制度创建了一个背景或一种对比效应，激发了创业者的警觉并揭示了新的观念与机会。个体识别出并解读框架（interpretive frameworks）一致或不一致的市场问题和解决方案。这些想法的方方面面在不同的文献中得到了验证，然而这些文献却极少互相对话。例如，在战略学文献中，Prahalad和Bettis（1986）与Bettis和Prahalad

(1995)发展了"主导逻辑"的概念,用以指出信息过滤对管理者注意力的影响。在创业学文献中,Shane(2000)通过比较案例研究表明,个体之所以能够识别新的观念并对此采取行动是因为他们在多个市场和专业领域中拥有不同的知识、信息和经验。Shane称之为"知识走廊"(knowledge corridors)。根据Baron和Shane(2008)的研究,个体利用原型(prototypes)与认知框架来识别模式,进而在不相关的事件与趋势之间建立联系。个体的经验越丰富,其能够识别模式的概率就越高(Shepherd和DeTienne,2001)。

这种从心理－制度角度出发的人力资本论断在跨组织研究中得到了进一步的发展,其指出跨越语境可以突出象征与实践中的矛盾,使之成为创新的来源。例如,Greenwood、Suddaby和Hinings(2002)发现,那些具有较高水平的组织间流动性的个体以及那些经历过较多不同的组织语境的个体更不容易把他们现在的组织的运转当成理所当然。他们更易于发现制度安排的异质性以及在一个制度场域中行动的机会,这种意识可能会触发他们进行创新和创造制度变迁的反映性能力(reflective capacity)。Burt(2004)在其关于新观念如何在公司语境下的跨组织层级上发端的研究中发现了类似的结果。

Greenwood、Suddaby和Hinings(2002:75)认为,制度创业者在定义问题时会使用"理论化"这一概念,从而以公众眼中合理、可以理解且具说服力的方式提供解决方案。文化创业者会利用故事和修辞战略来进行理论化,从而揭露或解除矛盾,并通过文化象征来操纵道德合法性和实用合法性(pragmatic legitimacy)。理论化的目的在于获取资源、动员支持者,为潜在的解决方案和新的行动方针提供正当性,并且向不同的利益相关者翻译(translate)利益之所在(Strang和Meyer,1993;Tolbert和Zucker,1996;Lounsbury和Glynn,2001;Suddaby和Greenwood,2005;

Zilber，2006；Martens、Jennings和Jennings，2007；N. Jones、Jones和Walsh，2008）。

总而言之，这类研究成果指出，那些将隔离的群体连接起来的个体和组织在很大程度上受到其他思考方式和行为方式的影响。这揭示了将不同观念进行新颖组合的机会，抑或是将一个社区中平平无奇的想法移植到另外一个语境中，使之获得更大的价值或者以不同的方式体现价值。在组织和组织场域研究中，上述发现在以行动者、关系或位置为焦点的分析中得到了体现。制度逻辑视角则提出了另一种研究方式。其针对人力资本经济学者所说的"制度背景的对比效应"和组织学者所说的"组织场域中的流动性效应"提出了一种平行的构想，即多重制度系统中的流动性，而制度秩序间的矛盾和互补则提供了对比效应。我们运用这些论点来分析三个案例叙事的意义，进而发展文化创业者的理论与方法。

案例叙事：潘尼隔离家庭，混合了宗教与公司

Beasley（1948）笔下的潘尼深受其牧师父亲和虔诚的母亲的影响，从小被灌输对基督教伦理与黄金法则（或译"恕道"）的信仰。他的父亲是原始浸信会（Primitive Baptists）的一名牧师，这一宗派明令禁止传道者收受钱财（Beasley，1948：2）。由于从小受到这样的熏陶，潘尼作为一名年轻的零售业务员，对于20世纪初普遍的定价方式（即根据顾客在社区中的社会和财务状况对零售商品定价）感到困扰，因为这意味着对于同样的商品，某些顾客要比另一些顾客支付更多的钱。在那个刚步入20世纪的家族企业年代，潘尼还敏锐地察觉到人们对外地商人和外来户（absentee）建立的企业的不信任。连锁商店在当时受到鄙夷，即便时至今日依然在某些情境中成为抗议和抵制的对象（Ingram和Rao，2004；Ingram、Yue和Rao，2010）。

通过在多项制度秩序的一个独特组合中,即宗教和潘尼构想中的公司化的连锁商店进行纵向专业化,他意识到问题的一部分也正是解决方案的一部分。他认为,尽管连锁商店可以从规模经济和标准化中节省开支,从而能够向所有人提供公平的价格,但是连锁商店恰恰在顾客眼中缺乏合法性。不过,潘尼推断,如果连锁商店将家庭资本主义的专制元素隔离出来,并将宗教伦理灌输到公司的商业实践中,那么他就可以创建一个值得公众信赖的连锁商店体系,他将此称为黄金法则商店。凭借反对高利贷的《圣经》教义和商业中的黄金法则(Penney,1956:80),潘尼通过动员职工和顾客中的拥护者赢得了顾客,并发展了一种新的零售业管理理念。潘尼先生的公平定价和黄金法则原则,及其职员的专业管理和利润共享计划为他赢得了顾客。潘尼鼓励他的经理们参加城镇改善运动,方式包括投票和来自商店基金的捐赠(Beasley,1948:216)。"有一千个伙伴的人"便是潘尼的管理哲学,其将经理人和客户视为会众的一部分:经理就是伙伴,顾客就是邻居(Penney,1956)。潘尼写道:"当一个人真正按照一项原则(例如黄金法则)工作时,这项原则就使他成为一支强大的劳动力的代表。然后,宇宙的创造力就在他身后,因为原则自会运转,而他只需关照细节。"(J.C. Penny Company website,2004)

正如表5.1所示,通过将注意力焦点从单元格(1,5)转移到(3,5),并从单元格(1,2)转移到(3,2),用以解读有关零售的文化象征及实践的根隐喻和参考类别便从家庭制度逻辑转移到了宗教和公司制度逻辑的混合体中。其将规范的基础(一个关键的参考类别)从家庭成员转变为会众成员,又将合法性来源(另一个关键的参考类别)从无条件的忠诚转变为信仰和神圣性。其还将非正式控制机制从家庭政治转变为使命崇拜(Thornton,2004)。事实上,潘尼将参照的对象从家族资本主义的制度逻辑转变为他公司中所谓的"基督教商业原则"的制度逻辑(Penney,

1945），而这提供了一种对比效应，使得潘尼能够识别问题并将解决方案框架化，进而动员会众来支持他的方案。

案例叙事：斯珀林隔离专业，混合了市场与公司

斯珀林（2000）在他的自传中写道，他在密苏里州农村作为分成制佃户（share cropper）的儿子度过了贫困的童年，又在商船队（merchant marines）中有过激进民主和劳工组织方面的经验，这些经历为他后来作为一名反叛者和开拓者的人生做好了理想的准备。在20世纪60年代后期，斯珀林作为圣何塞州立大学的人文科学终身教授，开始进行有关成人教育的研究，并发现传统的大学和学院无法满足那些想要上大学但无法将传统的大学常规纳入日程安排的成年人。尽管圣何塞州立大学的使命是为整个社区服务，但是显然没有照顾到这些有工作的成年人。

斯珀林相信有必要制定一种新的教育模式来扩大学生数量，接纳那些有家庭、有生活，但是做不到为了教授的方便而丢掉手中的所有去上课、写论文或者交报告的成年人。现有的大学课程在许多方面都挫败了成人学生，如上课的时间和地点、教授针对被动型学生的讲授方法，以及缺乏灵活性的课堂作业。出于实际的原因——加薪和职业发展，这些成人学生希望获取更多的知识并获得学士和硕士学位。按理说，他们需要在离家或者离工作场所比较近的地方上课，同时只能在下班后和周末上课，而传统的大学是不会在这种时间授课的。有工作的成年人所需要的并非在传统大学中专注于研究而非教学的教授，而是那些具有学术资质且从事专业工作的专业人士，如会计师讲授会计学，管理者讲授管理学，科学家讲授科学。

尽管斯珀林的研究表明这类年龄在25岁至35岁之间、拥有全职工作、缺乏高等教育但希望学习的人群正在扩大，但他无法说服大学里的同事和管理层来满足这类人群的需求。为圣何塞州立大学的学校政治所激怒的斯珀林转而求助于文理学院来提供成人教育课程，后者此时正因为传统生源的急剧下降而面临着关张的危险（Kraatz和Zajac，1996）。

然而，各地的专业认证协会，尤其是加利福尼亚州的协会，针对斯珀林的理念表现出激烈的反对，并威胁要关闭任何试图支持斯珀林关于在职学生和实践型教育理念的学院或大学。斯珀林四处遭受各种专业认证协会的阻挠。然而，任何课程都必须通过全面认证，否则，学生将无法申请经济援助，无法在晚上上课，也无法通过完成课程来改善他们的升职前景，因为学生需要一张雇主认可的证书。

使教育专业人员为难的一个环节却也是解决方案的一个环节，而这一方案为认证流程以及一所新的学校——凤凰城大学的根本性创新建立了新的思路。斯珀林违背了既定的办事流程，用J. W. Meyer和Rowan（1977）的话来讲，斯珀林违反了专业制度下的"检查的禁忌"；他混合了市场与公司管理中的实践并将它们移植到专业制度中，从而创建了评价认证标准的新方法，其注重结果而不是过程，注重学生的学业和成果而不是上课的时长。凤凰城大学把学生当成市场中的顾客，迎合他们的需求，而不是教授们的需求。所有这些举措都与基于旧农业日历的传统做法截然不同，后者通常包括两个学期的课程、暑假、非营利的身份、以校园为中心、全职教工人员，以及一定数量的图书馆藏。

斯珀林和他的团队采用了许多策略，进而引发了一系列事件，帮助他们合法化了这些新的专业认证标准，并为他们的新大学打下了基础。他们在地理位置上进行了迁移，从而避开敌对的专业认证协会；将自身置入凤凰城这类具有大量缺少大学学位的在职成年人的市场之中；并且塑造了反专业人士的州立法机构（例如在亚利桑那州），这至少可以保证正当的法律程序在专业认证问题上得到执行。尽管斗争很漫长，但斯珀林最终还是成功地打破了高等教育行业的监管壁垒。在斗争的过程中，他坚信，若要生存和繁荣，新的教育模式绝不能是另一所大学的拖油瓶（Sperling, 2000：97），它必须是一所独立的大学。

尽管斯珀林已经在圣何塞州立大学升任终身教授，但他在与众不同的制度组合中的纵向专业化，加上贫困的农村和劳工组织的经历，使他对工人阶级的困境具有亲近感和愿景。他跨越不同制度世界的特殊背景是他能够通过将大学的概念置入新的制度秩序来克服专业制度的阻碍的关键。他将大学与专业逻辑相隔离，并通过将凤凰城大学在纳斯达克上市混合了公司和市场逻辑。正如表5.1所示，其将注意力焦点从单元格（6，3）转移到（5，3）和（7，3），并从单元格（6，5）转移到（7，5）。这样的转变是异端之举，其要求管理层受到市场规则的约束，做到自给自足，而不是依赖校友或州立法机构的资金支持。如果凤凰城大学的服务质量下降，它便不得不关门。凤凰城大学为了得到学术界的认可苦苦挣扎了二十年，最终，斯珀林相信只有市场的认可和接纳才能使凤凰城大学合法化。

案例叙事：艾丁格混合了家庭、国家、市场和公司

在艾丁格自己笔下，他毕业于纽约市的高中，并决定进入法律行业。在获得法律学位之后，他却因为太年轻而无法参加纽约州的律师资格考试，因此他在纽约大学开始了他的金融学教学生涯（美国教育基金会，http://www.efaw.org）。作为一名年轻的教授，艾丁格意识到自己的领域需要更有效的教学资料，因此他撰写了一本有关债权人权利的教科书。1913年，他的一位法学老师查尔斯·格尔斯滕贝格（C. W. Gerstenberg）写了一本书，《公司金融资料》。他们俩都在出版自己的文稿时遇到了困难，于是决定使用其祖母的娘家姓氏来创建普林帝斯霍尔。他们既没有资本，也对出版业务不甚了解，但艾丁格找到了一家愿意赊账发行其图书的印刷商。

第五章　多重制度系统的稳定性与变迁

格尔斯滕贝格和艾丁格很快发现，将图书出版业务资本化是一个难题。与当时从内部资本市场和公开市场获取资金的大型工业公司不同，出版业仍然是一个家族式手工业（Coser、Kadushin和Powell，1982）。此外，出版业的现金流结构不佳，其主要费用在前期结算，一年当中只有在第九个月之后才能收支平衡。该行业由小型的私人出版"社"（houses）构成，其所依赖的留存收益时常难以满足市场增长的资金需求。另一种选择是债务融资，但是银行家认为出版社的关键资产，即未来书籍的合同价值的风险过高，因为畅销书的成分难以预测，所以债务融资相对难以获取，也较为昂贵（Hirsch，1972）。

艾丁格发现，为了满足对书籍不断增长的需求，出版商需要新的扩张资本的来源，而不是仅仅依靠常常只够糊口的留存收益。对于出版商而言，这个难题由来已久，所以理所当然是无解的；但是对于两位"局外人"公司金融教授而言，解决的方案简直就在眼前。艾丁格在信贷和公司财务方面的纵向专业化形成了巨大的对比效应，即那些嵌入到公司和市场逻辑中的实践，而不是家族资本主义中的实践。他推断，他所需要的引擎便是像大家长般地将家庭出版业与公司和市场金融混合起来。

Chandler（1962）认为，书籍出版业中的公司等级制（corporate hierarchies）不会像在其他工业部门中那样发展，因为出版业几乎没有规模经济，因此无法证明企业规模的扩大和多元化的合理性。但是，Chandler没有预见到出版历史学家John Tebbel（1981：xi，249）会把普林帝斯霍尔称为"出版业中的大企业"，更没有预见到此后的实证研究会表明Tebbel的描述最终波及了出版业中的许多公司并证明Chandler的预测是短视的（Thornton，2001，2002）。

艾丁格有一个愿景。凭借先前从事法律和教授公司金融时的经验，艾丁格将普林帝斯霍尔多元化分布到相关业务当中，这些业务与高等教育出版不同，具有较多的现金头寸。普林帝斯霍尔建立了现金充裕的订阅服务业务，例如活页税服务、金融服务以及公司注册服务，就像纽约金融学院（New York Institute of Finance）所做的那样。然后，普林帝斯霍尔利用这些"印钞机"业务创造了自己的资本市场，从而支持了20世纪50年代出版业的一次重大投资活动，这是由有机增长和并购共同驱动的。正是这些在其他行业中普遍应用而至此才被转置到出版业当中的公司融资实践，成为能够满足此后一系列事件所带来的对教育类书籍的急速增长的需求所必要的创新，如在战后导致大学入学人数激增的事件包括美国退伍军人权利法案（GI bill）的通过，以及州和联邦对高等教育所增加的资助。

艾丁格还制订了一项不同寻常的利润共享计划，将公司财富重新分配给所有员工，而不仅仅是管理层，这既体现了一种将所有员工视为家庭成员的态度，又是一项按照公司标准组织的行动。这些特质使普林帝斯霍尔与其他出版社显著不同（Tebbel，1981：247-248）。例如，普林帝斯霍尔是第一家正式培训编辑和销售代表的出版商。在此之前，出版商在大学的代表被称为"旅行者"，类似于旧时代的吟游诗人，而公关部门则力图将小道消息从一所学校传到另一所学校。普林帝斯霍尔则推出了"销售"（selling）这一概念，并投入了资源来培训编辑和销售代表（Ettinger，1970）。这与传统的做法，即相信好书自会有人买，截然不同（Lane和Booth，1970；Powell，1985）。

普林帝斯霍尔的销售培训项目还有另一项重要功能，那便是为其创建新的公司和振兴新收购的公司提供所需的编辑人才。正如艾丁格所预见的那样，编辑如同企业家一般被组合在一起、接受培训，进而激发"团队管理"，这打破了19世纪的主流出版模式，在那种模式中，社长负责阅读和编辑手稿，而不是建设公司。最开始在普林帝斯霍尔接受培训的第一代编辑继而培训了那些创建了第二代和第三代公司（例如Wadsworth、Brooks

/ Cole和Prindle, Weber, and Schmidt)的编辑,以及那些在早年的中小出版社(如Allyn and Bacon以及Charles E. Merrill)中开设了新的大学部门的编辑。

将这些子公司相互联系起来的不仅有共同的销售和编辑培训经历,还有精细的财务和员工激励政策。例如,当Wadsworth和Merrill在1964年从普林帝斯霍尔脱离出来时,普林帝斯霍尔的股东每持有10股普林帝斯霍尔的股份就能以此获得Wadsworth和Merrill的1股。这是给普林帝斯霍尔股东的分红,来补偿Wadsworth和Merrill的创立和收购成本所造成的收益减少。此外,员工利润共享计划的一部分被投资于这些公司的股票,从而将普林帝斯霍尔系公司的所有者、经理、员工与公开市场股东联系在一起。

当其竞争对手麦克米伦(Macmillan)和哈珀(Harper)等在担心雇员工会时,普林帝斯霍尔则通过公开股票发行与员工利润共享计划的创新组合来激励自己的员工。此外,普林帝斯霍尔以其去中心化的组织结构进一步使自己与竞争对手哈考特・布雷斯・乔凡诺维奇(Harcourt Brace Jovanovich)和麦格劳・希尔(McGraw Hill)区分开来。当其收购老的出版社时,普林帝斯霍尔并没有把它们并入自己的组织,它们业已树立的品牌被保留了下来,这有利于适应差异化的市场。但是,普林帝斯霍尔向这些公司注入了自己的员工,而这些新员工带来了有活力的编辑和管理人才,以及标准化的公司实践。①然后,这些公司被拆分为独立的企业,并通过公开上市来获取进一步资本增殖。此外,在普林帝斯霍尔的去中心化组织构架下成立的新部门和子公司也在后来逐渐剥离,成为独立的股份公司。

与其他任何出版商都不同,普林帝斯霍尔在传统的出版手艺中发扬

---

① 许多故事讲述了老的出版社如何缺乏标准的商业实践。例如,当其收购Allyn & Bacon时,普林帝斯霍尔的新员工询问了支付给作者的版权费率。关于这个问题的信息来自一本黑皮书,其中指出这一费率取决于公司在任何一年中的表现(访谈,ESCHA,1994)。

了现代金融和编辑创业的精神，并以此资本化了一个扩张式增长模型。与其他任何高等教育出版商相比，普林帝斯霍尔及其衍生的企业培训了更多的销售代表和组稿编辑，并催生了更多的新部门和独立公司。这种基于企业家族内的结构重叠的扩张性战略受到了复杂的合股制和利润共享计划的激励，进而在该行业市场需求不断扩大的时期里有效地传播了普林帝斯霍尔模式的变体。截至1962年，普林帝斯霍尔已经成为世界上最大的大学图书出版商；截至1976年，它已经拥有22个部门和子公司（Tebbel, 1981：250）。①

通过创建一个被称为"出版业的通用汽车"的组织模式，艾丁格解决了投资资金的难题，令一个昏昏欲睡的小行业摆脱了其19世纪的实践，并跻身财富五百强的主流。作为公司金融课程的教师和普林帝斯霍尔的创始人，艾丁格非同寻常地结合了纵向专业化与横向普遍化，从而创造性地混合了家庭、国家、公司和市场的组织原则和实践当中的类别元素。

跨叙事的探讨

这三个人都通过社会化和社会互动在多重相互矛盾与互补的制度秩序中进行了非同寻常的纵向专业化。这么做产生了两种效应。其一，他们所进行的深度专业化进一步聚集了他们的注意力，这实际上使他们对某些原则和人群产生了选择性的感知和共情。正如第四章所述，各种各样的情境激活了使得制度逻辑变得可获取和可利用的认知线索。回顾一下，可获取性是指个体在其认知过程中可以使用的知识和信息。可利用性指的是脑海中想到的知识和信息。我们还要补充，制度逻辑的可获取性和可利用性取决于个体的先前知识和经验，换言之，个体在制度秩序内的纵向专业化和

---

① 即使在竞争对手的公司里，高管们也会自豪地表示，他们最初都是通过普林帝斯霍尔方法培训出来的，其中包括Addison-Wesley以及Holt, Rinehart, and Winston的前任总裁（访谈，一家主流高等教育出版商的前任高管和一家大学出版社的负责人，1991）。

制度秩序间的横向普遍化是由情境和环境中显著的方面所激活的。潘尼关于基督教的知识储备（Shane，2000）塑造了他在零售业情境下识别并解决不公平定价和连锁店问题的能力。斯珀林关于激进民主和劳工组织的知识储备使他能够识别并解决成人教育的问题。艾丁格关于公司金融的知识储备帮助他识别并解决了出版业中的成长融资问题。

其二，遵循Kirzner（1997）的论点，个体在多项制度秩序的独特组合中的纵向专业化创造了认知对比效应，这使得环境中的某些特征比其他特征更为显著。这种对比效应使潘尼、斯珀林与艾丁格能够进行创新性思考，因为他们可以根据自己的先前知识和经验来判断问题和解决方案是否与多项制度秩序的独特组合的不同解读框架（象征与实践）相一致。三个人都曾把一项制度秩序中常见的逻辑转置到新的语境当中，然而，他们表现出不同的重组类型，而且他们在重组时对混合和隔离战略的使用方式也有所不同。我们需要进一步研究逻辑重组的机制。尤其是，情境特征与个体的先前知识和经验将如何激发对不同制度秩序的替代性类别要素的注意力呢？是什么使得某些类别重组，而不是另外一些，在面对个体和组织尝试动员追随者进行创新时能够凝聚并维持下去呢？（C. Jones、Maoret、Massa和Svejenova，2011）

潘尼和斯珀林的叙事分别强调了家庭制度逻辑与专业制度逻辑的隔离；艾丁格的案例则强调了国家、市场和公司制度逻辑与残存的家庭制度逻辑之间的混合。普林帝斯霍尔的结局是：当大型集团公司Gulf and Western在1985年收购了普林帝斯霍尔并切断了它的家庭隐喻之后，它的企业家族便开始土崩瓦解了。

这些叙事提出了一个问题：潘尼、斯珀林和艾丁格是制度创业者吗？如果是的话，制度创业者就不一定非要脱离社会世界才能创造改变，因为身份（我们是谁）、结构（路径与约束）和行动（我们怎么做）是可以松散耦合的。他们也不一定非要把自己视为英雄（Hardy和Maguire，2008）或陌生人（Simmel，1950）。这些叙事所呈现的恰恰是，拥有坚定信念的潘尼、具有终身教职的斯珀林和担任首席执行官的艾丁格并不认为自己是英雄或局外人。制度创业者可能没有意识到他们的视野优势及其在制度场域中的制度秩序间转置类别元素的能力。鉴于其先前在多重制度秩序下生活的经验，他们自然地混合或隔离了社会世界，从而使自己既能够在制度秩序内进行纵向专业化，又能够在制度秩序间进行横向普遍化。

讨论

历史研究和案例叙事表明，多重制度系统的变迁和稳定性在一定程度上取决于制度秩序之间的相互依赖关系。任何一项制度秩序相对于其他秩序变得过于主导或自治，就意味着该制度秩序乃至整个系统的不稳定性。但是，不稳定性可能只是暂时的，因为制度秩序之间的共生依赖关系可以重置，这实际上是一种反馈机制，从而确保整个系统的存续。

我们的论点源自Arthur（1990）关于收益递增型经济的积极反馈概念。但是，Arthur（1990）将其理论基于科技网络的外部性，而我们的推测则基于制度网络的外部性，即制度秩序中的类别要素之间的相互依赖。我们推测国家、专业和宗教的制度秩序比市场制度秩序更加强调道德规范，因此，从理论上讲，前者可以制衡极端的市场实践，起到调节的作用，但调节的作用有多大尚待考察。现有的实证案例表明，国家、专业和宗教秩序实际上还可能助长市场腐败或不稳定性。

多重制度系统中的制度秩序可能会随着普遍社会价值观的变化——从支持传统转向支持企业（enterprise）和创业——而变化。正如Hughes（1936）和我们的案例叙事所阐述的那样，与企业联系起来的不仅仅是商业,还有制度本身。即便是相对更为神圣的社会制度也在某种程度上必须竞争才能生存。但是,那些更为神圣的制度对周围世界的变化的反应可能不那么迅速(Hughes,1936:188)。基于我们的论断,人们会推测公司和市场制度秩序的文化象征和物质实践(相较于宗教和家庭秩序的象征和实践)变化得更快,因为前者相对较少受到传统的约束。请参见Dacin和Dacin(2008)鉴于制度理论对传统所做的综述。

国家、专业和宗教的影响应该对缺乏约束的资本主义实践加以束缚。正如潘尼的叙事所体现的那样,"贪婪即善"可以被"黄金法则"缓和。同样地,过度主导的国家也可以由市场来制衡。一项制度秩序的实践会影响其他秩序的实践。正是如此,制度秩序得以维持和改变自己。在实证研究中,Greenwood等(2010)展现了国家和家庭制度秩序如何调节了市场制度秩序,从而解释了西班牙小型制造企业在裁员过程中的区域差异。此外,个体可能会动员起来捍卫一项制度秩序的象征和实践,以免其受到其他制度秩序的变化的影响,尤其是当这些秩序相互冲突的时候。个体也可能尝试输出一项制度秩序的象征与实践,从而改变另一项制度秩序(Friedland和Alford,1991:255)。入侵和继承的过程类似于Abbott(1988)关于"专业体系"的论断,只不过Abbott(1988)的开创性论述只适用于一项秩序之内,而不适用于不同制度秩序之间。

在多重制度系统的制度秩序中的入侵和继承的限制是什么?这是一个尚未解决的实证问题。我们是否能观察到这样的情况,即一项制度秩序被另一项制度秩序的实践吸纳(co-opted)以至于前者在某种程度上自我毁灭了?在一个有据可查的案例中,安达信会计师事务所(Arthur Andersen)的失败就是从专业制度秩序转投令人着迷的公司和市场资本主义的后果(Greenwood、Suddaby和Hinings,2002;Thornton、Jones和Kury,2005年)。我们将这个想法扩展到任意一项制度秩序占据完全主导地位的情形,这是否会导致一项制度秩序的瓦解,甚至还会导致整个多重制度系统跟着遭殃?

对于近期世界银行体系的经济危机的实证观察使我们相信,未来的学术和政策研究将在这片领域富有成果。经济崩溃的有趣之处不仅在于市场资本主义相对于其他制度秩序获取了极大的主导权和自治权,还在于它那自我毁灭的主导地位在某种程度上来说是国家协助和教唆的、意料之外的结果(Weild和Kim,2008)。毫无疑问,全球各国都采取了行动来挽救和支持市场逻辑。请注意,这种观点与J. W. Meyer和Rowan(1977)以及DiMaggio和Powell(1983)的新制度理论是一致的,因为专业、国家和市场的制度秩序共同产生了各种类型的同构。

我们可以将制度逻辑分析应用于MacKenzie(2011)的案例研究,其将信贷危机视为一个知识社会学问题。他的案例展现了专业与公司制度逻辑的元素类别之间的差异,有助于深入了解知识的分配是如何根据行动者对不同制度秩序的认同来进行。例如,相对上市较晚的高盛集团(Goldman Sachs)仍然保留了大部分长期存在的专业合伙网络结构,使其具有与不同投资工具——资产抵押债券(ABS)与担保债务凭证(CDO)——更为紧密耦合的估值机制。因此,高盛相对毫发无损,它能够发现证券化当中过度的相互依赖关系,并在危机爆发之前及时地出售它在资产抵押债券与担保债务凭证中的权益。相比之下,AGI和贝尔斯登(Bear Stearns)等公司采用的是松散耦合的公司等级制,其中,评估实践被隔离到组织的自治部分当中。这导致这些公司无法理解过度相互依赖的证券化实践的影响,因此无法协调必要的制衡,其结果便是,一旦信贷危机产生连锁反应,它们就成了纸牌屋。

我们在本章中着重讨论了两种制度变迁的例子:制度秩序(相对于彼此)的主导地位和管辖权的变迁,以及制度秩序的元素类别的变迁。我们认为，制度秩序（X轴）的变化速率要慢于制度秩序的元素类别（Y轴）的变化速率；换言之，部分的改变快于整体的改变，尽管我们尚需研究来评估这个假设。制度变迁的动态既有垂直方向，也有水平方向，并通过一些机制在多个分析层级上涌现和运作。我们强调了新的方法来理解制度或文化创业者作为变迁机制的潜在作用，有关先前对这一概念的批评，请参见Hardy和Maguire（2008）以及Battilana、Leca和Boxenbaum（2009）的综述。通过三个叙事，我们至少超越了对英勇的个体的描述，并在有限范围内发展了一项理论和方法流程，用以理解创业者如何发觉自己的构想并通过其纵向专业化和横向普遍化的能力来说服他人支持自己。除了创业者先前的经验，诸如制度秩序间的流动性等突出了秩序间的矛盾和互补的情境，也可以激活更强烈的对比效应，以及将创新形象化的机会。

这三个叙事还阐明了制度变迁的其他两个机制：结构重叠（structural overlap）和事件序列（event sequencing）。结构重叠被定义为个体角色与组织结构和功能的共同出现，它们先前是分离的，但由于某种外生性变化（例如出版业中的两波并购潮）而被迫结合在一起（Thornton，1995；Stovel和Savage，2005）。Thornton（2001）的一个关键发现在于，在控制了宏观经济效应以后，两波并购潮当中的并购数量并没有显著差异。但是，多重制度逻辑的相对主导地位发生了变化，从而改变了管理者如何解读并购的概念及其相应实践的含义，因此两波浪潮的结果大不相同。

事件序列被定义为独特的事件在时间上按顺序的展开，而这些事件扰乱、重申或转变了有关文化象征和物质实践的含义的解读，正如Sewell（1996：844）对法国大革命的论述所示。另外一个例子是在高等教育出版业中，一系列事件导致了市场的增长，却也暴露了19世纪的融资模式的缺陷，其根本无法应对战后的关键事件的挑战：退伍军人进入大学、婴儿潮，以及建立学院和大学的联邦资金。这一系列事件对于激活艾丁格，使其将有关公司金融的先前知识应用于出版业的财务问题至关重要。

正如我们在第二章中所讨论的那样，由于新制度理论对理性所持的二元观点及其对结构同构的强调，其无法很好地解释结构和能动性的部分自治性。虽然早期的制度理论关注能动性，但其认为行动者受制于社会化和本地规范的内部化。J. W. Meyer和他的同事们的开创性工作（J. W. Meyer和Rowan，1977：45；J. W. Meyer等，1997）播种了创业的理念（能动性）和文化的外在性（部分自治性），并且将其结合了松散耦合的概念以及如下论断："组织的构成要素在社会的图景上散落一地，只需一点创业的能动性即可将它们组装成一个结构。"①

但是，他们的关注局限于文化同质性，这与制度逻辑视角对文化异质性的强调截然不同。实际上，这限制了松散耦合概念的潜在实用性。因此，虽然J. W. Meyer和Rowan（1977）的松散耦合理论作为一个重要的机制解释了组织场域的维持和世界体系的静态，但其并未被应用于嵌入能动性或制度变迁的问题（而我们这么做了）。此外，J. W. Meyer的观点有赖于专业（尤其是科学）和国家作为世界文化的缔造者。这一范围条件很可能限制了对文化异质性的观察，不过我们应当认识到，他们的视角是在宏观组织理论重点关注跨国比较的全球化年代里发展起来的。考虑到当前的事件，例如，由社区逻辑和互联网技术推动的反向运动对专业和国家的主导地位的冲击，上述观点似乎显得因循守旧，其对制度的理解也显得不够完整。②解释当下的例子（如，开源运动和茶党运动以及整个中东的民主抗议活动）需要进一步的理论细化，就像我们在多重制度系统中所展示的那样。

---

① 我们使用近似可分解性的概念来指结构，而用去耦的概念来指认知。部分自治性是囊括这两个术语的总体概念。

② 当下，大学毕业生与专业人士中的失业问题，甚至在新兴经济体当中，可能表明了专业作为一项制度秩序的影响力所面临的压力（参见Abbott，1988）。

通过将社会概念化为一个近似可分解的多重制度系统，研究者得以理论化并测量文化对制度场域中的认知和行为的影响，以及这种影响的差异化、碎片化和相互矛盾的本质。这一视角与微观工具的发展（尤其是社会和认知心理学以及认知社会学中的革命）恰好吻合（参见第四章）。实证研究表明，对于思想与行为的一致性的内部压力比大多数人曾经认为的要小得多（DiMaggio，2002）。这种观点与早期心理学所强调的个体对内部一致性的需求，即对"认知失调"（cognitive dissonance）的解决，形成鲜明对比。相反，更多的最新研究表明，文化规范和价值观的认知表现并不一定是个体"内部化了"的、促使他们以一致方式行动的统一体系（DiMaggio，1997；Cerulo，2002）。正如在组织层级上对松散耦合和去耦的研究所示（Weick，1976；J. W. Meyer和Rowan，1977），个体颇有本事说一套、做一套，并将私下与公共的角色去耦（Klyver和Thornton，2010）。

我们以这三个叙事来强调，正是由于个体功能背景的差异相对于不同制度秩序的矛盾性和互补性所产生的对比效应创造了揭露问题和解决方案的透镜。但是，正如我们将在第六章和第七章中所讨论的那样，逻辑的不一致性并非在个体层级的认知上进行分析，而是在组织内部的各个科层之间或是在制度场域中的各个组织之间进行分析，可能会产生不同的效应，社会动态是影响透镜的另一种机制。研究者对分析层级的选择影响了其优先观察制度逻辑中的一些机制，这表明了我们迫切需要多层级的研究来理解跨层级的效应，这类研究在数据收集方面极具挑战性。

如前所述，有大量研究证明，个体和组织作为文化创业者使用故事和修辞战略来操纵文化象征，从而获取资源并改变实践（Lounsbury和Glynn，2001；Suddaby和Greenwood，2005；Zilber，2006；Martens、Jennings和Jennings，2007；N. Jones、Jones和Walsh，2008）。我们通过将社会解释为一个多重制度系统提出了一种类型学方法,来理解上述制度变迁案例背后的文化象征和物质实践的起源与转置。运用这种分析方法,我们比较说明了三位个体如何参考转换了不同象征类比、合法性来源和规范基础的类别,并对实践的改变产生了影响,这不仅仅是针对物质资源的斗争。再次提醒,我们要牢记分析的层级。这些个体开发了创新的思维来建立新的组织,不过本项研究立足于个体和社会的层级,而并未捕捉组织层级和制度场域层级的动态。我们将在第六章和第七章中讨论场域分析层级。

从人类学理论和对组织场域中的制度同构的实证研究出发,我们认为,类别元素通过与一个能跟自然世界做类比的制度相互联系,从而在不同制度秩序之间转置。这种类比掩盖了制度的纯粹的人类起源,使得制度看起来像是宇宙秩序的一部分(Douglas,1986;Davis、Diekmann和Tinsley;1994)。Strang和Meyer(1993)、Tolbert和Zucker(1996)以及Greenwood、Suddaby和Hinings(2002)提出了相关但更为广泛的"理论化"概念,作为对抽象类别的发展和具体说明,从而提炼并简化了新的实践的因果属性,使其能够被广泛地采用,其中心要点在于赋予合法性。与Douglas(1986)所言相似,这是通过在流行文化支持的叙述中嵌套和调整新的思想来实现的。这个过程需要建立新的实践的客观性,这么做首先要把一项本地的创新确定为一种普遍性失败的解决方案,然后证明改变实践的合理性,从而使得新的实践看起来比旧的实践更具有说服力和合法性(Tolbert和Zucker,1996)。Greenwood、Suddaby和Hinings(2002:60—61)确认,有许多关于播散的研究展现了理论化。

我们认为可以用两种方式来思考转置概念。其一,那些与文化象征紧密耦合的实践是否比缺乏象征意义的实践,即那些跟象征和仪式去耦并因此遭遇合法性危机的实践,更有可能成为转置的候选者?但这并不意味着在任何实证案例中，相对缺乏象征意义的实践都不可能从一项制度秩序转移到另一项充满象征的制度秩序当中。其二，我们预期，彼此互补的制度秩序比直接冲突的制度秩序更有可能具备较大的转置元素类别的能力。例如，Boltanski和Thévenot（[1991] 2006）对正当理由的研究所提供的证据表明，不同"价值世界"的兼容性根植于社会心理层级。他们认为，将不同制度秩序的元素类别混合在一起的形式取决于这些类别的文化和象征意义是否适用于一个世界的问题，而非一份不一致的价值评价。用他们的术语来讲，个体无法笨拙地将来自家庭、声誉和工业世界的价值的元素组合在一起（Boltanski和Thévenot [1991] 2006：227），这就使其不太可能在制度秩序之间进行转置。类似地，个体无法不假思索地将有关市场与家庭的类别组合在一起。毫无疑问，在家庭聚餐的餐桌上像一个二手车推销员一样行动会引来鄙夷，而把一个二手车推销员当成一个家庭成员来对待则容易被利用（Friedland和Alford，1991）。

这些小示例所阐明的是如何在不同的制度秩序语境下定义理性，以及个体是否在恰当的语境下利用制度。尽管在同一年发表研究成果，Boltanski和Thévenot（1991）的理性的、更为复杂的理解并未在新制度理论中得到领悟（Powell和DiMaggio，1991）。因此，结构同构理论依旧在其后的20年中占据了主导地位，导致制度分析领域除了涉及政治斗争与社会运动的、基于资源依赖理论的政治社会学以外，一直缺乏切实可用的制度变迁理论（Mizruchi和Fein，1999）。在随后的章节中，我们将讨论制度逻辑视角如何对社会运动理论与研究做出贡献。这些示例与案例叙事意味着我们需要有进一步的研究来更好地区分制度逻辑元素类别的不同重组类型。

结论

本章中的案例叙事证明,制度逻辑的哪些方面会被激活有赖于个体是否可以将先前的知识和经验应用于情境中最显著的方面。更具体地来说,逻辑的可获取性和可利用性依赖于个体和组织在一项或多项制度秩序内的纵向专业化及其在此之间的横向普遍化。对于制度逻辑的不同类型的重组受到结构层面上的力量的影响。换言之,元素类别之间的矛盾性和互补性会以不同形式影响逻辑的混合和隔离,进而影响逻辑的重组。

把多重制度系统的类型学作为一种理解制度稳定性和变迁的分析方法具有许多优势。该系统所具有的模块性和可分解、可转置的特征使其与工具箱方法的独立性假设互相兼容(Swidler,1986;Thornton,2004;K. Weber,2005),因为逻辑并非作为一个整体被采用或解散,其整合了制度的认知、规范和规制方面(Scott,1995,2001,2008a),并在不同制度语境和不同分析层级之间对比了这些方面,从而澄清了意义和动机如何改变实施权力的方式。其明确了个体和组织可获取的解读框架的起源和完整范围。与先前的研究不同,其并不局限于研究一个语境中的变化性。在先前研究的语境里,创新者仅仅是在单一的场域中识别问题和新的构想(Leblebici等,1991;G. F. Davis和Greve,1997;Fligstein,1997;Hirsch,1986;Stearns和Allan,1996;Battilana,2006)。因此,制度逻辑视角扩展了研究者考察和理解制度变迁之起源的能力。

我们在第三章和第五章中的讨论揭示了,从相互依赖的子系统的视角,即制度秩序的多重制度系统,来理解制度对于解决先前制度理论中的棘手问题至关重要。制度逻辑视角的元理论之所以包含象征和物质,是由于如果不那么做,就不可能解释制度变迁,因为转置必须通过象征才能在不同语境之间穿梭。以制度秩序的X、Y矩阵来刻画社会层级的文化是对先前制度理论的一大改进,因为它可以考虑到跨学科、跨分析层级的全方位解释,甚至指出重要的控制变量。这种方法可以将制度的影响同时作为个体和组织内部的压力和外部的压力来进行理论化和测量。它使得研究者能够分析个体和组织如何处于社会多重制度秩序的情境之下,并解释这对他们的认知和行为的不同影响。多重制度系统,尤其是Y轴上的近似可分解性支持了结构和行动的部分自治性假设,从而为解释制度变迁提供了多种途径。因此,这种元理论的视角可以通过一些理论上的独创性(正如我们在简短的文献综述中所示)来解释制度如何具有历史权变性,能动性如何既嵌入到结构中又具有自治性,以及制度的影响如何在多个分析层级上发挥作用。

制度秩序及其元素类别一旦被建立并被视作理所当然,它们就变得相对稳定。但是,三个案例叙事表明,多重制度系统的矩阵单元格里的内容在表达成特定的变体和实例时很有可能会改变,从而使组织、制度场域与社会中的象征和实践产生实质性的变异。制度逻辑视角的这些方面为理解和理论化制度秩序本身的稳定性和变迁的不同形式提供了原料。

第六章和第七章将进一步分析象征和实践在不同分析层级上的变异和变迁,尤其是中观与宏观层级如何联系在一起,并聚焦于组织身份和实践如何作为关键的概念将制度逻辑与组织内和组织间的过程连接起来。构建意义、决策与集体动员的机制将用于发展一个递归模型,从而阐明制度逻辑如何调解组织和场域的实践和身份,以及复杂的社会互动如何导致组织和场域的实践和身份改变了制度逻辑。第七章将通过关注制度场域的分析层级,尤其是场域的涌现与演化,来完善我们的理论细化。

第六章　组织实践与组织身份的动态

引言

在本章中，我们开发关于组织内和组织间的实践和身份如何动态地与制度逻辑相关联的理论。自从制度逻辑视角诞生以来，实践和身份便是不可或缺的概念（Friedland和Alford，1991）。然而，虽然它们为学术研究提供了重要的概念焦点，但迄今的大多数研究都未能有效地分析制度逻辑如何塑造逻辑的物质实例，即具体行动者的实践和身份，以及如何被它们塑造。在本章中，我们认为实践和身份从根本上与制度逻辑相互关联，并且可以通过它们与特定实证环境中的制度逻辑的关系来有效地理解有关它们的具体行为。尽管我们在制度逻辑与身份和实践之间建立的概念关系是普遍性的，但本章的理论发展将侧重于组织层级的过程。

在过去的20年中，社会科学对于实践（practice）的各种关注正在增长（参见，例如Schatzki、Knorr-Cetina和von Savigny，2001）。对于许多社会理论学者来说，实践是一个关键概念，它将更广泛的文化信仰体系和社会结构（包括制度逻辑）与个体和组织的行动联系起来（例如，Bourdieu，1977，1984）。实践是指相对有条理的且确定的、具有社会意义的行动形式或行动集合（参见MacIntyre，1981）。我们通常将活动

（activity）与实践进行区分。活动指的是更普通的行为或日常工作，而实践指的是由更广泛的文化信仰所塑造的一系列有意义的活动（例如，Engeström，1999；Jarzabkowski，2005）。Lounsbury和Crumley（2007：995）进一步阐述，"活动涉及的行为通常缺乏更深层次的社会意义或反思，比如钉钉子；而实践，例如专业木工，为一系列平常的活动提供了秩序与意义"。

虽然许多关于实践的研究由人类学或民族志对人类行动的理解所推动（例如，Bourdieu，1977；Geertz，1995；Ortner，1984），但许多从组织和管理学角度聚焦于个体行为、制度工作和实践的实证研究趋于包含更广阔的社会动态（Jarzabkowski，2004；Weick、Sutcliffe和Obstfeld，2005；Whittington，2006）。制度逻辑视角强调了分析层级的嵌套性，并认为个体和组织的行为总是嵌套在社会环境中且受其影响（Friedland和Alford，1991）。这种嵌套性反映在逻辑与实践之间的基本的二元性假设当中，其中相对稳定的一系列物质实践提供了制度逻辑的核心表现（Breiger，2000；Friedland，2009a；Mohr，2000）。例如，"民主通过投票具体化，这既是人们在仪式上建立象征系统的方式（即民主的制度逻辑），也是他们试图控制那些统治者的手段"（Friedland和Alford，1991：249）。

然而，实践不仅是对制度逻辑的绝对反映，也是制度逻辑转变或改变的实在焦点（参见Friedland和Alford，1991：254—255）。Nigam和Ocasio（2010）在分析克林顿的医疗卫生提案的产生和失败时，强调了实践的变化如何与意义构建和理论化密切相关；从历史分析看，在医生逻辑和管理式竞争逻辑的指导下，美国医院场域引入了管理式照护这一新的制度逻辑。这项研究意味着，虽然实践以现存的制度逻辑为指导，但随着现存的实践被改变或新的实践被建立，它们在创造、繁衍和变革制度逻辑方面发挥着关键作用。我们的视角认为秩序是成问题的（类似于Boltanski和

Thévenot，2006），我们对于制度逻辑的理念类似于德国制度主义者对于Leitideen [在英文里为"指导方向"（guiding orientations）]的概念化，即它或多或少地是制度化的，具有各种表现形式（例如在实践中），并且不断在变化（参见Lepsius，1996；Rehberg，1997）。①

制度逻辑也为组织、团体和个体的身份提供了重要基础（Thornton，2004；Thornton和Ocasio，1999）。尽管制度逻辑为特定情况下如何行动提供了指导，但身份的概念更侧重于我们是谁。鉴于有关身份的研究文献之庞大，我们将主要关注逻辑与组织身份之间的联系。关于组织身份的研究文献有两个主要分支（参见Glynn，2008的综述）。一个研究分支主要侧重于组织内部动态，强调单个组织的身份是独特的，并可以通过识别中心的、特别的和持久的组织属性来理解（Albert和Whetten，1985）。当然，组织由多样化的个体、群体和社会身份构成，因此，对组织身份的深入研究也会在多个层级上认识到身份问题的复杂性（例如，Ashforth和Mael，1989；Hogg和Terry，2000；Mead，1934；Tajfel和Turner，1986）。最近的研究强调了行动者如何修饰或改变他们的身份，从而理解或解决他们所面临的相互竞争的制度逻辑下的张力（例如，Battilana和Dorado，2010；Lok，2010）。

另一个研究分支更具宏观性和关系性，强调组织如何通过共享的认知和规范导向成为共同的集体身份中的一部分而变得相似（例如，Pratt，2003；Wry、Lounsbury和Glynn，2011）。集体身份是指围绕着共同目的和相似结果有战略性地构建和组织起来，且富于灵活性的行动者群体或行动者类别（参见Cornelissen、Haslam和Balmer，2007）。集体身份的创造和改变有时可以被贴切地定义为类似于社会运动的过程（参见K. Weber、Heinze和DeSoucey，2008），其中行动者提出对身份的具体理解，将这种

---

① 感谢Renate Meyer指出这里与德国制度主义的联系。

理解和特定逻辑与实践联系起来，并努力吸引潜在的支持者（Polletta，1994；Polletta和Jasper，2001）。集体身份使内部和外部的受众得以区分不同的组织，例如，专注于经典料理或新浪潮料理的餐厅（Rao、Monin和Durand，2003），受波士顿信托逻辑或纽约投机意识影响和管理的共同基金（Lounsbury，2007），以及小型文理学院或大型研究型大学（Kraatz和Zajac，1996）。尽管微观与宏观方法仍然缺乏连接，但我们同时接受这两种方法，并鼓励在二者之间架起桥梁的研究。

虽然制度逻辑塑造了集体和个体的组织身份，但与上面讨论的实践一样，身份的转变也可以催化制度逻辑的变迁。我们认为，实践和组织身份的变化往往是同时发生的，对制度逻辑的影响和可变性（mutability）的全面理解需要同时关注二者。Mohr的工作（例如，Mohr，1994；Mohr和Duquenne，1997；Mohr和Neely，2009）在这方面堪称典范，其展现了社会分类系统中的身份与社会救济机构的组织实践之间的联系如何为20世纪初指导纽约慈善组织的制度逻辑提供了基础，并表明了制度逻辑的变迁往往伴随着其中的身份、实践以及二者间的联系的相应转变。需要注意的是，制度逻辑和实践与身份是松散耦合的（参见例如Binder，2007；Hallett，2010；Hallett和Ventresca，2006a；Orton和Weick，1990；Weick，1976）。至于制度逻辑的变迁如何，以及在何种程度上跟身份和实践的变化相关联是有待实证研究的问题，也是我们需要进一步研究和发展的理论主题。

尽管如此，通过将注意力集中于改变实践和组织身份的努力如何促进制度逻辑的变迁和重构，制度逻辑视角促进了对于持续进行的制度维护和变迁的系统理解。在过去20年里，随着制度研究偏离对同构和模仿的关注，同构的过程往往与制度转型和变迁的过程相互对立；在涉及制度转型和变迁过程的研究中，强大的制度创业者成了关键主角（例如，DiMaggio，1988；T. B. Lawrence和Suddaby，2006；相关的综述，请参阅Hardy和Maguire，2008以及Battilana、Leca和Boxenbaum，2009）。然而，制度的限制作用往往是非常强大的，用一种较为狭隘的、对能动性或实践的关注来取代更具结构主义的制度视角是没有意义的（Schneiberg，2007；Schneiberg和Lounsbury，2008）。制度逻辑视角旨在整合有关实践和组织身份的更广泛的研究，从而发展一种更加平衡的制度主义方法来理解结构和能动性。我们在这些工作的基础上进一步扩展了第四章中开发的理论模型并描述了一种方法，其关于无数复杂的社会互动（包括决策、意义构建和集体动员）是如何调解制度逻辑与组织实践和身份动态之间的关系的。

从社会互动到实践与组织身份

新制度理论的产生是20世纪70年代末和80年代初许多社会科学和人文学科的"文化转向"的一部分（Friedland和Mohr，2004b）。当新制度主义倾向于研究更为广泛的组织系统（例如行业与场域）时，有关组织文化、身份和实践的学术对话则在相对隔离的研究社群中扎根并蓬勃发展，其结果是不同学术领域之间几乎没有交流。例如，虽然新制度主义的文章经常引用组织身份和实践的概念，但是这些概念通常都是"黑匣子"。研究人员主要将实践作为在组织群体中播散了的、制度化了的静态元素。同样，组织身份，主要是集体组织身份，被视为静态的且具有约束性的，其基于地位等特征来区分各种组织，从而影响实践播散的轨迹（参见Strang和Soule，1998的综述）。这种对于制度化过程和同构的更为结构性的强调导致了许多学者呼吁研究行动者在创造与传播实践和身份方面的作用（例如，DiMaggio，1988；Greenwood和Hinings，1996；Hirsch和Lounsbury，1997；Scott和Christensen，1995）。

制度逻辑视角提供了一种嵌入能动性方法，用于在更广泛的文化结构中确定行动者的身份和实践，而这些文化结构同时推动和约束着行为（参见Hallett和Ventresca，2006b中的类似概念）。例如，圣礼、赎罪和净化仪式等实践以及五旬节派或帕尔马里安天主教堂等组织身份最容易通过它们与宗教逻辑的关系来理解。与商品和服务交换相关的实践和身份具有根本不同的特征，这取决于它们是否更多地被市场、国家或社区逻辑影响（例如，Braudel，1979；Hamilton和Biggart，1988）。

若要研究制度逻辑，关注实践和组织身份是重要的，因为制度逻辑只有通过持续地确立实践和身份才能具有影响力，并在具体环境中得到切实体现（Mohr，1994；Mohr和Duquenne，1997）。鉴于组织实践和身份不是静态的，而是不断变化和更替的（例如，Feldman，2003；Orlikowski等1995），仔细研究实践和组织身份的动态对于理解制度逻辑的稳定性和变迁非常重要（另见Jarzabkowski，2004；Jarzabkowski、Matthiesen和van de Ven，2009）。正如第四章所强调的那样，可获取的制度逻辑为行动者提供了在社会互动中用来再现、改变实践和组织身份的认知和象征元素。当然，即使存在一系列可获取的制度逻辑，由于行动者的经验以及他们所处的制度场域的不同，某些逻辑在认知上更易于（或更难于）为行动者所利用。

重申一下，我们的视角的一个关键前提在于，制度逻辑与组织实践和身份在根本上是相互关联的。组织实践或身份的变化可能是由特定环境中的制度逻辑的变化或不稳定所引发的，而由实践和身份的日常确立中的实际状况所引发的、更为本地化的变化可能会反过来改变环境中的制度逻辑的构成。实践和身份的变异或变化可能造成模糊性，进而汇集行动者的注意力并催生旨在解决模糊性的社会互动。基于如何引导注意力，以及如何激活身份、目标和基模，由外生事件或内生过程触发的社会互动提供了繁衍、改变或变革实践和组织身份的关键动力。然而，这种社会互动往往相当复杂，并且涉及随着时空的转移而展开的各种相互关联的机制和过程。

如第四章所述，这种社会互动可能包括决策、意义构建和集体动员。决策聚焦于注意力如何被引向问题的过程，以及问题如何与决策情境中的解决方案相匹配（Simon，1947；March和Simon，1958；Cyert和March，1963）。意义构建是指持续进行的、回顾性的、理性化组织行为的过程，其通过促进活动的发生来解决模糊性（例如，Weick、Sutcliffe和Obstfeld，2005；K. Weber和Glynn，2006）。集体动员涉及一系列机制，行动者通过这些机制产生共同的承诺和能量，从而质疑或推崇组织生活的特定方面（G. F. Davis等，2005；Rao、Morrill和Zald，2000；Schneiberg和Lounsbury，2008）。在本章的其余部分，我们开发了两个过程模型来指导未来对组织内和组织间的实践和身份动态的制度逻辑研究。我们强调三个机制——决策、意义构建和集体动员——发挥着关键作用，将基本的社会互动与更广泛的维护、重构或变革组织身份和实践的力量联系起来。

组织中的实践与身份动态

Jackall（1988）强调了逻辑用于组织内部研究的实用性，表明了组织中的职业经理人对权力、地位和职位的竞争如何促进了与家产官僚制逻辑相联系的、强化等级的实践和地位差异（即身份）的延续。最近的研究已经开始探索特定组织如何在相互竞争或共存的多重制度逻辑的条件下建立或改变其身份和核心实践（例如，Battilana和Dorado，2010；Glynn和Lounsbury，2005；Lok，2010；Pache和Santos，2010；Tracey、Phillips和Jarvis，2011）。然而，关于制度逻辑如何与组织中的实践和身份动态相联系的研究仍然是一个不成熟但前景广阔的研究领域（Kraatz和Block，

2008；Greenwood等，2011）。

在这里，我们勾勒出一种用于研究组织内部的实践和身份动态，且不忽视塑造组织内部行为的更广泛的过程和影响的制度逻辑方法（Stinchcombe，1997）。虽然Selznick（1949；1957）与他同时代人的"旧"制度主义提供了丰富的案例研究，聚焦于单个组织的影响力、同盟、权力、非正式结构和价值观（Hallett和Ventresca，2006b），但"新"制度主义重新关注了更为广泛的制度过程，并回避了组织和组织形式的独特性，以及对组织的深度研究（DiMaggio和Powell，1991）。这一转变虽然富有成效，但也导致人们担心该方法可能将精华与糟粕全盘抛弃了。一些学者开始要求新旧制度主义的融合，这种方式能够理解组织语境以及行动的重要性（Greenwood和Hinings，1996；Hirsch和Lounsbury，1997；Kraatz、Ventresca和Deng，2010；Selznick，1996；Stinchcombe，1997）。

Greenwood和Hinings（1996）开发了一个研究激进组织变迁的框架，强调不仅需要考虑更为广泛的制度压力，还需要考虑与利益、价值观、权力依赖和行动能力相关的组织内部的内生动态。这需要关注具体的行动者（即人）及其在官僚结构、地位差异、非正式网络，以及职业和专业承诺的语境下的互动。简言之，正如Binder（2007：568）所认为的：

> 逻辑不是纯粹自上而下的。真实的人，在真实的语境下，如果自身拥有过去的经验，便会考虑它们，质疑它们，将它们与来自其他领域的制度逻辑相结合，从它们当中取得他们所能获取的，并使它们适应他们的需求。

Lounsbury和Kaghan（2001）考虑了"场域层级的民族志"可能带来什么，并主张同时关注更广泛的制度过程和组织层级的行为。他们建议，在结合新旧制度主义时，学者必须理解旧制度主义的丰富性，其中不仅包括Selznick（1949）、Gouldner（1954）与Stinchcombe（1965）的社会组织传统，还有Hughes、Strauss及其同时代人和信徒的老芝加哥学派的社会生态学方法［例如，Dalton，1959；Hughes，1971；Star，1992；Strauss，1978；参见Barley（2008）最近纪念老芝加哥学派的综述］。

尽管有这些呼吁，有关组织内部动态的且对制度具有敏感性的案例研究仍然少见，仅有少数的研究脱颖而出。例如，Heimer（1999）强调了法律如何差异化地影响了新生儿重症监护，这种影响基于法律制度、医学制度与家庭之间的冲突如何被解决，也基于法律行动者如何能渗透并影响医疗决策。结合社会运动和制度理论，Kellogg（2009）对两家医院的民族志调查展现了对新法规的有效回应如何通过关系空间促进了致力于改革的中层管理者和下属员工之间的合作。Zilber（2002）关于强奸危机中心的民族志研究强调了具有新的治疗导向的员工如何充当了新的制度意义的载体，从而挑战并改革了与女权主义意识形态密切相关的实践以及该危机中心的身份。Colyvas和Powell（2006）汇总了斯坦福大学30年来有关组织内部实践的系统档案数据，展示了公共与私人科学之间的界限如何被重新构建，从而使技术转让和商业化成为科学家的合法活动。

我们相信，当下丰富的研究为更系统的制度逻辑研究议程提供了良好的基础，该议程涉及更为广泛的社会影响如何与组织内部的动态相互关联。图6.1提供了一个理论导向的过程模型，为这一议程提供了焦点。它的意图并不在于详尽，而在于为今后的研究提供一些方向，展示制度逻辑如何跟组织内部的实践和身份动态相关联。我们将组织身份和实践定义为制度逻辑与组织内部过程之间的关键性概念联结。我们假设任何组织的身份和实践都受到该组织在（一个或多个）制度场域中所处的情境的影响。

我们假设每个制度场域（在第七章中将进一步展开）都包括一个或多个可获取的制度逻辑，以及一系列恰当的集体组织身份和实践，而各

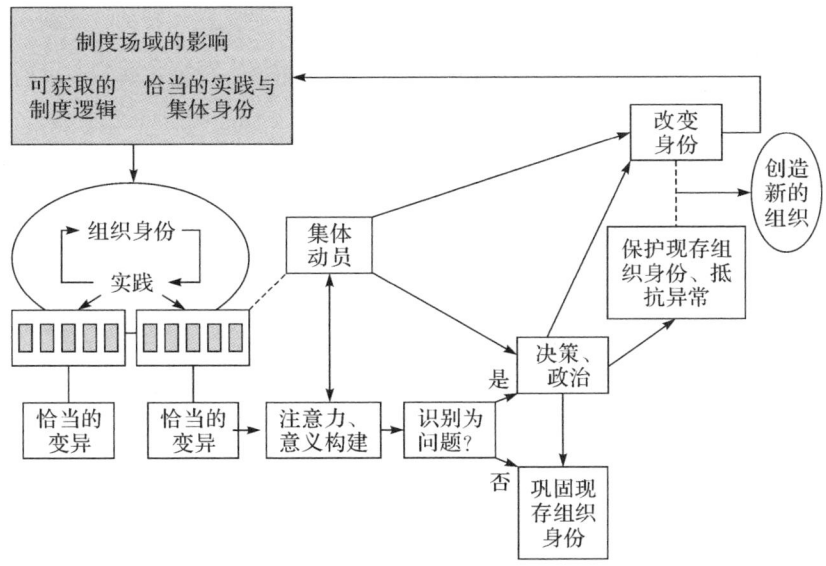

图6.1 组织内部的实践和身份的内生动态,改编自Lounsbury和Crumley（2007）

个组织以此组装其特定的身份和实践。换言之,每个制度场域可能都有一条独特的X轴表示制度秩序的集合和一条独特的Y轴表示元素的集合（见第三章）。一个组织隶属于多个制度场域的程度决定了它的身份是否更加独特,或更加另类,并产生了对更多样化的制度压力进行管理的需要（Greenwood等,2011）。我们所强调的关键在于组织身份和实践并没有被定义为纯粹的本地化现象,而是在制度上被构成和塑造的。

从某种意义上说,制度场域中的现存制度逻辑、集体身份和实践提供了一种象征性语法,可以从文化工具箱（Binder,2007；Swidler,1986）中获取并用于构建场域中最优区分的（Brewer,1991）、合法的（Lounsbury和Glynn,2001）组织身份。例如,试图创建新餐厅的法国厨师可以选择与高级料理或新浪潮料理的集体身份和实践相联系的、不同专业逻辑的变体（Rao、Monin和Durand，2003）。他们以独特的方式利用并实践这些料理，或者将不同的集体身份和逻辑的实践结合起来，进而可能培育出一种在其制度场域中独特的组织身份（King、Clemens和Fry，2011；Navis和Glynn，2010；Pederson和Dobbin，2006）。

而且，尽管制度逻辑和恰当的集体身份和实践能够促进并约束个体组织身份和实践，但组织身份也会对组织内恰当的实践的范围产生限制，因为许多社会行动者都努力使实践能够清晰一致地表达组织的核心身份信仰（Gioia和Thomas，1996）。在具有多元逻辑的制度场域中，各组织之间的差异程度会更大，换言之，组织身份和实践更有可能是独特的［参见Pratt和Kraatz（2009）关于组织自我的研究］。作为一个被合理地构建，并且能够被一致地理解的实体，组织的身份及其核心实践的实施和繁衍将是相对稳定的，并将反映可获取的制度逻辑、实践和集体身份。

我们相信，研究组织身份和实践在组织内部的动态的有效方法便是关注变异如何在一系列被采用的实践中产生（Ansari、Fiss和Zajac，2010；Lounsbury，2001）。实践的变异可能源自制度场域中的逻辑、集体身份或实践的外生变化，或者源自组织的内部政治动态（Greenwood和Hinings，1996）或操演性（performativity，或译"展演性"），即常规和实践在被执行的同时受到修改（例如，Feldman，2003；Feldman和Pentland，2003；Orlikowski，2000）。实践中的大多数变异相对是不成问题且被忽视的，这有助于无意识的信息处理（Zucker，1977）。事实上，最近的文化社会学研究表明，人们即便注意到变异，其对与多样性相关的模糊性或不一致性也可能具有很高的容忍度（Cerulo，2002）。但在某些情况下，实践的变异可能会变得异常且成问题，从而引发积极的努力来理解实践中产生的模糊性（Weick，1995）。当然，实践变异在何种情况下会被社会认为是有问题的，这是一个重要的实证问题，其可以将制度逻辑研究跟认知心理学、管理和社会认知,以及文化社会学的研究联系起来(参见DiMaggio,1997;Hodgkinson和Healey,2008)。

正如民族志方法学者和社会心理学家所表明的那样,当不一致的线索累积起来的时候,行动者会使用有意的评价来处理与他们的基模不一致的经历(Garfinkel,1967;Fiske和Taylor,1991)。结果是社会行动者可能构建新的社会表征来适应异常的刺激并减少模糊性(Moscovici,1984)。这需要组织管理者做出明确的决策,他们不仅必须有意识地、战略性地修改解读基模(Ranson、Hinings和Greenwood,1980),还必须修改信息处理方法和决策标准。这最终可能改变组织所利用的制度逻辑,以及组织利用逻辑来重塑其身份的方式。

例如,美国共同基金行业在20世纪50年代和60年代经历了以市场为导向的专业逻辑和积极成长型基金实践的兴起,这为新的集体身份提供了基础(见Lounsbury,2007;Lounsbury和Crumley,2007)。先前在专业信托逻辑下运作的共同基金公司面临着一种与市场导向的专业逻辑相关联的新的投资实践的异常发展。正如Lounsbury(2007)所表明的那样,信托逻辑源自波士顿信托行业,并成为早期美国共同基金业的主导逻辑。信托逻辑侧重于被动的投资战略和财富的代际转移,且几乎完全占领了20世纪20年代和30年代波士顿的共同基金业。专业-市场逻辑的崛起,以及较为投机的共同基金投资形式的兴起主要发生在纽约,其由基金经理人的专业化项目所播种,其中包括了与微观经济学相关的风险理论的发展,以及基金经理人资格认证的发展。这两种逻辑形成了波士顿与纽约的基金截然不同的认知取向、实践和决策过程。

随着时间的推移,由于共同基金公司试图开发基金组合,其包括较为被动的基金(例如指数与货币基金)和更为积极管理的基金,两种逻辑对所有行动者来说同样可利用,而且两种逻辑以更为互补的方式联系在一起。Grow（1995）对共同基金发起者Putnam的描述阐明了一个特定组织内的这一过程。Putnam于1937年成立，最初拥有一只非常保守的基金，即George Putnam基金，但公司决定在1958年创建第二只基金，即Putnam成长基金。在最初试图管理这只新基金的时候，公司采取了先前管理老基金的投资方法（即采用与信托逻辑相关的长期买入和持有的方式），然而公司中接受过新开发的风险管理技巧培训的年轻证券分析师则试图引入更为投机的、以绩效为导向的投资实践，因而挑战了高管的权威。Putnam的证券分析师之一Ted Lyman指出：

> 我们拥有两只基金，但任何一只都没有基金经理人。事实上，两只基金由一个委员会管理。["我们"即研究小组]觉得基金不应该以这种方式运行。结果已然是灾难性的。我们缺乏真正的投资组合计划，缺乏对整体波动性的评估，因为没有人关注投资组合的风险特征（Grow，1995：262）。

随着共同基金业中新逻辑的兴起及其在Putnam内部的发展，意义构建、决策和集体行动等社会互动机制都变得明显。首先，集体行动在年轻证券分析师质疑并改变公司投资管理实践的动员中产生，这意味着，实践的异常变异也可能被企业内部的集体动员催化。在这个例子中，这是由更为广泛的行业逻辑的转变所促进与推动的。证券分析师的激进举动促进了意义构建，因为Putnam的高管们试图理解与成长型基金相关的更为广泛的行业发展，其他公司如何能够纳入新的风险管理技术和投资组合管理实践，以及如何应对证券分析师的内部流动。

意义构建的过程持续了好几年，这是由于高管最初抵制了证券分析师的努力，然而他们最终妥协并允许了新颖的投资组合管理实践，其中包括将权力下放给从证券分析师中提拔上来的基金经理人（而不是高管委员会）。组织内部的谈判和政治是卡内基学派理解决策过程的关键要素（Cyert和March，1963），但由此产生的转变也从根本上改变了公司内部的决策过程，其不仅涉及基金组合的管理，还涉及基金经理人和证券分析师的招聘和解雇。简而言之，当公司发展出一种混合型身份，Putnam的身份也发生了变化，在这种混合型身份的发展过程中，老牌基金的实践维持不变，依然受到信托逻辑的影响，而较新的，尤其是成长型基金则通过与市场逻辑相关联的实践来管理。我们在此呼应Pache和Santos（2010）的论点，混合型组织不需要混合所有的实践，但可以将相对独立共存的实践和不同的逻辑联系起来。

当然，这样的过程也可能以不同的方式展开。如果证券分析师没有动员起来引入新颖的实践，由一只新的成长型基金催化的多样性很可能不会被认为是一个问题。同样地，如果高管们认为纳入新的基金管理实践是一个糟糕的主意，并且成功抵制了证券分析师的努力，那么现存的组织身份就会繁衍，而不满的证券分析师有可能会离开公司，进而成立一家新的共同基金公司，专注于运用新的基金管理实践。实际上，这也是在20世纪60年代出现了许多提供成长型基金的新的共同基金公司的原因（见Lounsbury和Crumley，2007）。Marquis和Lounsbury（2007）还提出，关键职员离开公司并建立新的组织的过程就是新的社区商业银行诞生的基础，正是在这个过程中，本地的小银行被大型的全国性商业银行收购。

重要的是要强调Putnam案例所表明的组织内部动态在所有共同基金公司中都发生了，而且正是这些公司中分散但又相互协调的转变为信托逻辑与市场逻辑之间的关系发展提供了关键动力。换言之，如果不将这些动态与制度场域层级的更广泛的过程联系起来，就无法理解特定公司内部发生的事情。此外，重要的是研究不同组织发生的变化给整个制度场域带来的反馈效应。在共同基金的例子中，各种各样的身份产生于信托与市场这两极之间，对身份和实践的组织内部动态的完整分析能够将一个组织的集体行动、意义构建和决策置于一个制度场域之中考虑。这就引出了前面提到的方法论挑战，即如何开展"场域层级的民族志"研究（Lounsbury和Kaghan，2001）。

尽管Putnam的例子强调了一个特定组织如何在产业层级对制度逻辑的变化做出反应，制度逻辑的变迁或者新逻辑的引入也可能由单个或者多个组织的内生动态所触发。这可能是由于在组织中创造了新的职业，或者是在组织中改变了旧的职业（Abbott，1988），官僚政治的动态变化（Barker，1993；Adler和Borys，1996；Ocasio，1994，1997），抑或是其他的组织内部过程的变化（Greenwood和Hinings，1996）。同时，发展更多有关逻辑、组织身份和实践如何持续地（尤其是在多元环境中）变化的研究非常重要（Kraatz和Block，2008）。例如，Jarzabkowski、Matthiesen和van de Ven（2009）展示了制度多元性如何在一系列组织内部实践中发挥作用。正是通过这些实践，在监管环境发生变化的时候，市场逻辑与规制逻辑在相互影响中得以构建。

Greenwood等（2010）创造了"制度复杂性"（institutional complexity）这一概念，指的是这样一种组织环境，其中的行动者受到来自多重制度逻辑的各种信号和压力的影响。他们认为，学术界应该关注组织如何应对这种复杂性。通过对20世纪90年代西班牙的组织裁员的实证分析，他们研究了多种逻辑，如国家、家庭、市场、宗教，如何差异化地影响了不同地理社区和不同特征的组织裁员决策。Greenwood等（2011）在此基础上发展了一个分析框架，强调需要理解制度场域的结构维度（碎片化、正式结构与理性化以及集中化）和组织属性（场域位置、结构、所有权和治理以及身份）如何影响各个组织对制度复杂性的回应。虽然他们的框架是对我们在这里所提出的内容的补充，但我们的重点在于指导研究者对社会互动过程和机制进行研究，并将制度逻辑和组织实践与身份的改变或维护联系起来。

我们的目的在于通过展示制度逻辑视角如何运用于研究组织身份和实践的动态，强调并明确地鼓励彼此隔阂的学术领域进行对话。除了对制度逻辑和身份的交叉研究，我们还寻求更为深入的方法来研究实践。例如，尽管许多关于播散的制度理论研究将实践作为一种孤立的、可以被采纳的对象进行研究，但一种将实践视为理论中心的方法或许可以在概念上将组织中的实践视为相互依赖的（Pache和Santos，2011）。换言之，采纳或实施一个新的实践，或者修改一个现存的实践，通常会波及组织中的其他实践；我们并不理解制度逻辑的变迁如何牵涉组织中各种不同的实践。

简而言之，我们希望今后的发展将制度逻辑研究聚焦于实践的广阔学术社群（例如，Dougherty，1992；Feldman，2003；Jarzabkowski，2004，2005；Orlikowski，2000；Schatzki，Knorr-Cetina和von Savigny，2001）、行动者网络理论视角（ANT；例如，Callon，1986；Latour，2005；Law和Hassard，1999）与金融社会研究（例如，Knorr-Cetina和Preda，2004；MacKenzie，2006）等。这种联系为解决每个视角的盲点提供了有趣的理论机会。虽然制度逻辑视角在强调更为广泛的社会信仰系统的重要性方面特别有优势，但基于实践的视角（包括行动者网络理论）则倾向于回避广泛的象征结构而采用更为本地化的制造意义的方法。当然，最具挑战性的研究能够同时做到这两点，而且我们认为制度逻辑视角特别适合这种探索。在我们看来，一些最激动人心的研究方向将涉及相关视角的整合，其最终可能通过开发有趣的新方法来突破"宏观"与"微观"等类别之间的无益对立。这种方法的突破将突出局部与整体之间，以及象征性与物质性之间的相互作用或相互渗透（Nicolini，2009）。

组织之间的实践与身份动态

决策、意义构建和集体动员都是社会互动中连接制度逻辑与不同组织间的实践和身份的关键机制。在大多数案例中，对逻辑和实践的变化的透彻解释将包含这些机制的组合。尽管制度逻辑及其相关的实践和组织身份可能在相对成熟的制度场域中颇为稳定，变化依然可以发生。这些变化可能是外生冲击的结果，也可能是动态演化的结果，我们在第七章当中将详细阐述。

例如，Scott等（2000）追踪了湾区的医疗卫生场域中的专业身份和组织实践的生态变化。随着20世纪60年代新的监管干预的兴起，专业逻辑的长期主导地位逐渐衰退，从而使涉及国家、公司和市场的多元逻辑的兴起成为可能。Reay和Hinings（2005）关于阿尔伯塔省医疗卫生服务场域的案例展现了一个崛起的竞争性逻辑——"类似商业的医疗卫生"，即如何加入了"医疗专业主义"的主导逻辑，进而形成对抗的张力以及对医生的绝对权威提出质疑的新的身份和实践。另见Reay和Hinings（2009）以及Hwang和Powell（2009）有关职业经理人如何宣扬理性化的研究。Berman（2011）梳理了近几十年来市场逻辑如何缓慢进入了美国研究型大学场域，其原因在于公共政策的关键性转变促使技术转移、教师创业、创建衍生公司，以及与业界建立研究合作关系等做法变得盛行。她令人信服地论证了这些发展导致了大学职员、政策制定者与其他利益相关者对于科学的理解的文化转向，即从"科学即资源"到"科学即引擎"。

新逻辑的兴起或多重逻辑的存在可以制造模糊性，也可以产生对逻辑变迁进行意义构建的需要。随后，采取行动来应对或解决与多元制度逻辑相关联的张力或模糊性（例如，Dunn和Jones，2010；Fiss和Zajac，2004；Glynn和Lounsbury，2005；Lok，2010；Rojas，2010；Townley，

2002；Tracey、Phillips和Jarvis，2011）。当一个新的逻辑在一个场域中首次被引入或者冉冉升起时，它可能需要挑战者的集体动员，以及挑战者与捍卫者之间的政治斗争的宣扬（Fligstein，1996；Schneiberg和Lounsbury，2008）。最终，一个场域的行动者将不得不决定到底是坚持旧的逻辑，还是采纳新的逻辑，抑或是琢磨出某种混合不同逻辑的方法（Battilana和Dorado，2010；R. E. Meyer和Hammerschmid，2006；Rao、Monin和Durand，2003）。因此，制度场域层级的研究得到了对组织内部动态的研究的补充。

我们的主要论点是，对内生驱动的逻辑变迁的关注太少，因此我们聚焦于如何研究这些过程。与前面讨论的组织内部过程模型类似，图6.2提供了一个过程模型来详细说明实践和集体身份的变异如何能够触发在制度场域层级改变制度逻辑的力量。如果制度场域中的制度逻辑与核心实践和集体身份是稳定的，那么模糊性将会降低，以至于几乎没有机会来显著地改变制度场域的结构。然而，即使没有挑战者有意识地动员，新的集体身份的涌现（Wry、Lounsbury和Glynn，2011）、各组织在执行实践中的差异（Ansari、Fiss和Zajac，2010；Lounsbury，2001），或者这些实践的表现形式的不同（Orlikowski，2000；Feldman，2003）也将催化实践和身份的变异，所以模糊性也会涌现。当社会行动者利用新的制度逻辑时，这种变异可能会被引入，但这并非必需的情况。

正如在单个组织中那样，制度场域中的行动者也必须了解一系列集体身份和实践，并评估是否存在需要解决的异常变异。如果判断存在问题，那么更广泛的场域层级的政治和决策机会一般会通过行业的指挥部门（如贸易协会与监管机构）继而产生。例如，随着20世纪50年代和60年代美国共同基金业的成长型股票基金的激增，在信托逻辑的指导下长期提供保守管理的股票基金的现存公司将它们视为问题，随后便是整个场域的政治斗

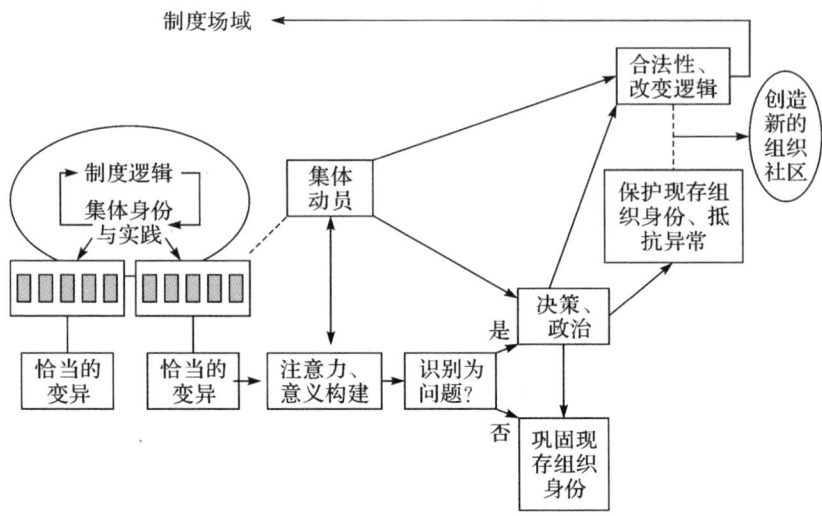

图6.2 组织之间的实践与身份的内生动态,改编自Lounsbury和Crumley（2007）

争,最终导致产品类别和行业性质的重新定义,从而既容纳旧的、保守的基金,又容纳以专业-市场逻辑为指导的、更具侵略性的新兴基金（见Lounsbury和Rao,2004）。这个例子说明,异常的实践被识别为问题并给群体提供了集体动员和挑战现存者的机会,实际上,集体动员在逻辑上可以在识别出有问题的变异之前发生,因为群体可以先动员起来造成实践的变异。

Durand和Szostak-Tapon（2010）进行了一项关于法国工业设计机构的有趣研究,展示了在场域内最具声望的公司可能成为创造和维护另类逻辑、身份和实践的先锋。他们认为,另类更有可能存在于不稳定的场域中,声望高的组织采用制度化的另类方式来维护他们的独特性和吸引力。尽管很多关于制度逻辑的文献强调了逻辑的限制性作用,但是他们的研究指出,我们需要更好地理解不同种类的组织在什么情况下能够在不同逻辑之间移动或者通过拼装（bricolage）的方法将逻辑当作文化工具包来使用（Binder，2007；Swidler，1986）。通过关注在什么情况下组织会经历并运用不同的逻辑，我们将获得更深刻的洞见来理解实践差异的根源与逻辑和实践的动力。DiMaggio（1991）还关注了场域层级的谈判，他研究了相互竞争的两个美术馆模型（Gilman和Data）的创立如何为重新定义美术馆场域提供了权力斗争的基础。这些广泛的文化模型与社区逻辑（Gilman模型）或专业逻辑（Data模型）相联系，进而造成了两方之间的斗争，一方是上层精英阶层和他们的社交圈（收藏家与美术馆馆长），而另一方是扩张的高等艺术教育带来的博物馆专业人士构成的新阶层。

简言之，逻辑的转变往往需要新的集体身份和实践或现存集体身份和实践的变化，其有赖于动员象征和物质资源以获得合法性（Wry、Lounsbury和Glynn，2011）。未来的研究机会在于分析制度逻辑、集体身份和实践的涌现及变化的各种维度和途径。要做到这一点，我们必须将集体身份和实践定义为在根本上与制度逻辑相关，但又具有一定的独立性，即与制度逻辑松散耦合（Hallett和Ventresca；Weick，1976）。这带来了一些问题，由于不同行动者群体通过其建立的实践来管理和遵守不同的逻辑或混合逻辑，远看时这些行动者似乎相似，而近距离观察时，他们之间或许存在着细微的差别。这种差别可能源自文化的质性差异，或者更多地源自等级地位的差别。此外，对于制度场域的集体身份和实践动态的关注开辟了新的前沿，以研究新逻辑的来源和逻辑多元化的兴衰。

如前所述，有关恰当的实践的谈判往往涉及竞争性集体身份间的政治斗争，并会产生多种可能的结果：其一，现状可能被加强了；其二，制度逻辑可能被重构或者改变，从而纳入实践和集体身份的异常变异；其三，围绕着异常实践的群体动员可能会分裂，从而基于新的集体身份创造新的制度场域。这些结果通常取决于复杂的多方决策过程，以及有关如何进行结盟的组织层级的决策。

现状能否得到加强或新制度场域能否产生可能与现存者能否围绕制度逻辑动员并抵制挑战者有很大的关系。例如，Townley（1997）强调了专业逻辑的可获取性如何使学者得以抵制与官僚逻辑相关的绩效评估实践并取得不同程度的成功。通过关注逻辑在抑制同构中的作用，Townley提出了一种研究能动性的方法，其突出了广泛的文化结构（以制度逻辑的形式），既为抵抗带来了资源，又为抵抗带来了条件。Marquis和Lounsbury（2007）延伸了这种研究抵抗的方法，展示了社区逻辑如何帮助银行专业人士抵制施加于他们的公司逻辑，他们的抵制方式是退出被大型全国性集团公司视为收购目标的银行，并创建规模较小的社区银行。虽然制度理论因其无法明确解决权力问题而一再受到批评（例如，DiMaggio，1991；Hirsch和Lounsbury，1997），但制度逻辑视角提供了一个机会，即通过关注行动者如何能够抵抗制度控制和统治来填补这一空白（T. B. Lawrence，2008）。正如制度逻辑视角所强调的那样，这不仅是战略选择的问题（Oliver，1991），更是对多重逻辑如何限制并促进行动者抵抗和塑造场域中持续的政治斗争的理解（Rojas，2010）。我们需要进一步研究在什么条件下行动者得以抵制入侵的新逻辑和实践，以及其如何反向动员。

我们还需深入思考如何能够更好地研究制度逻辑与身份和实践的动态关系。当然，考虑到理解制度逻辑的核心是获取有关如何制造意义的洞见，定性研究方法的运用至关重要。但我们也要考虑运用具有创新性的定量方法来进行研究。在过去的20年中，"新结构主义"的发展产生了新的测量意义的方法，包括多维尺度分析、聚类分析、网络分析与相应分析（Lounsbury和Ventresca，2003；Mohr，1998）。受到社会学家Bourdieu等的启发，新结构主义的相关分析方法已经被运用于有关组织、社会分层、文化和政治的研究，并催生了各种各样的新洞见（例如，Breiger，1995；

Mohr，2000）。

这些新方法已经开始推动我们关于制度逻辑的新的理解。例如，在R. E. Meyer和Höllerer（2010）关于股东价值如何被框架化的、富有洞察力的研究中，他们运用了内容分析、多元统计和相应分析等多种方法，展示了不同的框架如何与制度场域中不同位置的社会行动者相互呼应。Mohr和Guerra-Pearson（2010）着眼于组织形式如何在制度逻辑空间中分布，并展示了不同的细分市场和逻辑如何与科学慈善组织和安置房相联系，这两种为穷人发放社会救济的方式体现了不同的集体身份和实践。在一项相关的研究中，Mohr和Neely（2009）运用社会网络方法［具体而言是结构均衡技术（见Lorraine和White，1971；Mohr，1994；White、Boorman和Breiger，1976）］建立了话语结构模型，用来展现一系列实践如何与权力关系和制度逻辑相关联，从而在20、21世纪之交的纽约市划分出一个包含收容所、监狱、孤儿院和其他监禁机构的组织场域。与我们研究制度逻辑的方法一致，Mohr和White（2008：485）深入阐释了对网络分析方法更广泛的使用可以展现实践、身份和制度逻辑的多维度和嵌套性的特点，对于他们来说，制度是"连接的机制，能够将三种不同的社会划分联系在一起，它们能够连接社会互动的微观系统与中观（与宏观）层级的组织，连接象征层面与物质层面，并连接能动性与结构"。

最后，我们相信最具洞察力的研究将运用多种方法。即使一个研究者的兴趣是个体或特定组织内部的互动，制度逻辑视角也必将研究者的关注点引向更广阔的社会影响，以及在同一个制度场域内的相关组织。我们相信，关于组织内部动态的充分研究还能让人理解产生于一个制度场域中的其他组织的各种制度逻辑、压力和线索，并对其他社会行动者，例如监管者、贸易协会、媒体和评论人等，进行归类。因此，定性与定量相结合的研究方法是恰当的，并有助于系统地理解层级间的嵌套性以及制度逻辑与

147 组织身份和实践的相互关系。

结论

在本章中,我们在第四章的微观基础之上建立了新的模型,从而指导关于不同类型的社会互动(例如,决策、意义构建和集体动员)如何在制度逻辑与组织内和组织间的身份和实践的动态关系之间起到中介作用的研究。为此,我们的目标便是将制度逻辑视角与有关社会身份 [例如,Albert和Whetten,1985;Ashforth和Mael,1989;见Glynn(2008)的综述] 和实践的研究(Feldman,2003;Jarzabkowski,2004,2005;Orlikowski,2000;Schatzki、Knorr-Cetina和von Savigny,2001)联系起来。尽管现在已经有相当数量的研究探索制度逻辑在制度场域中的影响,但有关制度逻辑在组织内部的作用的研究还很少(另见Greenwood等,2011;Pache和Santos,2011)。我们的方法强调了概念化和研究推动变化的内生驱动力的必要,这种驱动力导致了现存的组织身份和实践成为问题。我们相信,若要充分地解释组织实践和身份的变化,研究者必须辨识出多种机制及其彼此之间的联系,因为我们对于不同形式的社会互动如何在时间和空间上结合起来从而产生我们关心的结果仍然不甚理解。

此外,尽管我们关注三类不同的机制,但这些机制并不一定是互斥的,未来的研究应当识别其他的机制。进一步来说,最好把决策、意义构建和集体动员理解为普遍的机制类别。每个类别都由各种不同的机制所构成。例如,尽管意义构建聚焦于理解和解决模糊性,但其实现的方式可能在不同的组织背景下差异极大,且有赖于对语言、修辞和其他象征资源的不同运用。因此,当制度逻辑的研究不断发展,我们将有机会加强我们的微观视野来辨识出更精细的机制和过程,进一步解释组织和集体身份的变化、组织内和组织间的实践的变化，以及制度逻辑本身的变化。因此，本章提供的模型意在为探索这个研究方向抛砖引玉。

第七章 场域层级逻辑的涌现与演化

引言

本章将考察制度场域层级的制度逻辑的文化涌现（cultural emergence）和演化。Friedland和Alford（1991）在其最初的表述中将制度逻辑作为社会层级秩序的特征，每种秩序都有其独特的制度逻辑。这些在第三章中已有进一步的阐述。Thornton和Ocasio（1999）在行业层级上发展了制度逻辑的概念。Thornton（2004）将行业或场域层级的制度逻辑与多重制度系统的逻辑联系了起来。Thornton和Ocasio（2008）认为，尽管制度逻辑能与整个多重制度系统的逻辑联系在一起，但制度逻辑更普遍地存在于多个层级。但是，跨层级效应如何运作的机制尚未被明确阐述。在此，我们假设场域层级的逻辑都嵌入到社会层级的逻辑当中，并受制于场域层级的过程，而后者催生了社会逻辑的不同形式的实例化（instantiation）、变异（variation）和组合（combination）。而且，场域层级的过程是由微观和中观的过程（见第四章的分析）与实践的发展（见第六章的详细阐述）所塑造的。

在制度场域中，当参与者在组织内部和组织之间从事相互关联的、理所当然的实践时，会考虑到彼此（参见McAdam和Scott，2005）。在制度场域层级上，至少有一种制度逻辑，更典型的情况则是有多种制度逻辑共同发展。场域层级的逻辑是由多重制度系统的逻辑所塑造的，但不等同于后者。例如，Thornton和Ocasio（1999）以及Thornton（2004）对高等教育产业中的制度逻辑的分析，讨论了从编辑逻辑到市场逻辑的历史转变。编辑逻辑是专业逻辑的一个变体①，正如第四章中所讨论的那样。高等教育出版业里的市场逻辑本身是社会层级逻辑的一个实例化，由于该场域的特定历史、文化与物质条件而形成该场域中特殊的实践。

正如上一章所言，新实践的创造和现有实践的变异对制度逻辑的涌现与变迁至关重要。体现在物质实践中的制度逻辑也是指导制度实践的产生与繁衍的象征性构建。与J. W. Meyer和Rowan（1977）关于实践与制度去耦的说法不同，制度逻辑通过语言结合实践和象征（参见Searle，1995；Friedland，2009b）。尽管语言或话语与制度之间的联系已经得到理论和实证研究的关注（Phillips、Lawrence和Hardy，2004；Maguire和Hardy，2009），但是有关语言如何相互影响，构成实践和象征的机制尚未被明确阐述。我们对场域层级制度逻辑的分析提供了一项有关实践与象征如何通过在场域层级上涌现的实践语汇而相互联系起来的理论（Loewenstein和Ocasio，2003）。

在本章的第一部分中，我们将讨论当场域层级的逻辑涌现之时，符号表征和物质实践之间的相互作用。我们强调三种符号表征形式：理论、框架与叙事。我们通过研究这些符号表征、实践、资源环境与制度逻辑之间的相互关系来阐述我们的理论发展。我们通过检验逻辑如何通过实践语汇的涌现得以在文化上构成，进一步阐述了我们的理论：理论、框架、叙事和实践可以结合成一种共同语言，用于围绕实践的类别进行意义构建、决

---

① 出版业是一个准专业，因其只具备有限的行业准入规章与认证（Coser、Kadushin和Powell，1982）而与专业逻辑的理想型不同。因此，出版业的编辑逻辑可以被认为是社会层级专业逻辑的一个变体。变体是一种比实例化更为极端的变化形式。

策和动员。

第二部分探讨了制度逻辑的动态和演化。我们探讨了实践的改变、符号表征的改变，以及它们在关于制度逻辑如何发展和变化上的矛盾。我们制定了制度逻辑变迁的类型学，从而解释了这些变化如何受到外部选择过程，以及内部惯性和适应过程的影响。

总之，我们将理论发展与讨论二者结合起来，从而既能重新审视过去的理论和研究，又能为未来的发展提供指导。其中的第一要务在于，需要明确社会层级和场域层级之间的制度逻辑研究的分析层级。同样重要的第二点在于，需要把符号表征、理论、框架与叙事跟制度逻辑区分开来。[①]

文化涌现的模型

正如第一章和第二章所讨论的，新制度理论的一个显著特征即强调文化作为制度的关键维度（J. W. Meyer和Rowan, 1977; Zucker, 1977; DiMaggio和Powell, 1991）。制度逻辑视角建立在制度分析的"文化转向"的基础上，其探索社会中的文化，并把文化当作制度生活的不同领域的体现，而不是把文化当作一种霸权。对Friedland和Alford（1991）而言，正如对我们而言，制度逻辑既是象征性的，又是物质性的。这反映了一种关于制度的文化二元性的观点：文化既是意义系统又是实践系统（Sewell, 1999）。在这部分，我们通过运用制度和文化分析中的"语言学转向"来扩展这种制度逻辑的二元视角：语言，体现在理论、框架和叙事中，并嵌入到实践的语汇中，为制度逻辑的构建和意义与实践的汇聚提供了关键。

[①] 需要注意，符号表征、实践和实践语汇都是制度逻辑的类别元素，类似于第三章中Y轴中描述的元素。

图7.1阐明了我们关于场域层级制度逻辑的文化涌现的模型。该模型的关键组成部分包括社会逻辑和外部逻辑,资源环境,理论、框架和叙事,实践,实践语汇,以及场域层级的制度逻辑。这些组件通过各种过程连接在一起,正如模型中的箭头所示。模型的复杂性及其所涉及的概念的多样性反映了(1)制度逻辑的象征和物质成分之间相互作用的复杂性,以及(2)在这个文化构建过程中将个体、团体、组织、制度场域与多重制度系统联系起来的跨层级结构和过程。

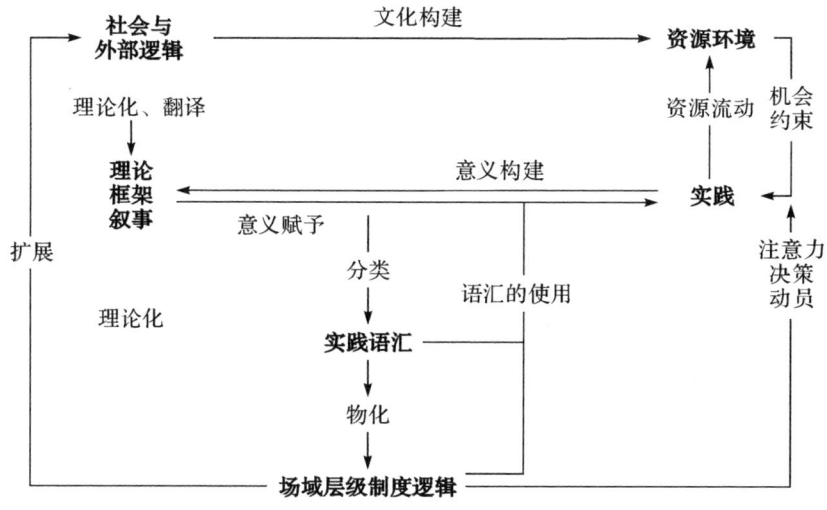

图7.1 场域层级制度逻辑的文化涌现

社会逻辑与外部逻辑

第二章分析了多重制度系统中的社会逻辑,而外部逻辑被定义为在其他制度场域中发展起来的制度逻辑,两者都是场域层级制度逻辑的可获取的构成要素。社会逻辑塑造制度场域的例子包括Haveman和Rao(1997)关于早期储蓄行业中的进步主义之兴起的研究,以及Gumport(2000)对美国市场逻辑的兴起如何塑造公立大学和学院的分析。有关外部逻辑的一个例子是美国公司治理场域的股东价值逻辑（G. F. Davis和Thompson，1994；Zajac和Westphal，2004）如何进入奥地利（R. E. Meyer和Höllerer，2010）、德国（Fiss和Zajac，2004）和英国（Lok，2010）等国的公司治理场域。①

Lounsbury（2007）对共同基金业中的竞争逻辑的分析进一步证明了社会逻辑在场域层级逻辑的发展中的作用。在20世纪初，共同基金管理主要是按照波士顿的信托逻辑进行的一种特殊的、基于技艺的职业，共同基金在当时的主要目标是财富保值，并以效率为中心。在20世纪50年代，在纽约涌现了一种替代性的基于业绩的逻辑，着重于最大化增长和市场业绩。虽然这一转变与其他制度场域中从专业逻辑到市场逻辑的转向同步，但Lounsbury分析的一个中心点在于：一种逻辑并未完全取代另一种逻辑。信托逻辑与基于绩效的市场逻辑持续地相互竞争。

请注意，社会层级的逻辑既直接地对场域产生影响，又间接地通过影响其他场域的逻辑来产生影响。例如，市场逻辑在高等教育出版业中的涌现和盛行虽然晚于共同基金业，但其形成既受到了社会层级的、在美国经济和社会中越来越普遍的市场逻辑的影响，又受到公司治理场域的、在行业中弥散的市场逻辑的塑造（Thornton和Ocasio，1999；Thornton，2004）。社会逻辑还可以发挥跨国的影响（Djelic和Sahlin-Andersson，2006；Thornton和Ocasio，2008）。

---

① 注意，外部逻辑是社会层级逻辑的实例、变体或混合体。例如，股东价值逻辑是市场逻辑的变体，其优先考虑金融市场和企业决策中的公司控制市场。在这里，我们把外部逻辑与社会逻辑区分开来，这表明不仅社会逻辑对场域层级逻辑具有直接影响，而且一个制度场域的逻辑（在这个例子中即一个国家的股东逻辑）对其他国家的制度场域也具有直接影响。

符号表征：理论、框架与叙事

然而，社会层级的制度逻辑并不能直接地整个转置到制度场域。在认知层面，社会逻辑为构建意义和行动提供了可获取的且可利用的类别和基模（见第四章）。在社会层级，这些类别和基模被翻译并运用到制度场域中的各种抽象层面上：理论（theories）、框架（frames）和叙事（narratives）。我们在下面讨论这三种形式的象征构建如何在场域层级逻辑的涌现中起到不同的作用。如下所述，理论增强了制度逻辑的一致性，并促进了制度实践的快速采纳。框架有助于认同和动员，从而促进能动性和制度的变迁。通过将理论和框架与具体的实践联系起来，叙事生产出了制度逻辑的象征与物质要素之间的特定联系。通过区分各种符号表征，我们的理论细化不同于在理论（或理论化）的普遍标准下援用不同概念而形成的早期替代方法（参见Greenwood、Suddaby和Hinings，2002；Rao、Monin和Durand，2003）。正如我们在下面所讨论的，理论、框架和叙事在内容和抽象层次上都有所不同，并且对场域层级逻辑的涌现和演化具有不同的功能与结果。

理论是符号表征的最抽象和最系统的形式，并且包含了它们自身的内在连贯性。理论提供了关于制度结构和实践为何运作，以及如何运作的普遍指导原则和解释。例如，Gumport（2000）展示了新古典经济学理论如何塑造了公立高等教育场域的制度逻辑。她研究了20世纪最后四分之一个世纪的公共高等教育制度（其曾经被认为是一项社会制度）如何日渐被人们当成一个行业。市场逻辑经过翻译进入了公立学院和大学的场域，在那里，Gumport笔下的曾经的"制度"在如今被视为在学术市场上提供商品和服务的准公司组织。进而言之，微观经济理论为制度场域的变化提供了一项基本原理：

教学和研究以各种方式被供给和定价，从而迎合供需法则。学生、家长、州议会、雇主和研究资助者被视为客户。特定的客户有着不同的口味与偏好……组织管理者的指导原则是了解其负债和资产，预测成本和收益，提高效率和灵活性，并增加客户的满意度，这在当下的品质运动（quality movement）中得以体现。（Gumport，2000：71-72）

但是理论应该与制度逻辑区分开来（Nigam和Ocasio，2010）。理论不需要反映实际的组织实践，反而可能成为动员制度变迁的政治手段。理论与实践之间的区别是至关重要的，但有一些美中不足的研究将两者混为一谈（参见Lok，2010）。理论与组织实践的耦合程度不同。例如，新浪潮料理理论与实践紧密结合，因为厨师本身直接参与阐明原则或理论（Rao、Monin和Durand，2003）。在英国的公司治理领域，由政府正式机构发展的开明股东理论却与实践松散耦合，因为实践者抵制了该理论的多项组成部分，而只是部分地采纳了这一理论。更有甚者，理论仅仅被提出，却从未被采纳到实践中。Nigam和Ocasio（2010）在对医疗行业制度逻辑变化的研究中分析了各种相互竞争却从未在实践中被实现的外显理论（explicit theories）。其中包括由美国医院协会支持的护理社区模式（community of care model）和由斯坦福大学经济学家Alain Enthoven开发的管理式竞争理论（managed competition theory），后者被部分地纳入了克林顿失败的医疗改革尝试。这些外显理论在实践中都没有被采用，因此并不能被视为场域层级的制度逻辑。①

然而，随着理论的广泛播散，它们可能会自我实现，从而增加与理论相一致的实践（Ferraro、Pfeffer和Sutton，2005）。经济学理论，包括新古典经济学、交易成本理论和博弈论，虽然是作为经济行为的描述性理论而发展起来的，但成为商学院教授的规范性理论，从而建立了规范、塑造了制度设计，并创造了专门的语言，即一种有关实践的语汇，用以指导已经建立的公司战略和实践。总而言之，经济学理论的阐明、发展和播散极大地促进了各种制度场域中对市场逻辑的采用，无论是公立学院、大学（Gumport，2000）和共同基金（Lounsbury，2007），还是金融市场（Zajac和Westphal，2004；G.F. Davis，2009）和商学院（Khurana，2007）等。

框架则是另一种形式的象征性构建，比外显的理论更加具体和系统化。特定的框架可以从制度逻辑中导出并翻译，而不需要整体采用该逻辑的所有组件或维度。根据Goffman（1974）的观点，框架是"解读的基模"，允许个体在他们的生活空间及整个世界中"定位、感知、识别和标记"事件。框架与基模密切相关，但基模是认知性的，可能是默认的抑或是明确知晓的，而框架则通过象征性的相互作用和谈判明确表达（Benford和Snow，2000）。②

---

① 值得注意的是，我们的论点不同于J.W. Meyer和Rowan（1977）的去耦理论。在J.W. Meyer和Rowan的理论中，正式结构被采纳，并且与实践去耦。在Westphal和Zajac（1994）关于去耦的实证分析中，董事会对高管薪酬的实际执行并不总是遵循其正式采纳的长期激励计划。在这里，我们所指的理论既不是正式的结构，也不是运作中的实践。从制度逻辑的角度来看，由J.W. Meyer和Rowan理论化，并由Westphal和Zajac进行实证分析的去耦并不是关于理论与逻辑之间或理论与实践之间的去耦，而是关于同一个组织内不同逻辑的共存。在Westphal和Zajac（1994）关于去耦的研究中，这决定了在公司治理（即董事会）中采用了股东价值逻辑（市场逻辑），而在高管薪酬这个人力资源问题上采用了管理（公司）逻辑。

② 注意，框架概念的心理学使用（例如Tversky和Kahneman，1986）与社会学使用不同。在本书中，我们采用框架的社会学概念，但同时保留了基模的心理学概念。

社会运动理论者将框架作为动员变革［其涉及诊断（问题识别与归因）、预后和动机］的文化资源（Snow和Benford，1988）。从社会运动的角度来看，框架具有内在的政治性和修辞性（Lounsbury、Ventresca和Hirsch，2003），并且能产生文化共鸣，这对于团体认同和动员至关重要。

C. Jones和Livne-Tarandach（2008）研究了建筑师针对不同的受众所使用的替代性修辞框架。通过对建筑师使用的语汇进行内容分析，他们发现了三组关键词，分别捕捉了市场、专业和国家的制度逻辑。在部署与三种逻辑相关的修辞框架时，建筑设计公司并不总是依赖单一的制度逻辑，而是结合不同逻辑的框架，从而使得建筑师能够吸引不同的受众。

Suddaby和Greenwood（2005）对修辞战略的分析隐含地援用了我们的框架概念，用以解释相互竞争的各方势力在将制度变迁（去）合法化的过程中所扮演的角色。正如C. Jones和Livne-Tarandach（2008）的分析，两组行动者由于各自支持专业主义逻辑的竞争性变体，从而在牵扯多学科合作关系的斗争中采用了不同的框架和语汇。

R. E. Meyer和Höllerer（2010）探讨了盎格鲁－撒克逊社会和奥地利社会中普遍存在的竞争性制度逻辑如何引致不同的框架，并使得股东价值的采纳过程富有特色。其中包括与市场逻辑相关联的"让市场运作"、与公司逻辑相联系的"计算公司价值"，以及反映了基督教宗教逻辑对奥地利企业的强大影响的"老派奥地利创业精神"。多种框架反映了独特且混合的制度逻辑，为的便是抢占话语权来解释股东价值在奥地利的含义。

叙事为特定的行动者、事件和实践赋予意义，而框架则是普遍的象征性构建，适用于各种实践与社会行动者。叙事是将事件和人类行动组织成一个整体的故事或报告，其根据个体行动和事件对故事的影响来赋予其重要性（Polkinghorne，1988）。叙事虽然受到理论和框架的影响，但确实是一种更具体的象征性构建形式，它反映了特定的组织实践及其发展和结果。行动者利用叙事而不是更普遍的理论和框架来"为具体的物理或社会现象赋予意义"（Hajer，1995：56）。叙事有助于理解事件、创造合法性和构建身份（Lounsbury和Glynn，2001；T. B. Lawrence和Suddaby，2006；Zilber，2007）。

正如第四章所指出的那样，叙事作为认知、交流和谈判的结果，在社会互动的过程中涌现。叙事成为一种过程。而正是通过这个过程，个体认知被翻译成群体和集体的意义构建和行动（Abolafia，2010）。通过个体注意力焦点（见第四章）被激发的基模被翻译成群体层级或更高分析层级的集体框架，再被组合成社会层级的叙事或故事。尽管叙事在社会互动的层级上被实例化，但确实是在组织和制度场域的层级上通过社会行动者群体播散开来的。

尽管叙事通常不是制度逻辑理论和研究的焦点，但其在组织和制度变迁的研究中发挥了较大的作用（Somers，1994；Humphreys和Brown，2002）。例如，Zilber（2007）分析了围绕2000年互联网泡沫破裂的故事或叙事，她虽然没有明确地援用制度逻辑，但确实展现了关键事件的具体叙事如何为制度抵抗、繁衍和变迁提供了机会。在这个例子中，Zilber识别出两组发言人——专业服务供应商和风险投资人的叙事及其涌现过程，两者都试图理解互联网泡沫的产生。Zilber确认了三种替代性的叙事："团结就是力量""贪婪的风险投资家""无能的极客"。第一种叙事更为明确，也为所有人共享，至于后两种叙事则较为隐晦，而且只被两组发言人中的一组使用。多种叙事共同维护了在危机之下普遍存在的制度秩序，并隐晦地维持着以色列高科技产业中占主导地位的市场逻辑。

虽然叙事是通过实践和事件的意义构建而形成的，但其也是由主流理论和框架所塑造的。Rao、Monin和Durand（2003）对法国新浪潮料理的研究强调了用于创造认同和动员的外显理论和框架,包括"新浪潮料理"本身。但是他们的实证分析集中在正面的餐厅评价上,这是一种有关料理体验的、特殊的叙事。评价提供了对特定餐厅及其厨师的描述,而这是由特定逻辑的理论和框架所塑造的。叙事不仅援用了现有的框架,还阐明了示范性的实践,例如那些代表新浪潮料理的特定菜肴。如此一来,评价叙事正好可以将运动本身的理论和实践联系起来。

作为对具体的实践和事件的明确叙述,叙事提供了物质实践与象征性构建之间的关键联系。Nigam和Ocasio(2010)通过分析对克林顿医疗改革活动的回应,进一步说明了这种关系。改革增加了对环境特征的关注,并提高了与改革相一致的普遍实践(主要是管理式照护组织和实践)的显著性。凯撒医疗(Kaiser)与梅奥诊所(Mayo Clinic)等楷模在行业期刊中受到越来越多的关注。围绕医疗改革和模范实践的意义构建活动带来了新的叙事,用以刻画这片制度场域。在克林顿的医疗改革倡议之前,普遍的叙事即政治改革是必要的;随着克林顿改革的失败,新的叙事则集中在管理式照护作为一种控制成本的系统的能力上。新的叙事触发了额外的理论化,最终导致在医院行业涌现出一种新的逻辑——管理式照护逻辑;至此,管理式照护的含义从一种组织形式转变为一种在医院场域中普遍存在的、包含跨组织实践和意义的体系。因此,如图7.1所示,叙事的涌现经过了一个意义构建和意义赋予的递归过程,其中意义的构建由事件和实践塑造,而意义的赋予则由理论和框架塑造。

资源环境及其对制度逻辑的影响

如图7.1所示,资源环境通过它在生产物质实践的过程中提供的机会和约束来影响制度逻辑的构建。实践(见第六章的详细描述)嵌入到经济体系当中,包括融资、人力、客户需求、物质资本和供应,以及外部竞争和合作。资源环境还包括市场和其他形式的治理，例如政府、公司和非正式网络。①虽然实践不是我们分析的主题，但其还通过影响资源的消耗和生产在实质上塑造资源环境，例如，不断变化的医疗卫生实践对卫生保健部门中的产品和供应商的供需产生了重大影响（Scott等，2000）。

如图7.1所示，资源环境还受到社会层级的逻辑和外部逻辑的影响。例如，Zajac和Westphal（2004）表明，股票市场是许多制度场域的资源环境中的一项重要组成部分，它本身是由社会中普遍存在的公司和市场逻辑所塑造的。然而，尽管资源环境本身是由文化构建的，而且它本身就体现在实践中，其物质方面却不能被简化为文化。物质资源影响着实践的产生，而且具有独立于文化和制度的部分自治性。

Rao（1998）对非营利的消费者监督组织的出现进行了分析，其展现了资源环境如何为新制度逻辑的涌现提供了机会。耐用品消费的增加、消费者选择之复杂性的提高，以及政府规制和产品责任规则的缺乏，为制度创业者调动资源建立这些组织提供了条件。

结合了生态学和制度视角的研究指出，资源环境的宏观变化将导致制度场域的实践发生变化。Scott等（2000）分析了医疗卫生环境中新的规制体系如何遵循专业逻辑剥夺了高成本的独立从业者的权力，并为管理式照护组织和手术中心所体现的公司逻辑的涌现创造了机会。

Sine和David（2003）发现，1973年欧佩克石油禁运和电价上涨导致能源保护和可再生能源出现并成为美国电力行业的替代性做法，挑战了该场域已建立的制度逻辑。总而言之，他们发现以稀缺和危机为特征的资源环境更有可能导致已建立的制度逻辑发生变化。资源环境对制度逻辑的影响不仅受到物质力量的影响，还受到认知、文化与政治因素的影响。必

---

① 正如第三章所讨论的，资源环境的各种治理结构与不同的制度秩序和制度逻辑相关联。但是，在强调资源环境如何影响制度逻辑的时候，我们的目的是表明资源环境及其治理结构具有经济和社会结构效应（这有别于它们的制度效应）。

须注意资源环境如何塑造制度力量（Hoffman和Ocasio，2001；Nigam和Ocasio，2010）。注意力本身就是由作为一个场域的参与者的身份及其政治和社会动员所塑造的。文化创业者（Lounsbury和Glynn，2001）通过关于环境的叙事来塑造有关资源环境的解读。政府行动者的变化既通过强制性实践来施加物质性影响，又通过政党对资源环境的构建来施加象征性影响（van Gestel和Hillebrand，2011）。

总而言之，对资源环境变化的分析表明，制度场域逻辑的普遍性受到资源环境的物质和文化特征的影响。Haveman和Rao（1997）对共同基金业的早期研究应用了一项选择元理论（selection metatheory）来展示环境选择压力如何青睐那些更符合其制度环境的组织形式。通过聚焦于银行业中的收购所带来的新的市场机会，Marquis和Lounsbury（2007）研究了银行并购之后不断变化的资源环境如何导致越来越多的遵循社区逻辑而建立起来的银行。

实践语汇与场域层级逻辑的涌现

有关实践的语汇是在场域层级逻辑涌现时连接语义表征和实践的关键构成要素。语汇的概念最初由Mills（1939）在一篇题为"语言、逻辑与文化"的文章中提出。Mills认为，语汇提供了文化、类别与集体意义之间的明确联系：

> 社会构建并维护的语言体现了明确的劝诫和社会评价。通过获取一种语言的类别，我们获得了一个群体的结构化"方式"，以及这些"方式"的潜在价值……一种语汇不仅仅是一串单词，内在其中的是社会质地——制度和政治坐标。位于语汇背后的是一系列的集体行动。（Mills，1939：677）

J. W. Meyer和Rowan（1977）在其对新制度理论的开创性研究中认为有关结构的语汇为创造正式组织结构提供了制度类别。我们进一步扩展了Loewenstein和Ocasio（2003）以及Ocasio和Joseph（2005）的研究，将实践的语汇定义为社会集体用以理解和构建组织实践的标记类别（labeled categories）体系。例如，"股价""机构投资者""美国证券交易委员会""审计""问责制"是美国公司治理语汇的标记类别（Ocasio和Joseph, 2005），其为从业者提供了有关什么是恰当的、哪里需要关注的指导。实践的语汇不仅是修辞手段，尽管它可以用于这个目的（Suddaby和Greenwood, 2005）。实践语汇引导了注意力、决策和动员，并为社会团体成员提供了一种集体认同感。实践语汇对沟通和意义构建至关重要（Weick, 1995）。

对于场域层级实践的共同关注和沟通处于我们的场域层级制度逻辑模型的核心。参与者在交流和实践方面的能力基于他们的共同点（common ground），即他们认定彼此共享的一套知识、信仰和假设（Clark和Marshall, 1981; Clark, 1996）。共同点使得一位发言人或作者能够协调自己表达的含义和听众所理解的含义。由此，共同点基于一组由参与者共享的物质对象和实践（Bechky, 2003），以及用以述说和描写这些实践的共同语汇。由此，共同点对于协调和集体行动至关重要。

尽管可以通过直接观察实践来建立小型团体中的共同点，但是制度场域中的共同点的产生和传播却依赖于将具体的组织实践和特定的标记类别以及类别之间的关系联结起来的叙事（Loewenstein和Ocasio, 2003）。[①]之前的制度逻辑研究强调了逻辑和类别之间的联系，其通常强调制度逻辑如何产生了有关社会行动者（Mohr和Duquenne, 1997）、组织形式

---

① 一个标记类别是与特定的单词或短语相联系的类别：例如，"新浪潮料理"、"管理式照护"和"公司治理"是三种不同的实践语汇中的标记类别。

（Haveman和Rao，1997）、组织产品（Lounsbury和Rao，2004）和组织实践（Ocasio和Joseph，2005）的类别体系。在这里，我们强调反向的过程：由于叙事创建了将类别标记和场域层级的组织实践相联系的类别体系（参见Kennedy，2008；Navis和Glynn，2010），不同的制度逻辑才得以涌现。

新的类别体系和由此产生的制度逻辑不仅可能依赖于新的类别标记，还可能依赖于类别含义的变化。例如，Ruef（1999）探讨了在医疗卫生场域中向市场逻辑的转变如何伴随着新的类别标记和现有类别的含义变化。随着市场逻辑的兴起，与医院和健康维护组织（health maintenance organization）等组织形式相关的实践发生了变化，这些词语的含义也同时发生了变化。请注意，Ruef的研究分析正是基于相关组织形式的叙事变化以及这些变化如何反映了类别的新含义。

我们的理论模型表明，通过新的类别标记的涌现和类别含义的变化，开发新的实践语汇对于场域层级制度逻辑的涌现是必不可少的。但是，我们认为，实践语汇的生成可能不足以形成场域层级的逻辑。当文化创业者追随他们的兴趣参与制造能够带来实践语汇的叙事时，这些类别必须被物化，才能使制度逻辑超越理论或意识形态的层面。从业者（乃至外部受众）必须逐渐认识到，实践的类别和体系并非人类创造性和能动性的直接产物，而是事物的自然秩序的产物。P. L. Berger和Luckmann（1966）将这一过程称为物化（reification）："物化意味着人能够忘记自己是人世的创造者，更进一步来说，也能忘掉人作为制造者与他的产物之间的辩证关系。"（89）

请注意，物化应该被认为是一个变量。在制度场域中既没有达成文化共识也没有达成文化霸权，从而为争论和改变提供了机会。但正是通过物化（即便是部分的、不完整的物化），行动者才能嵌入到他们所参与的制度逻辑的文化当中。例如，公司治理逻辑涌现于20世纪80年代的美国公司董事会的制度场域中（G. F. Davis和Thompson，1994；Ocasio和Joseph，2005）。尽管先前大公司的董事们已经嵌入到管理逻辑当中，即董事对于公司管理者只具有有限的权力和控制，而管理层控制着董事会（Berle和Means，1932；Lorsch和MacIver，1989），但如今，董事应该治理公司的观念即使不被所有人相信，也已被大多数人视为理所当然。公司治理是20世纪70年代涌现的一种新的组织实践类别，并在20世纪80年代实现了物化（Ocasio和Joseph，2005）。这种新的制度逻辑的涌现伴随着语汇和框架的进一步变化，正如Hirsch（1986）所描述的那样。尽管公司治理逻辑因为安然事件再度改变，但在大多数从业者的意识里，并不觉得当下被我们称为公司治理的实践是人类的（一项较为晚近的）发明。

到目前为止，我们关于制度逻辑的涌现的讨论只涉及单个制度逻辑的涌现。然而研究表明，多个场域层级的制度逻辑可以共存（Heimer，1999；Reay和Hinings，2009；van Gestel和Hillebrand，2011）。大量的文献强调从制度逻辑的角度来看竞争性逻辑。我们的模型也适用于具有多重制度逻辑的场域，并指出场域内的不同逻辑跟不同的实践集合、符号表征，以及最终的实践语汇相互关联。很多有关竞争性逻辑的文献都反映了相互竞争的组织形式，每一种组织形式都有其基础理论、框架和实践语汇（Lounsbury，2007：Marquis和Lounsbury，2007）。在其他情况下，相互竞争的制度逻辑可能反映出同一种组织形式内的不同实践（Reay和Hinings，2009）。

例如，Dunn和Jones（2010）分析了医学教育场域中医疗护理和科学两种竞争性逻辑的语汇。医学教育基于各种不同的实践，其中一些以基础科学和医学为中心，另一些则基于医生、护士与患者之间的关系，还有一些基于医生与医院之间的关系。Dunn和Jones的分析表明，义化构建在医学教育的资源环境中的变化,即管理式照护逻辑在20世纪90年代中期的突然涌现和急速降落,对于医疗护理叙事(相较于科学叙事)的盛行至关重要。

场域层级逻辑的演化与变迁

虽然第三章强调了多重制度系统中的制度秩序的相对稳定性,但研究表明,制度场域层级的逻辑具有更大的活力(Dunn和Jones,2010;Nigam和Ocasio,2010)。不过,改变逻辑的过程并不遵循一致的模式,相反,它可以包含各种各样的变化形式(Murray,2010)。逻辑的变迁涉及叙事变化与实践变化的组合,并导致制度场域中新的语汇的产生。由此,理论、框架和叙事的变化便与实践的变化相互联系起来。

正如图7.1中关于制度逻辑的文化构建模型所表明的,制度逻辑的演化和变迁可能源自社会逻辑和外部逻辑的外生性变迁、资源环境的变化,以及制度场域中符号表征与物质实践之间的内部矛盾(参见Seo和Creed,2002)。符号表征和物质实践的宏观变化,无论是内部的还是外部的,都为制度创业者们提供了机会来感知和利用制度逻辑中的问题和矛盾,进而满足他们的利益(Fligstein,1997)。

场域外部的逻辑对于场域层级逻辑的变化至关重要。如图7.1所示,社会逻辑和外部逻辑通过影响理论、框架和叙事的构建,进而影响了场域层级逻辑的文化涌现。当可获取的制度逻辑在新的场域被激活,理论和框架并不会被完全传导过去,相反,它们会适应新的场域或环境。学者们已经明确了几种不同的适应(adaptation)过程,最特别的就是翻译(translation)过程(Djelic,1998;Boxenbaum,2006;Zilber,2006),即一个制度系统或场域的逻辑被翻译到另一个制度系统当中。在符号表征的层面上，翻译涉及战略性的重新框架化与本地神话和语汇的生成。其他学者提出了一些替代性的适应机制。例如，Creed、Scully和Austin（2002）强调身份构建而非翻译。R. E. Meyer和Höllerer（2010）质疑对翻译的关注，因为他们在奥地利围绕着股东价值发现了遗传下来的集体框架和经过局部编辑的集体框架的混合体，这使得我们无法区分输入（importation）、翻译和转型，需要更多的研究来澄清翻译和适应过程以及它们在场域层级逻辑的生成中的作用。

同样地，在其他制度场域中发展起来的制度逻辑并非被整体性输入，而是适应了（新的）制度场域。美国的股东价值逻辑促使英国政府发展了一个股东价值逻辑的调适版本，被称为开明的股东价值，其更为直接地反映了英国国民价值。从社会或外部逻辑中涌现出来的理论、框架和叙事本身并不是逻辑，除非它们能够在实践中得以体现。这种区分是至关重要的，因为许多被描述为制度场域中的竞争性逻辑的事物更应被理解为竞争性理论或竞争性框架。

资源环境与社会逻辑和外部逻辑对制度场域的影响往往是不连续的。单个或一系列的关键事件（见第三章）为构成制度逻辑的物质实践和符号表征提供了变革的机会。Sine和David（2003）的研究通过欧佩克禁运与石油危机的案例聚焦于事件如何引发变化。Hoffman（1999）确认了20年来的一系列事件如何促使美国化学工业中的环保主义逻辑的涌现。这些事件包括1962年出版的《寂静的春天》、1970年世界地球日的设立和美国环保署的成立、1981年里根总统任命Anne Burford担任环保署署长、1984年的博帕尔化学品泄漏事件，以及1989年的埃克森·瓦尔迪兹石油泄漏事件。请注意，并非所有事件都会引起物质环境中的直接变化。尤其是《寂静的春天》一书，其主要代表了关于环境的新理论和新框架的涌现，而并没有直接的物质影响。其他事件既有物质性，也有象征性的组成部分，例如

1970年的地球日以及Anne Burford的上任。在后一个事件中，监管背后的新市场理论伴随着监管实践的重大变化。

关于制度逻辑变迁的另一个视角侧重于推动变迁的内部矛盾（Seo和Creed，2002）。Rao和Giorgi（2006）研究了新浪潮料理场域的矛盾如何令颠覆者们，尤其是来自El Bulli餐厅的Ferran Adrià厨师，得以利用内在的模糊性来发展一种新的概念料理，并在此过程中拆解新浪潮料理。

在另一项研究中，Greenwood和Suddaby（2006）认为在加拿大会计师事务所的制度场域中的内部矛盾为战略创业以及新的实践和逻辑的涌现创造了机会。他们发现五大会计师事务所采用了一种新的组织形式——多学科实践（multidisciplinary practices）。我们将其描述为一个从专业逻辑到公司逻辑的转变。五大会计师事务所凭借其在领域内的结构性地位，享有优先获取国际客户的特权，而且比边缘的行动者们更能接触到各种不同的实践。在另一项相关研究中，Suddaby和Greenwood（2005）分析了伴随着多学科实践的采纳而变化的语汇和叙事，这种多学科实践的采纳还促进了主流制度逻辑的变化。Suddaby和Greenwood（2005）以及Greenwood和Suddaby（2006）的综合研究表明，资源环境的物质变化以及框架和叙事的象征变化是为制度逻辑变迁带来机会的文化和结构条件的两个截然不同但相互关联的维度。

强调外部事件或内部矛盾作为制度逻辑变迁的驱动因素的两种视角并不像第一眼看到的那样迥然不同。由于制度逻辑不会产生文化霸权，内部矛盾便总是存在于制度场域之中。问题是什么促使了特定的矛盾在制度场域中受到关注。对于场域参与者而言，促使矛盾变得显著的关键事件或许是必需的（Nigam和Ocasio，2010）。同时，只有社会行动者的身份受到威胁或者他们被追究外部责任时（Hoffman和Ocasio，2001），事件才可能得到场域参与者的公共关注。制度创业者们可能会利用矛盾，而事件则提供了通过利用这些矛盾来调动资源的机会。

我们迄今对变迁的讨论集中在影响变迁的外部和内部力量上。另一个方面是制度逻辑变迁的方向和程度。尽管早期对场域层级逻辑的研究强调了一种逻辑对另一种逻辑的替代（Thornton和Ocasio，1999；Rao、Monin和Durand，2003），但最近的研究强调了逻辑的混合、隔离和混合机制。然而，在检查场域层级逻辑变迁的研究证据时，我们发现了各种各样的制度逻辑变迁的过程。重大转型，无论是替代、混合还是隔离，更有可能是不合规则的。

为了描述这些变迁，我们开发了一种关于制度逻辑变迁的类型学（见表7.1）。我们确定了制度逻辑中的三种转型形式：替代（replacement）、混合（blending）和隔离（segregation）。另外，我们还确定了制度逻辑的四种发展变迁形式：同化（assimilation）、细化（elaboration）、扩展（expansion）和收缩（contraction）。在发展变迁中，大多数盛行的实践和符号表征依然存在，而其他实践和表征则发生了变化。在转型变迁中，可以观察到更激进的符号表征和实践的变化。

表7.1　场域层级制度逻辑变迁的类型学

变迁形式	定义	样本研究
转型变迁		
替代	一种制度逻辑取代另一种制度逻辑	Rao、Monin 和 Durand（2003）
混合	结合不同逻辑的维度	Glynn 和 Lounsbury（2005）
隔离	从同一起源分离出不同的逻辑	Purdy 和 Gray（2009）
发展变迁		
同化	合并外部的维度	Murray（2010）
细化	内生性的强化	Shipilov、Greve 和 Rowley（2010）
扩展	从一个场域转移到另一个场域	Nigam 和 Ocasio（2010）
收缩	缩小逻辑的范围	Reay 和 Hinings（2009）

在替代中，一种制度逻辑取代了制度场域中的另一种逻辑。Rao、Monin和Durand（2003）对法国美食学社会运动进行了分析，用实例展现了从经典料理到新浪潮料理的替代性逻辑变迁。尽管他们没有直接处理制度逻辑的变迁，而是聚焦于变迁的结果。新浪潮料理逻辑产生了新的实践、理论、框架和叙事，产生了与古典料理截然不同的实践语汇。Thornton和Ocasio（1999）以及Thornton（2004）则提供了一个从编辑逻辑到市场逻辑的制度逻辑替代的例子。

在混合中，制度逻辑的转型是通过组合不同逻辑的维度来达成的。Glynn和Lounsbury（2005）在研究评论家对1996年亚特兰大交响乐团音乐家罢工事件的反应时提出了一个逻辑混合的例子。他们发现评论家的叙事转向捕捉交响乐的逻辑变迁：罢工后的评论更符合市场逻辑，但又保持了对文化真实性（authenticity）的关注，后者符合音乐家的专业逻辑。在混合中，实践语汇被合并，来自不同语汇的标记被汇集到一种新的、独特的语汇当中。

当不同的场域层级逻辑从曾经共享的起源涌现之后，隔离便会发生。隔离会产生不同的实践、符号表征和实践语汇，从而形成不同的制度逻辑。[①]Purdy和Gray（2009）分析了竞争性制度逻辑如何在替代性争议解决方式（alternative dispute resolution）的场域中盛行的例子。替代性争议解决方式最早是作为一种解决司法问题的方案出现的。早期的州级组织遵循了官僚主义逻辑，这与司法部门和州政府的普遍逻辑相符。这是司法场域的外部逻辑如何被翻译进入争议解决方式的场域的一个例子。面对制度创业者和资源环境的局部变异，一种替代性的公共政策逻辑涌现了，其更符合从其他制度场域改编过来的解决争议的专业（即社会科学）方法。其

---

① 我们在第五章和第七章中对隔离的用法在分析层次上有所不同。第五章着重讨论社会层级的逻辑如何被隔离，从而塑造了创业思想。在本章中，我们则重点关注如何区分场域层级的制度逻辑。

他组织则遵循一种包罗万象的逻辑，即把官僚逻辑与公共政策逻辑结合起来。

同化与混合相似，都是一个逻辑的元素被混入另一个盛行的逻辑。但同化也与混合不同，因为初始逻辑的核心要素仍然占上风，新的实践和象征只是成了盛行逻辑的一部分。Murray（2010）关于专利如何威胁遗传学制度场域的研究证实了制度逻辑如何通过同化而改变。Murray研究了专利实践（其原本是商业或市场逻辑的一部分）如何被纳入到遗传学家的科学实践当中，进而强化了学术（专业）逻辑，而不是替代或转变了学术逻辑。专利的含义（用我们的术语，即叙事）是由学术逻辑所塑造的，并导致了混合实践（在我们的模型中，即实践语汇的变化）。学者们使用专利来保护科学共同体，进而发展一种统辖学术与工业关系的新秩序，而其特点是争议而非共存。Murray的分析是独特的，其既包含了对象征意义的分析，又包含了对物质实践的分析。虽然Murray坚决认为混合型实践不是混合逻辑的例子，但她没有考察科学逻辑与学术逻辑之间对于新的专利实践的潜在矛盾。在强调该场域中学术逻辑的强化时，Murray并不承认学术逻辑已经演化，例如，专利实践的类别被添加并同化到学术界的语汇当中。

即便在截然不同的框架下，Swan与她的同事们（2010）在其对遗传学的分析中依然得出了相似的结论。但与Murray（2010）不同的是，他们关注相互竞争的学术逻辑和商业逻辑（他们称为模型1与模型2）所带来的矛盾。他们描述了竞争性逻辑中的"混合"实践，而学术界内部的矛盾导致了学术逻辑的强化。学术界内部的这种混合形式就是我们称为"同化"的一个例子。

同化过程并不意味着被动接受来自其他制度逻辑的实践。相反，现有的逻辑提供了框架和叙事来指引对新逻辑的抵抗。Townley（1997）探讨了英国自由主义学术圈的制度逻辑如何提供了机制来抵抗绩效评估背后的公司逻辑。虽然其研究的所有大学都根据政府的要求采用了绩效评估，但这些评估所采取的具体形式却偏离了公司实践。大学明确表达了他们对于科研、教学至上，以及书院式治理的追求，这与公司模式截然不同。关于大学为什么与众不同的叙事，既促进了对公司逻辑的抵制，又促进了将绩效评估同化为学术逻辑的一部分。

Arjaliès（2010）对法国社会责任投资运动的研究提供了同化的另一个例子。这一运动导致金融制度的实践发生了变化，例如金融界提出了社会责任基金作为一种特定的基金小类。但是，这一制度变迁融入了金融投资场域中盛行的市场逻辑。在这种同化形式中，市场逻辑与社区逻辑的混合跟其他实践相互隔离，在那些实践中，市场逻辑占据完全的优势。

基于我们称为同化的多个例子，我们发现混合与同化之间的差异需要进一步的理论细化。例如，在Glynn和Lounsbury（2005）的分析中，我们不确定逻辑是否真正混合，换言之，我们是否更应该将此理解为市场实践被同化为艺术逻辑的一部分。请注意，对文化真实性的关注可以被理解为逻辑强化的一种形式，这与Murray（2010）和Swan等人（2010）的研究一致。

在细化中，制度逻辑的内部发展带来新的叙事和实践，其进一步强化了盛行的逻辑。在先前的制度理论研究中，Edelman（1992）发现了在1964年实施民权法时结构性细化的证据。通过分析在加拿大公司治理场域的董事会实践中采纳的第二波变革，Shipilov、Greve和Rowley（2010）提供了一个制度逻辑细化的例子。在第一波董事会改革期间，公司在董事会结构和构成上采纳了一系列变革，其重点集中在董事会的独立性以及首席执行官与董事长的职务分离。采纳第一波变革（其与盎格鲁—撒克逊股东价值逻辑一致）的组织也可能接纳第二波变革，即采用独立于连锁董事的首席执行官和董事会评估。这种内生性变化保留了董事会改革的基本叙事，但是当前的逻辑在独立性之外还纳入了新的评估实践类别，这些都成了公司治理场域的基本实践语汇和逻辑的一部分。

扩展和收缩是指制度逻辑范围的变化，比如一个制度场域的实践和叙事扩展到相关场域当中。Nigam和Ocasio（2010）分析了在医院场域中涌现的管理式照护逻辑，其表明制度逻辑可以从一个制度场域（医疗保险）扩展到另一个相关场域（医院）。尽管Nigam和Ocasio没有明确将此作为一个扩展的案例，但是他们的关键发现之一便是与一种独特的组织形式（即健康维护组织）相联系的管理式照护逻辑逐渐被认为是医院场域的总体组织原则。在这个扩展的例子中，"管理式照护"这个类别的含义扩展了，从一种组织形式变成了指导医院场域的主导原则。与这个管理式照护逻辑的时代相关联的是医院运营中的实践变化，以及医院、医生和保险公司与消费者关系中的实践变化；随着管理式照护逻辑占据了主导地位，医疗卫生费用的增长率下降了（Dranove，2000）。

请注意，管理式照护的扩展最终并没有延展现有逻辑的主导地位，也没有导致它的替代。医生和消费者拒绝继续细化管理式照护，并援用基于医生权威的竞争性逻辑来敦促立法的变革。关键性的管理式照护实践（例如限制医生的收费）被丢弃了，而医疗保险公司和消费者从健康维护组织转投优选医疗机构（preferred provider organizations）。管理式照护逻辑的这种收缩导致了医院场域中的一个新的逻辑分裂时期。正如Dunn和Jones（2010）所示，与管理式照护逻辑的收缩相联系的是医学教育语汇中"照护"一词的收缩。

结论

最初由Friedland和Alford（1991）在社会层级发展的制度逻辑视角越

来越多地被用于多层级的分析，尤其是在制度场域层级（Thornton和Ocasio，2008）。在本章中，我们发展了一项理论来解释场域层级的制度逻辑如何为宏观力量（即社会层级逻辑和资源环境），以及将符号表征和组织实践联系起来的场域层级过程所塑造。这种对符号和实践的双重关注，虽然处于制度逻辑视角的核心，却并不总是被现有的研究严格遵循，那些常常被误认为是制度逻辑的事物更应该被描述为理论或框架；如果一项理论不是在实践中构成的话，它就不是一个逻辑。类似地，实践必须用象征来表达。在这里，我们依靠实践的语汇作为关键的要素将符号表征与场域层级的实践联系起来。语汇是文化类别的系统，而赋予类别以意义的类别模范便是该场域中盛行的实践。当社会群体制造出共同的叙事来构建组织实践的意义时，语汇就涌现了。

符号表征的改变或场域层级实践的改变，不论是场域外部的还是内部的，都可能引起制度逻辑的变迁。先前理论所关注的是决定变化的因素究竟是关键事件还是内部矛盾，但在这里我们认为二者主要是相互补充而不是相互竞争的解释。过去的理论还提出了逻辑的替代、混合和隔离作为逻辑变迁的三种机制，但在这里我们增加了四种额外的机制：同化、细化、扩展与收缩。这种类型学虽然有利于刻画不同类型变化的特征，但并没有解释在什么时候一种变化比另一种更有可能发生。对此，我们需要未来的研究来揭晓。值得注意的是，大多数研究仅仅关注一个特定时期内的一个制度场域。为了更好地理解不同类型的制度变迁过程，我们需要更多地运用制度场域的比较分析，并且运用比至今为止大多数研究所使用的更长的历史时间框架。

在研究制度逻辑的涌现与变迁时，需要考虑的一个重要问题便是跨层级的过程如何运作。正如第五章所建议的那样，宏观、中观和微观机制都涉及制度逻辑的涌现和变迁。无论是在理论上，还是在研究中，一个复杂的因素便是场域的非同质性和多重逻辑的共存（Reay和Hinings，2009）。即使在一个主导逻辑被另一个逻辑替代的情况下，初始逻辑也可能继续存在，即使其主导地位已被削弱（Thornton和Ocasio，1999）。例如，美国医院最初是在19世纪初作为慈善机构发展起来的，其遵循着社区逻辑。随着19世纪后期的科学进步以及20世纪初医学教育的进一步标准化，医生自治的逻辑成为主导。但社区逻辑和慈善机构仍然是美国医院的一部分，即使它们不再是大多数实践或组织身份的核心。同样地，公司与市场逻辑在20世纪80年代和90年代的兴起导致了医生自治的主导地位被削弱。但专业逻辑并未被完全抛弃，而是继续在医生和医院的实践中占据主导地位（同时也吸收了市场与公司逻辑的一部分）。

因此，在表达场域层级的实践如何发生了变化，或实践的变化如何反映了类别、语汇和制度逻辑的变化时，我们必须十分谨慎。对制度逻辑的研究也应该更系统地指明其调查的逻辑处于哪个分析层级。在过去的研究中，这一点并不总是清楚，因此可能导致相当多的困惑。例如，我们在本章中已经注意到，理论与制度逻辑的混淆可能涉及这样的情况：社会层级逻辑或外部逻辑影响了制度场域中的理论，但该场域并没有采用相应的实践。

我们对场域层级制度逻辑的涌现和演化的分析至少部分地反映了制度能动性和权力所扮演的角色。如上所述，我们关注的焦点是宏观过程，抑或是实践语汇的涌现和物化。这并不意味着能动性和权力是不重要的。例如，符号表征和实践之间的关键事件和矛盾便是行使战略能动性和权力的机会（Hoffman，1999；Seo和Creed，2002）。理论化、框架化和构建叙事是同等重要的政治行为，在物质和文化资源的分配中有赢家，也有输家。然而，并非所有行动者都能获得同等的战略机遇（Greenwood和Suddaby，2006）。先前在替代性制度逻辑中获得的经验会增加这些逻辑的可获取性和可利用性，正如我们在第四章的动态建构主义模型和第五章的案例叙事中所表明的那样。权力斗争的结果也受到资源环境中宏观力量的影响。对框架的政治斗争受限于自下而上的、注意力和意义构建的认知过程（Nigam和Ocasio，2010；Ocasio，2011）。权力本身取决于制度逻辑（Thornton和Ocasio，1999），也取决于对盛行逻辑的挑战所带来的机会（Seo和Creed，2002）。

第八章 制度逻辑视角的启示

制度逻辑视角支撑着组织研究中一个稳健且迅速增长的知识项目。本书的主要目的之一便是阐明该视角的本质,并发展新的理论细化为这一研究项目(Lakatos,1978;Popper,1972)的持续发展奠定基础。本书的核心是建立综合性、多层级和跨层级的理论框架,从而指导未来的各种理论和实质问题的探究。我们强调,任何制度理论都必须:(1)解释说明社会结构和行动的部分自治性;(2)理解制度如何在多个分析层级上运作;(3)整合制度的象征性和物质性层面;(4)解释制度的历史权变性。在建立我们的框架时,我们提供了几项新颖的贡献:

在第二章中,我们阐述了制度逻辑和制度逻辑视角如何建立在新制度理论之上,却又与新制度理论具有根本性的区别(例如J. W. Meyer和Rowan,1977;DiMaggio和Powell,1983;Scott,1995,2001,2008a),换言之,制度逻辑不是新制度理论的延伸。这种区别主要源自新制度理论对结构和象征的两分,及其将西方世界置于首要地位。相比之下,若是缺了制度的物质表现和象征表现二者之一,制度逻辑视角就会变得无法理解了。而且,任何关于制度的元理论都应适用于任何社会。我们认为,制度逻辑视角为研究文化的异质性提供了一个系统的方法。它与帕森斯传统大相径庭,而后者嵌入到J. W. Meyer等人的世界社会制度主义以及DiMaggio和Powell(1983)的同构论的文化大一统视角之中。此外,与Scott

(1995, 2001, 2008a)的三大支柱论相比, 制度逻辑视角将行为的认知与文化维度以及行为的规制和规范维度结合了起来。

我们在第三章中建立了一个多层级的理论框架以确定在不同分析层级(例如个体、团体、组织、制度场域和社会)上产生制度效应的机制。首先, 我们在宏观层级详细描述了一个将社会看作多重制度系统的模型, 其通过创建一个新的X轴理想型——社区制度秩序, 而超越了Friedland和Alford(1991)以及Thornton(2004)的类型学。它扩展了先前确定的制度秩序的范围: 家庭、宗教、国家、市场、专业和公司。我们通过回顾过去的经典和最新的社区研究证实了社区是一个独特的制度秩序, 这些研究展现了各种各样的社区影响(从基于地理位置的社区到虚拟社区)如何提供了独特的身份来源、合法性以及其他Y轴上的类别元素。此外, 我们强调制度逻辑不应该与Y轴上的类别元素互相混淆, 这些元素组成了一个近似可分解的系统。换言之, 制度逻辑的元素, 例如实践和身份, 具有部分自治性, 这为能动性提供了机会来重新配置或重新组合元素, 从而改变现存的制度逻辑或创造新的逻辑。

在第四章中, 我们通过借鉴认知和社会心理学的研究, 建立了制度逻辑视角的微观基础。这涉及综合现有的理论概念和先前的理论中得出的机制, 进而发展原创的理论。我们的理论解释了, 为何行动者可能获取一系列的制度逻辑, 却只能利用或使用某些制度逻辑或其类别元素。微观理论的启示在于, 我们可以通过关注行动者的情境化本质以及制度逻辑在何种条件下会被利用和激活, 来增进我们对嵌入能动性的理解。

在第五章的案例叙事中, 我们展示了社会制度逻辑如何影响微观行为。这些叙事强调, 个体识别、考虑乃至战略性应用制度逻辑的能力取决于他们对于社会制度秩序的差异性的先前知识和经验的可获取性和可利用性。虽然案例叙事在个体和社会层级的分析中展示了文化创业者如何将制度秩序的类别元素混合或隔离（分别在X轴和Y轴上）从而制造创新，但是该理论适用于更广泛的范围。例如，在组织层级上有关企业吸收能力的研究中（W. M. Cohen和Levinthal, 1990），该理论既增加了对象征的关注，又提出了路径依赖问题的潜在解决方案。

我们在第六章中开发了有关制度逻辑如何塑造组织内和组织间的实践和身份动态的过程模型。在强调Y轴类别元素的部分自治性的宏观理论框架（见第三章）的基础上，我们聚焦于组织如何通过改变Y轴上的两大关键元素——实践和身份，使制度逻辑产生变化。我们采取更具问题意识的方法来研究制度秩序。我们认为组织内和组织间的实践变异是一个关键性的内生机制，其可以引发深刻的组织变迁。此外，通过充实在第四章中介绍的跨层级模型，我们展示了意义构建、集体动员和决策如何调节实践变异的潜在效应，并提供了最终导致组织实践和身份的实质性改变的关键机制。在发展我们的想法时，我们将制度逻辑视角与有关身份和实践的文献联系了起来，并突出了交叉学科的丰富机会。

我们在第七章中开发了一个新的理论模型，其通过整合有关实践的研究和制度逻辑中的构成式概念——理论、叙事和实践语汇，来理解场域层级制度逻辑的涌现。我们还发展了一个新的有关制度逻辑变迁的类型学，在替代、混合和隔离的概念之上，我们还鉴别了同化、细化、扩展和收缩，作为制度逻辑变迁的替代性模式。这一理论细化推进了有关新的制度秩序和逻辑的起源的理论。通过展开一个关注新的实践语汇如何涌现的理论模型，并提供有关社会层级和制度场域层级的逻辑变迁的机制类型学，我们为这一重要领域的未来研究拉开了幕布。

对其他学科与实质性研究领域的启示

虽然大多数关于制度逻辑的研究迄今都是由社会学和管理学领域的组织学者进行的，但是需要强调的是，这一视角对于更广泛的研究领域和跨学科学者也颇具意义。在整本书中，我们衔接了社会学和制度逻辑研究之外的各种文献，从而包含了不同学科的基础知识。例如，我们利用社会和认知心理学来发展制度逻辑视角的微观基础，理论化了人类认知与情境主义之间的关系如何受制于社会制度秩序的宏观差异。我们举例指出，宏观与微观的联系如何为衔接制度分析与其他社会科学学科提供了机会。具体来说，我们设想了交叉学科的可能性，即将制度逻辑视角与比较制度分析中的多学科研究（Morgan等，2010）以及政治学（例如Hall，1986；Hall和Soskice，2001；Thelen，2004）和经济学（例如Greif，2006；North，2010）中的相关发展结合起来。

我们进一步讨论了制度逻辑视角为历史比较制度分析、制度复杂性、社会运动、文化和制度创业、制度工作、组织身份、组织设计、战略、微观过程和分析方法带来的启示。这一讨论涉猎从较为宏观的到更为微观的研究领域，阐明了制度逻辑视角对于各种学术取向的普遍用途。

历史比较制度分析

通过将社会的制度秩序作为分析的起点，制度逻辑视角为理解人类行为提供了一个系统的宏观基础，并为理性选择理论提供了一个切实可行的替代性方案。这符合历史比较制度主义者的广泛研究，其将对人类行为的理解嵌入到宏观社会单位当中，正如关于资本主义文献的多样性所展示的那样（例如Whitley，2000，2007）。这一历史比较制度的项目旨在更全面地考虑制度系统的复杂性，包括"经济规则、行动者、组织或行为的语境嵌入"（Djelic，2010：16；另见Hollingsworth和Boyer，1997；Morgan 等，2010；Sorge和Maurice，2000；Streeck和Thelen，2005）。然而，这项工作主要着眼于治理结构、实践和其他制度安排的物质性方面，而淡化了象征的作用。

虽然一些比较制度主义者已经开始关注文化过程和意义系统［例如，Djelic（2010）的综述］，但其与制度逻辑视角的联系可以进一步推动这一理论的发展。通过同时强调象征和物质两个维度，并关注社会内部和社会之间的多重制度秩序和逻辑的文化异质性，制度逻辑视角为理解跨国流动和翻译中的诸多细微差异（例如Djelic，1998；Djelic和Quack，2010）以及理解渐进的、复杂的社会层级变迁（Mahoney和Thelen，2010）开辟了新的途径。总而言之，我们认为，制度逻辑视角与Djelic（2010）综述中的比较制度分析的理论方向之间存在巨大的互补性，其中包括援用行动者的"软"概念，从而避免踏入理性选择理论的陷阱（Djelic和Sahlin-Andersson，2006；Schneiberg和Clemens，2006）。

在跨国语境下的制度逻辑研究相对较少，这突显了与历史比较制度主义者以及比较研究学者合作的机会。例如，由于其多层级和跨层级的属性，有关中国中央政府在农村实行的民主选举的研究为制度逻辑分析提供了一个适宜的研究场所。该研究考察了基于家庭（农村逻辑）和国家（官僚主义逻辑）的制度逻辑动态，及其如何影响了角色、位置和组织的行为（Zhou和Ai，2010）。Walder、Luo和Wang（2011）虽然没有使用制度逻辑的研究框架，但其发现在钢铁、房地产、农业等不同产业部门间，国家与市场之间的征用过程形成了不同的结果（即新的社会结构、精英、社会冲突以及不平等的模式）。他们发现这取决于不同的产权配置，这种配置既定义了公司制度，又是产业部门的资产专用性和国家执法力度的产物。

关键的一点在于，变革并非简单地从国家制度秩序向下展开，它也是企业行动的结果（例如，其他新兴制度秩序的结果）。这项研究对制度逻辑视角具有开创性的意义，特别是因为公司制度秩序正在中国崛起，它在不同的部门以不同的速度和方式进行着制度化，其与国家的相互依存性也在不同部门中存在着显著的差异（另见Luo、Chung和Sobczak，2009；Zhang，2011）。类似的过程在很久以前就在西方世界发生了（Bendix，1956；Chandler，1962，1992；Dobbin，1994），因此回顾性地研究它们十分困难，更别提从人种志和实践的角度来进行研究了。正如第五章所讨论，中国目前的转型提供了一个自然的、实时的实验场所来研究多重制度系统的不同制度秩序的起源、相互依赖、稳定性和变迁。

制度复杂性

在追踪西班牙的组织裁员的精彩论述中，Greenwood等（2010）提出了"制度复杂性"这一术语，其指的是这样一种组织环境，其中的组织面临着来自多重制度逻辑的各种压力。Greenwood等（2011）进一步发展了这个概念，来关注场域的结构维度（碎片化、正式结构化/理性化、集中化）和组织属性（场域位置、结构、所有权/治理、身份）如何影响组织对制度复杂性的回应。组织对制度复杂性的回应是使用制度逻辑视角的未来研究中的一个令人兴奋的新话题。

如第六章所述，这一研究路径表明有必要进入组织内部，并理解企业内部的社会互动如何塑造对制度复杂性的理解，以及如何将对这种复杂性的战略性回应加以概念化并付诸实施。这自然地衔接了制度逻辑研究与有关实践、制度工作以及认知行为视角的战略研究（Smets、Morris和Greenwood，2011）。此外，我们还需要了解更多关于组织如何能够通过影响和解读法律政策来塑造其环境的制度复杂性（Barley，2007；Dobbin和Dowd，1997；Lounsbury和Hirsch，2011；Zald和Lounsbury，2010）。

组织如何通过努力重塑其环境中的逻辑来应对制度复杂性？援用法律和社会领域的研究有助于更深入地理解制度逻辑如何调解或塑造组织对法律的回应，及其如何协助构建法律的意义（Dobbin和Kelly，2007；Edelman、Abraham和Erlanger，1992）。

社会运动

多重逻辑的可获取性和可利用性如何为集体动员的发生创造了条件，这是一个尚待挖掘的将制度逻辑视角与社会运动研究整合的领域。例如，制度逻辑视角提供了有益的概念来研究如何将文化资源用于动员、框架化和实现制度变迁［见Schneiberg和Lounsbury（2008）的综述］。一些制度逻辑研究为理论整合提供了基础，因为它们利用社会运动来解释制度逻辑的转变，具体可以参见有关储蓄机构（Haveman和Rao，1997）、废物管理（Lounsbury，2005；Lounsbury、Ventresca和Hirsch，2003）和法国餐厅（Rao、Monin和Durand，2003）的文章。在这些研究中，当行动派将新的身份理论化，并解构旧的身份时，组织、社会和角色身份的转变分别呈现出类似社会运动的特质。

但是，我们对于行动派为何以及如何进行制度解构的理解仍然有限。为了更全面地理解变迁，我们需要理论整合来检验行动派及其场域和社会层级逻辑之间的跨层级效应。在这个十字路口，制度逻辑视角可以促进社会运动的研究，因为前者具有用于理论化和衡量社会层级效应的系统方式——多重制度系统。但是，若要实现整合，我们必须理解制度逻辑和多重制度系统与社会运动概念之间的关系。例如，"主体框架"（master frame）（Snow和Benford，1992）是一种与抗议周期相关的高阶象征装置，它跨越了多重制度秩序，并为开发更具针对性的行动主义（activism）框架提供了核心资源。随着民权运动而涌现的维权主体框架为此后的"权利"运动（例如同性恋权利、动物权利、堕胎权和胎儿权利）提供了普遍的文化资源。我们需要理论和实证研究来澄清这些视角之间的概念差异。

制度逻辑研究可以通过关注社会运动过程来推进，特别是关于组织和制度场域内的多重逻辑如何通过集体动员来促进实践变异（Ansari、Fiss和Zajac，2010；Fiss、Kennedy和Davis，2011；Lounsbury，2001）。一些社会运动研究（Schneiberg，1999；Schneiberg和Bartley，2001；Schneiberg和Soule，2005）为理论性整合提供了基础，因为它们在刻画场域时跨越了层级（例如在水平方向上包括各州，又在垂直方向上包括联邦、州与地方行动者）。理论上，这些跨层级的特征应该会增加集体动员的机会（参见J. L. Campbell和Lindberg，1990）。制度逻辑视角可以通过理论化和简化大量的实证研究来加强对这些社会运动的研究：大背景的故事是什么？我们能够通过积累和加以普遍化的发现来获得进步吗？

文化与制度创业

制度逻辑视角对文化与制度创业的文献有许多补充。文化创业聚焦于个体、团体或组织作为熟练的文化经营者（cultural operator）如何利用框架、类别、故事和叙事等机制促使创新获得理解与正当性。虽然"文化创业"一词最初由DiMaggio（1982）提出，但Lounsbury和Glynn（2001）的奠基之作激励了大量理论和实证研究来探索行动者重塑其环境并获取合法性的各种文化过程（例如Cornelissen、Haslam和Balmer，2007；Martens、Jennings和Jennings，2007；Navis和Glynn，2010；Pollock和Rindova，2003；Rindova、Pollock和Hayward，2006；Zott和Huy，2007）。

讽刺的是，DiMaggio（1988）还引入了制度创业这一概念，即行动者的利益是重要的，而且某些行动者更有能力通过创造新的制度或重新配置现有的制度来获取资源，而不仅是通过识别矛盾。制度创业的概念已被广泛运用于实证研究（例如，Garud、Jain和Kumaraswamy，2002；Greenwood和Suddaby，2006；Maguire、Hardy和Lawrence，2004）。但是，制度创业也因其对个人英雄主义的美化而受到广泛批评（相关综述请见Battilana、Leca和Boxenbaum，2009；Hardy和Maguire，2008）。此类研究尚未形成制度创业的理论，这阻碍了它突破描述性案例研究的阶段。因为缺乏理论，制度创业无法解答到底是个体、情境，还是二者之间的互动影响了制度变迁。

虽然文化与制度创业的概念在一定程度上重叠，但关于文化创业的研究更倾向于关注从个体到社会的多个分析层级上的象征性变化。关于制度创业的研究较少关注象征性变化，且主要关注社会层级和制度场域层级的分析。我们相信，两个概念及其相关研究都可以从制度逻辑视角中获益。

制度逻辑视角可以促进对制度创业的理解，尤其是关于这篇文献所广受批评的三个问题（Hardy和Maguire，2008）。首先，制度逻辑视角提供了一个系统的方法，来理论化并测试一个创业者的能动性如何嵌入文化和社会结构。其次，它指出了个体和组织如何受到激励而使用象征资源，从而制造创新并收获物质资源。最后，它通过知识的可获取性和可利用性明确了语境如何塑造制度创业者的行为，以及由此语境将如何塑造他们为积极寻求制度变迁创造机会的能力。我们需要未来的研究来具体分析制度创业者如何及在何种条件下能够利用并激活逻辑，从而创造新的逻辑实例或改变现有的逻辑。

将制度逻辑视角应用于文化创业的概念可以推动这项研究，超越其对于讲故事和叙事的专注。例如，它可以扩展理论的范围，包括行动者如何构建理论、框架、叙事和实践语汇，进而通过替代、混合、隔离、同化、细化、扩展和收缩的机制来创建新的逻辑或改变现有的逻辑（正如第五章与第七章所述）。此外，多重制度系统的概念可以为文化创业研究提供情境，例如故事应该采用什么样的框架来连接不同制度秩序下的不同话语（Munir和Phillips，2005；Phillips、Lawrence和Hardy，2004），吸引不同制度秩序下的不同受众（Kennedy和Fiss，2009；Fiss和Zajac，2004，2006），进而指导不同的利益相关者如何评估初创企业的合法性。这种交叉联系可以解决的问题包括：成功（或不成功）的创业者如何针对不同的受众来量身定制他们的叙事？随着时间的推移，这个过程会如何演化？如果要从头开始建立新的产品和市场语汇，这个过程会是怎么样的？如果要在过去的基础上建立语汇，这个过程又会有怎样的不同呢？

将制度逻辑视角同文化与制度创业概念相结合的另一个有趣应用便是为理解财富的创造和初创企业的建立（例如市场状况与融资）提供新的见解。创业研究常常专注于创新的来源，第五章的案例叙事说明了每位创业者如何通过识别和解决问题来构建创新的商业模式，并通过重新组合多重制度逻辑中现有的象征和实践（即Y轴上的类别元素）来获得支持。制度逻辑方法所增加的价值在于，其关注物质和象征条件如何促使个体和团体发现新的想法、主动考虑创业生涯，并合法化他们的初创企业。

值得注意的是，我们研究文化创业的方法与法国传统主义（conventionalist）研究正当理由的方法具有一定的相似性：合法性存在于各种价值秩序（包括市民、市场、灵感、声誉、工业和家庭）彼此之间的谈判中（Boltanski和Thévenot，2006；Stark，2009）。如前所述，尽管两种视角相似，但传统主义方法假设价值秩序是在同一社会空间中共存的，导致其对能动性的概念化比制度逻辑视角更少了一分约束。但是，考虑到我们对于多重制度系统的微观基础和近似可分解性的理论发展，制度逻辑视角和价值秩序方法更应该被认为是两种竞争性定向战略。换言之，两个视角都假设行动者能够穿越并借鉴多重价值秩序或制度秩序。通过分析在什么条件下行动者能够在修辞上联结各个价值世界，及其如何影响新逻辑的创造和现有逻辑的改变，未来的研究可以在这两个视角之间寻求有益的兼容性。

制度工作

T. B. Lawrence、Suddaby和Leca（2011）将"制度工作"定义为"旨在创造、维持和破坏制度的个体和集体行动者的实践"（52）。正如Zietsma和Lawrence（2010）的研究所示，对制度工作的研究可以增强我们对场域的宏观动态的共同理解。但是，一些制度工作研究者倾向于把制度工作与制度逻辑视角对立起来，他们声称逻辑关注的是制度场域的宏观动态，而制度工作研究揭示了组织行动者的生活经验。与之相对，我们并不把制度工作与制度逻辑看作竞争性的定向战略。我们在本书中明确地表示，通过关注行动者的实践和生活经验，制度逻辑研究会得到进一步发展。正是为此，我们发展了制度逻辑的微观基础，并强调了制度逻辑视角如何能够增进我们对于个体行为和创业的理解。正如近期为解决与制度逻辑相关的微观过程（例如Battilana和Dorado，2010；Binder，2007；Lok，2010；Pache和Santos，2010）所做的研究表明的，将二者对立起来是错误的区分。

制度工作与制度逻辑研究的联结点是二者对实践的兴趣。正如我们在第六章中详细讨论的那样，基于对人类行动的人类学和民族学理解（例如Bourdieu，1977；Geertz，1995；Ortner，1984），对于实践的关注从一开始就位于制度逻辑视角的核心（Friedland和Alford，1991）。这一传统并没有区分宏观动态与个体的生活经验，因为二者是互相渗透的。例如，Bourdieu（1977）在场域分析中对统治（domination）的研究聚焦于实践如何体现并加强统治体系和特定逻辑，还试图澄清"代理人如何在社会化和繁衍的过程中自行纳入统治"（Golsorkhi等，2009：782）。

虽然很难在一篇学术论文中同时聚焦于场域的宏观动态和个体的偏好和行为，但是我们鼓励对个体和实践进行跨层级的研究，从而更全面地理解社会行动。简言之，我们的整体方法使我们全心全意地拥抱制度工作研究以及战略实践（strategy as practice）（如Jarzabkowski，2004，2005；Whittington，2006）等有关实践的研究（MacIntyre，1981；Schatzki、Knorr-Cetina和von Savigny，2001）。例如，为了加强这几种研究，我们强调制度工作与实践总是被可获取和可利用的制度逻辑塑造。总而言之，制度逻辑视角提供了一项总体的元理论，其强调个体在社会和制度场域中的嵌入性，并提供了一个理论架构，从而促进了对实践的广泛学术兴趣。

组织身份

因为无论组织、团体还是个体的身份都是制度逻辑的一个关键类别元素，所以将研究制度逻辑与研究身份的学者群体连接起来可以带来巨大的好处。这点在宏观关系和微观组织身份的研究领域中尤其如此［见Glynn（2008）综述］。Kraatz和Block（2008）以及Greenwood等（2011）指出，对于研究制度逻辑的多元性，身份是一个颇有用途的着眼点。这是因为包含多重逻辑的制度场域可能导致多种多样的个体和组织身份，其取决于是否存在对某些逻辑的抵制和对其他逻辑的青睐，多重逻辑是否产生混合型身份，或多重逻辑是否因为隔离而彼此分隔。

要理解组织内的行动者们对制度复杂性做出回应而做的研究设计，既要关照到一个制度场域中的场域动态和组织身份的变异，也要关注组织内部的身份构建的微观过程。此外，正如我们在第五章的案例叙事中所提出的那样，未来的研究工作可以通过关注组织身份如何起源于个体身份而获益，即多重制度逻辑或许是由个体层级的功能背景差异和嵌入到场域基础设施（field infrastructures）当中的先前知识和经验所播种的。

未来研究的另一条重要途径便是更好地理解制度逻辑与集体身份之间的关系（Wry、Lounsbury和Glynn，2011）。构成集体身份的是围绕着共同的目的和相似的结果而联合起来的行动者团体（见Cornelissen、Haslam和Balmer，2007）。例如，制度场域可以由多个与逻辑相连接的集体身份组成，正如新浪潮和高级料理厨师的案例所示（Rao、Monin和Durand，2003）。我们预期，进一步研究集体身份的构建将大大提高我们对逻辑创造和变迁（尤其是新产业和新制度场域的涌现）的理解（例如K. Weber、Heinze和DeSoucey，2008），例如，制度逻辑如何为构建新颖的集体身份提供资源。

组织设计

对组织设计重燃的兴趣（Dunbar和Starbuck，2006；Gulati和Puranam，2009；Greenwood和Miller，2010）将组织设计定义为采用"用于发展和实施战略的问责制和责任制结构，以及激活这些结构的人力资源实践和信息业务过程"（Greenwood和Miller，2010：78）。尽管在历史上对组织设计的研究一直以功能主义论述为主（例如P. R. Lawrence和Lorsch，1967；Tushman和Nadler，1978），但制度理论也被用来解释组织结构的采用（例如Rowan，1982；Fligstein，1985；Greenwood、Suddaby和Hinings，2002）。然而，有关结构的新制度主义论述倾向于淡化能动性在结构采用中扮演的角色（DiMaggio和Powell，1983）。与之相反，对新制度理论的批评强调了能动性在组织设计中的作用（Kraatz和Zajac，1996）。

制度逻辑视角允许研究者调和制度在组织设计中的促成与约束效应。例如，我们可以将Kraatz和Zajac（1996）关于文理学院的研究重新解读为制度逻辑之间的竞争（文理教育与专业－职业教育）塑造了该场域中的组织设计。如果套用第七章里的类型学，这便是一个同化的例子，因为文理教育逻辑被维持成核心原则，而专业－职业培训被同化到文理学院当中。

总体而言，从我们的理论视角来看，组织设计很重要，因为它在制度逻辑与组织之间起到了过滤作用，并影响了与不同逻辑相关的压力和动机是否被编码进入组织内的不同联盟当中，从而制造或抑制了有关目标和战略的冲突。正如我们在第五章中用潘尼、斯珀林和艾丁格的历史案例叙事所强调的那样，制度逻辑为构建新颖的组织设计提供了关键的象征资源。一项有趣的研究便是探索一个场域的制度逻辑如何通过设计以不同的方式嵌入组织，以及这个过程如何触发战略的同质性或异质性，并影响整体的绩效。跨国研究以及对跨国组织的研究可能会在这方面收获颇丰（见Kostova、Roth和Dacin，2008）。

战略

在战略文献中并不新鲜的一个观点认为：多元化企业的管理者在理解多元化战略时是短视的，因为他们在一种"主导逻辑"下经营，而这一逻辑过滤了他们的认知（Prahalad和Bettis，1986；Bettis和Prahalad，1995）。尽管这两篇奠基之作获得了学术大奖，并得到了从业者的运用，但它们没有促成逻辑概念的理论发展（Grant，1988；Sanchez，1995；von Krogh和Roos，1996；Lampel和Shamsie，2000；Garg、Walters和Priem，2003）。考虑到其认知基础，制度逻辑视角自然与认知视角的战略研究较为亲近（见Kaplan，2011的综述），例如竞争团体（Porac、Thomas和Baden-Fuller，1989；Reger和Huff，1993）、分类（Kennedy，2008；Porac和Thomas，1990，1994；Rao、Monin和Durand，2003）、管理框架（Kaplan，2008a，2008b；Kennedy和Fiss，2009）、学习（Gavetti和Levinthal，2000）、技术发展（Garud和Rappa，1994；Kaplan和Tripsas，

2008），以及我们已提到的主导逻辑（Prahalad和Bettis，1986）。战略研究中的这种认知视角的根源在于认识到了组织对环境压力或变化的回应在根本上是由管理层的解读来调节的。正如Daft和Weick（1984）所强调的那样，管理者如何理解他们的环境会影响其做出并执行的战略选择。

虽然这类研究详细记录了认知对不同层级——从组织内部的经理人到整个行业——的战略内容和过程所施加的影响，但很少有人关注管理者的心理模型如何受到更广泛的社会信仰的影响。制度逻辑与战略研究的结合体现在有关出版业的高管决策的研究中（Thornton和Ocasio，1999；Thornton，2001，2002，2004）；另一个例子是Chung和Luo（2008）对于台湾企业重组的研究，其发现企业有关资产剥离和收购的决策受到不同制度逻辑的指引。另见Luo、Chung和Sobczak（2009），其研究了国家层级的公司治理逻辑如何影响了直接投资的外商在新兴市场中对当地合资伙伴的选择。

然而，我们还可以做更多的工作来充实逻辑的研究，即逻辑如何提供资源来培育新的框架和类别，从而构成组织内部和组织之间的新的资源利基和竞争战略的基础。正如我们的论证所示，我们相信将制度逻辑视角和企业行为理论以及卡内基学派传统中的其他研究结合起来具有特殊的用途（另见Thornton，2004；Thornton和Ocasio，1999）。Gavetti、Levinthal和Ocasio（2007）概述了研究战略和企业行为的新卡内基方法，其强调了嵌入性作为卡内基传统所缺失的部分的重要性，而制度逻辑视角为这个方法提供了一段连接。

另一种连接制度逻辑与战略研究的方式是通过将企业看成基于专业差异或其他学科差异的各种联盟（例如Greenwood和Hinings，1996）。企业可以被理解为多重制度逻辑争夺主导地位的场所。例如，Zhang（2011）展示了社会主义逻辑与市场资本主义逻辑如何在部分私有化的中国企业里促进了不同联盟在考虑兼并和收购时的目标冲突。企业内部和企业之间的多重制度逻辑的盛行开辟了重要的研究途径,其有关逻辑如何影响企业与市场之间的政治,以及逻辑如何影响战略决策和绩效。

微观过程

在第四章中,我们运用了社会心理学者发展的动态建构主义理论(Hong等,2000;Hong和Mallorie,2004;Morris和Gelfand,2004)来论证制度逻辑应当被理解为一种习得的知识结构网络,其由于社会互动与社会化的差异而不均匀地分布在人群之中。在个体层级和各种微观语境(团队或团体等)下开展实证研究将十分有益于我们理解不同的制度逻辑如何变得更易于(或更难以)获取和利用,及其如何在特定情境下被激活,例如在有关决策、构建意义、协调和解决问题的过程中。实验设计将是研究这些构想的一种有用的研究方法。

使用实验和大样本的研究方法,我们需要对有关个体差异如何影响逻辑的可获取性和可利用性的理论进行系统的测试,从而使研究者能够根据行动者或情境特征的差异来分割其效果。这种分析需要充分的语境化来检验社会互动的效应。回想一下Binder(2007)的论点:

> 逻辑不是纯粹自上而下的。真实的人,在真实的语境下,如果自身拥有过去的经验,便会考虑它们,质疑它们,将它们与来自其他领域的制度逻辑相结合,从它们当中取得他们所能获取的,并使它们适应他们的需求。(568)

在第四章中开发的理论模型(图4.4)识别了连接宏观到微观、微观到宏观、宏观到宏观的各种因果路径。虽然该模型假定了不同的理论机制来解释制度逻辑如何在个体层级塑造认知和行为,并将它们向上聚合起来，但是我们需要进一步的研究来探索和测试这些机制如何将逻辑和个体行为联系在一起。例如，制度逻辑如何通过行动基模（例如问题和解决方案）塑造注意力焦点？注意力究竟如何激活基模、身份和目标，并最终影响社会互动？自下而上和自上而下的注意力过程（Ocasio，2011）在触发逻辑时分别扮演了什么角色？对于研究制度逻辑的效应、运作和变化，一种对比个体与情境的方法（Ross和Nisbett，1991）有多重要？跨层级的研究对于扩展我们对递归影响的理解是有必要的（Powell和Colyvas，2008）。虽然大多数关于微观过程的研究都基于定性方法，但重点在于强调多方法研究战略的实用性和必要性。

分析方法

制度逻辑视角的基础性研究的优势在于对数据类型和分析方法的交叉验证（triangulation），其有赖于定性以及定量的方法（Schneiberg和Clemens，2006）。交叉验证十分重要，因为它鼓励"对立原则"（the principle of opposites）（Bailyn，1977）。换言之，"如果你有定性数据，就尽量统计和分类；如果你有定量数据，则不要忽略它的定性潜力——不要不检查极值，也不要忽视不符合总体情况的数据"（J. B. Sorensen、van Maanen和Mitchell，2007：1149）。理想型模型分析的好处之一便是促进了对立原则。交叉验证还帮助我们理解方法如何能像理论产生和塑造方法一样产生和塑造理论（J. B. Sorensen、van Maanen和Mitchell，2007：1146）。理想型分析本身就是通过更好地整合定性和定量方法，尤其是以新的方法定量地测量数据与理想型类别之间的相对距离，来持续发展的。随着制度逻辑视角的发展，这无疑将提高方法使用的复杂性标准。那么，我们该如何应对这一挑战呢？

关于制度逻辑的实证研究采用了各种方法，包括问卷调查、档案材料、事件历史分析和其他统计建模技术、访谈、人种志田野调查、二手数据集,以及案例研究。正如我们之前讨论的那样,将实验和模拟放入方法的形式库可以使制度逻辑的研究获益。研究结果的差异可能部分地反映了研究者使用的不同方法。例如,关于一项制度秩序的一个特定实例,对比一项定性的案例研究与一项定量分析,这就好比改变了照相机镜头上的设置。换言之,如果像定性研究者那样近距离地观察行动,我们更有可能把行动解读为权力斗争,而事实上行动可能也反映了制度力量在更高层级的运转(Thornton和Ocasio,2008)。真正防范这种错误的唯一方法就是进行跨层级、多方法的研究。我们真正需要的是方法的整合,而不仅仅是包含某个新的或旧的方法。

本书的主干包括两项理论细化的创新,即多重制度系统的类型学和跨层级效应的模型。这两项创新都需要我们关注探索方法和验证方法。这对于任何一位学者或任何一篇学术论文来说都是一项艰巨的任务,但是基础研究证明了这么做的潜力。进行跨层级、多方法研究的一个办法就是通过学者之间更大程度的合作。在对制度理论和制度逻辑视角的分析中,我们采用了J. Berger和Zelditch(1993)的分析工具,因为形成理论研究项目的论文集合(而不是单打独斗)更有可能带来更好的、更具持久影响的研究。就像建立任何企业一样,通过技能丰富的团队来展开研究,研究的过程和产物可能会更加丰富,而且能更加细致地理解制度逻辑机制如何在各个层级上运作。

结论

Friedland和Alford(1991)开启了组织研究的新方向。他们基于新制度理论但又偏离了新制度理论,进而播种下一个独特的视角——制度逻辑视角。这一视角的理论和研究的影响力很大,自20世纪90年代后期以来有大量成果刊登在顶级期刊上。Thornton和Ocasio(2008)提供了截至当时的文献综述,并提出了如何利用这一视角来进一步推进组织和制度研究。虽然已经有系统的著作试图发展制度逻辑视角的部分核心元理论(例如Thornton,2004),但仍缺乏一个连接宏观与微观基础的细化理论框架。

在本书中,我们考察了这一视角的基础,并总结了过去的研究成果,其中大部分研究发表在Thornton和Ocasio(2008)的综述之后。我们通过提供多层级、跨层级的综合性框架将社会层级的制度逻辑与场域层级的逻辑、实践、身份以及微观基础联系了起来,这使有时看起来略显含糊且互相矛盾的研究变得井然有序。在这样做的过程中,我们在理论上细化了制度逻辑视角。我们的细化和贡献有待进一步的完善与测试,同时我们也概述了一些研究方法。在整本书中,我们根据来自各个领域、学科的现有研究和理论识别了过程和机制。这些为指导实证研究的设计提供了有用的起点。

我们对制度逻辑视角的启示感到兴奋。我们认为这一视角可以补充组织研究和其他学科中的主要研究领域。我们期待跨研究领域的双向对话。我们和其他人基于制度逻辑视角的作品从多个领域的见解中获益匪浅,特别是身份、实践、社会运动、制度和文化创业,以及认知和社会心理学。制度逻辑视角还可以为更多的领域做出贡献,也能从更多的领域中获得收益。

总而言之,我们相信,植根于制度逻辑视角的研究将继续产生并推动我们对社会生活的理解。我们对基于跨层级框架的研究感到特别兴奋,并揭示了制度逻辑的来源和结果背后的过程和机制。这一视角保持着发展势头。而且,考虑到诸多尚未解决的问题,我们相信制度逻辑研究将继续成为组织研究中最活跃、成长最快的领域之一。

参考文献

Abbott, Andrew (1988) *The System of Professions: An Essay on the Division of Expert Labor*. Chicago: University of Chicago Press.
Abell, Peter M., Felin, Teppo, and Foss, Nicolai J. (2008) "Building Micro Foundations for the Routines, Capabilities, and Performance Links," *Managerial and Decision Economics*, 29: 489–502.
Abelson, Robert P. (1981) "Psychological Status of the Script Concept," *American Psychologist*, 36: 715–29.
Abolafia, Mitchel Y. (2010) "Narrative Construction as Sensemaking: How a Central Bank Thinks," *Organization Studies*, 31: 349–67.
Abzug, R., and Simonoff, J. (2004) *Nonprofit Trusteeship in Different Contexts*. Hants, UK: Ashgate.
Adler, P. S., and Borys, B. (1996) "Two Types of Bureaucracy: Enabling and Coercive," *Administrative Science Quarterly*, 41: 61–89.
Albert, S., and Whetten, D. (1985) "Organizational Identity," *Research in Organizational Behavior*, 7: 263–95.
Albrow, Martin (1990) *Max Weber's Construction of Social Theory*. New York: St. Martin's Press.
Aldrich, Howard E., and Fiol, C. M. (1994) "Fools Rush In? The Institutional Context of Industry Creation," *Academy of Management Review*, 19, 4: 645–70.
Ansari, Shazad, Fiss, Peer C., and Zajac, Edward J. (2010) "Made to Fit: How Practices Vary as They Diffuse," *Academy of Management Review*, 35: 67–92.
Archer, Margaret (1996) *Culture and Agency*. 2nd ed. Cambridge: Cambridge University Press.
Arjaliès, Diane-Laure (2010) "A Social Movement Perspective on Finance: How Socially Responsible Investment Mattered," *Journal of Business Ethics*, 92: 57–78.
Armstrong, Elizabeth A., and Bernstein, Mary (2008) "Culture, Power, and Institutions: A Multi-institutional Politics Approach to Social Movements," *Sociological Theory*, 26: 74–99.
Arthur, W. Brian (1990) "Positive Feedbacks in the Economy," *Scientific American*, 262, February: 92–9.
Arthur, W. Brian (2009) *The Nature of Technology: What It Is and How It Evolves*. New York: Free Press.
Ashcraft, Richard (1986) *Revolutionary Politics and Locke's Two Treatises of Government*. Princeton, NJ: Princeton University Press.

Ashforth, Blake E., and Mael, Fred (1989) "Social Identity Theory and the Organization," *Academy of Management Review*, 14: 20–39.
Audia, P. G., Freeman, J. H., and Reynolds, P. D. (2006) "Organizational Foundings in Community Context: Instruments Manufacturers and their Interrelationship with other Organizations," *Administrative Science Quarterly*, 51, 3: 381–419.
Bailyn, L. (1977) "Research a Cognitive Process: Implications for Data Analysis," *Quality and Quantity*, 11: 97–117.
Bargh, John A. (1997) "The Automaticity of Everyday Life." In R. Wyer (ed.) *The Automaticity of Everyday Life. Advances in Social Cognition*, vol. 10, pp. 1–61. Mahwah, NJ: Lawrence Erlbaum Associates.
Bargh, John A., Bond, Ronald N., Lombardi, Wendy J., and Tota, Mary E. (1986) "The Additive Nature of Chronic and Temporary Sources of Construct Accessibility," *Journal of Personality and Social Psychology*, 50: 869–78.
Barker, J. R. (1993) "Tightening the Iron Cage: Concertive Control in Self-Managing Teams," *Administrative Science Quarterly*, 38: 408–37.
Barley, Stephen R. (1986) "Technology as an Occasion for Structuring: Observations on CT Scanners and the Social Order of Radiology Departments," *Administrative Science Quarterly*, 31: 78–108.
Barley, Stephen R. (2007) "Corporations, Democracy, and the Public Good," *Journal of Management Inquiry*, 16: 201–15.
Barley, Stephen R. (2008) "Coalface Institutionalism." In R. Greenwood, C. Oliver, K. Sahlin-Andersson, and R. Suddaby (eds.) *The SAGE Handbook of Organizational Institutionalism*, pp. 490–515. Thousand Oaks, CA: Sage.
Barley, Stephen R., and Kunda, Gideon (1992) "Design and Devotion: Surges of Rational and Normative Ideologies of Control in Managerial Discourse," *Administrative Science Quarterly*, 37: 363–99.
Barley, Stephen R., and Tolbert, Pamela (1997) "Institutionalization and Structuration: Studying the Links Between Action and Institution," *Organization Studies*, 18, 1: 93–117.
Baron, James N., Dobbin, Frank R., and Jennings, P. Devereaux (1986) "War and Peace: The Evolution of Modern Personnel Administration in US Industry," *American Journal of Sociology*, 92: 350–83.
Baron, Robert A., and Shane, Scott A. (2008) *Entrepreneurship: A Process Perspective*. Mason, OH: South-Western.
Bartlett, Frederic C. (1932) *Remembering: An Experimental and Social Study*. Cambridge: Cambridge University Press.
Bartunek, Jean M. (1984) "Changing Interpretive Schemes and Organizational Restructuring: The Example of a Religious Order," *Administrative Science Quarterly*, 29: 355–72.
Battilana, Julie (2006) "Agency and Institutions: The Enabling Role of Individuals' Social Position," *Organization* 13, 5: 653–76.
Battilana, Julie, and Dorado, S. (2010) "Building Sustainable Hybrid Organizations: The Case of Commercial Microfinance Organizations," *Academy of Management Journal*, 53: 1419–40.

Battilana, Julie, Leca, Bernard, and Boxenbaum, Eva (2009) "How Actors Change Institutions: Towards a Theory of Institutional Entrepreneurship," *Academy of Management Annals*, 3: 65–107.

Baum, Joel A., and Oliver, Christine (1992) "Institutional Embeddedness and the Dynamics of Organizational Populations," *American Sociological Review*, 57: 540–59.

Beasley, Norman (1948) *Main Street Merchant: The Story of the J.C. Penney Company*. New York: McGraw-Hill.

Bechky, Beth A. (2003) "Sharing Meaning Across Occupational Communities: The Transformation of Understanding on a Production Floor," *Organization Science*, 14: 312–30.

Becker, Gary S. (1976) *The Economic Approach to Human Behavior*. Chicago: University of Chicago Press.

Bendix, R. (1956) *Work and Authority in Industry*. London: Wiley.

Benford, Robert D., and Snow, David A. (2000) "Framing Processes and Social Movements: An Overview and Assessment," *Annual Review of Sociology*, 26: 611–39.

Berger, Joseph, Cohen, Bernard P., and Zelditch, Morris (1972) "Status Characteristics and Social Interaction," *American Sociological Review*, 37: 241–55.

Berger, Joseph, and Zelditch, Morris (1993) *Theoretical Research Programs: Studies in the Growth of Theory*. Stanford, CA: Stanford University Press.

Berger, Peter L., and Luckmann, Thomas (1966) *The Social Construction of Reality: A Treatise on the Sociology of Knowledge*. London: Penguin Books.

Berger, Peter L., and Luckmann, Thomas (1967) *The Social Construction of Reality*. New York: Doubleday Anchor.

Berle, Adolf A., and Means, Gardner C. (1932) *The Modern Corporation and Private Property*. New York: Macmillan.

Berman Elizabeth P. (2011) *Creating the Market University: How Academic Science Became an Economic Engine*. Princeton, NJ: Princeton University Press.

Bettis, R. A., and Prahalad, C. K. (1995) "The Dominant Logic: Retrospective and Extension," *Strategic Management Journal*, 16, 1: 5–14.

Binder, A (2007) "For Love and Money: Organizations' Creative Responses to Multiple Environmental Logics," *Theoretical Sociology*, 36: 547–71.

Blau, Peter M. (1964) *Exchange and Power in Social Life*. New York: Wiley.

Blau, Peter M., and Scott, W. Richard (1962) *Formal Organizations: A Comparative Approach*. San Francisco, CA: Chandler.

Blumer, Herbert (1969) *Symbolic Interactionism: Perspective and Method*. Englewood Cliffs, NJ: Prentice-Hall.

Boltanski, Luc, and Thévenot, Laurent (1991) *On Justification: The Economies of Worth*. Princeton: Princeton University Press.

Boltanski, Luc, and Thévenot, Laurent (2006) *On Justification: The Economies of Worth*. Princeton: Princeton University Press.

Bourdieu, Pierre (1977) *Outline of a Theory of Practice*. Cambridge, MA: Cambridge University Press.

Bourdieu, Pierre (1984) *Distinction: A Social Critique of the Judgment of Taste*. Cambridge, MA: Harvard University Press.

参考文献

Boxenbaum, Eva (2006) "Lost in Translation? The Making of Danish Diversity Management," *American Behavioral Scientist*, 49: 939–48.
Boxenbaum, Eva, and Jonsson, S. (2008) "Isomorphism, Diffusion and Decoupling." In R. Greenwood, C. Oliver, K. Sahlin-Andersson, and R. Suddaby (eds.) *The SAGE Handbook of Organizational Institutionalism*, pp. 78–98. Thousand Oaks, CA: Sage.
Braudel, F. (1979) *Civilisation Matérielle, Economie et Capitalisme, XVe-XVIIIe Siècle*. Paris: Armand Colin.
Breiger, R. L. (1995) "Social Structure and the Phenomenology of Attainment," *Annual Review of Sociology*, 21: 115–36.
Breiger, R. L. (2000) "A Tool Kit for Practice Theory," *Poetics: Journal of Empirical Research on Literature, the Media, and the Arts*, 27: 91–115.
Brett, Jeanne M. (2010) "Clueless About Culture and Indirect Confrontation of Conflict," *Negotiation and Conflict Management Research*, 3: 169–78.
Brewer, M. B. (1991) "The Social Self: On Being the Same and Different at the Same Time," *Personality and Social Psychology Bulletin*, 17: 475–82.
Brint, Steven (2001) "*Gemeinschaft* revisited: A Critique and Reconstruction of the Community Concept," *Sociological Theory*, 19, 1: 1–23.
Brinton, Crane (1965) *The Anatomy of Revolution* (revised ed.). New York: Vintage Books. (Original work published 1938).
Brinton, Mary C., and Nee, Victor (1998) *The New Institutionalism in Sociology*. New York: Russell Sage Foundation.
Brown, J. S., and Duguid, P. (1991) "Organizational Learning and Communities of Practice," *Organization Science*, 2, 1: 40–57.
Brown, J. S., and Duguid, P. (2001) "Knowledge and Organization: A Social Practice Perspective," *Organization Science*, 12, 2: 198–213.
Burke, Peter J., and Stets, Jan E. (1999) "Trust and Commitment through Self-Verification," *Social Psychology Quarterly*, 62: 347–66.
Burke, Peter J., and Tully, Judy C. (1977) "The Measurement of Role Identity," *Social Forces*, 55: 881–97.
Burt, Ronald S. (2004) "Structural Holes and Good Ideas," *American Journal of Sociology*, 110: 349–99.
Callon, M. (1986) "Some Elements of a Sociology of Translation: Domestication of the Scallops and the Fishermen of St Brieuc Bay." In J. Law (ed.) *Power, Action and Belief: A New Sociology of Knowledge*, pp. 196–233. London: Routledge & Kegan Paul.
Camerer, Colin F., Loewenstein, George, and Rabin, Matthew (2004) *Advances in Behavioral Economics*. Princeton, NJ: Princeton University Press.
Campbell, Anthony (2009) *Religion, Language, Narrative and the Search for Meaning*. Los Gatos, CA: Smashwords.
Campbell, John L., and Lindberg, Leon N. (1990) "Property Rights and the Organization of Economic Activity by the State," *American Sociological Review*, 55: 634–47.
Cerulo, Karen A. (2002) *Culture in Mind: Toward a Sociology of Culture and Cognition*. New York: Routledge.
Chandler, Alfred D. (1962) *Strategy and Structure*. New York: Doubleday.
Chandler, Alfred D. (1992) "Corporate Strategy, Structure and Control Methods in the United States During the 20th Century," *Industrial and Corporate Change*, 2: 263–84.

Chaves, Mark (1994) "Secularization as Declining Religious Authority," *Social Forces*, 72 (3): 749–74.

Cheng, Patricia W., and Holyoak, Keith J. (1985) "Pragmatic Reasoning Schemas," *Cognitive Psychology*, 17: 391–416.

Child, J. (1972) "Organizational Structure, Environment and Performance: The Role of Strategic Choice," *Sociology*, 6: 1–22.

Cho, Theresa S., and Hambrick, Donald C. (2006) "Attention as the Mediator between Top Management Team Characteristics and Strategic Change: The Case of Airline Deregulation," *Organization Science*, 17: 453–69.

Chung, C.-N., and Luo, X. (2008) "Institutional Logics or Agency Costs: The Influence of Corporate Governance Models on Business Group Restructuring in Emerging Economies," *Organization Science*, 19: 766–84.

Clark, Herbert H. (1996) *Using Language*. New York: Cambridge University Press.

Clark, Herbert H., and Marshall, Catherine R. (1981) "Definite Reference and Mutual Knowledge." In A. Joshi, B. Webber, and I. Sag (eds.) *Elements of Discourse Understanding*, pp. 10–63. New York: Cambridge University Press.

Clemens, Elisabeth S. (1997) *The People's Lobby*. Chicago: University of Chicago Press.

Cohen, Bernard P. (1991) *Developing Sociological Knowledge: Theory and Method*. 2nd ed. Chicago: Nelson-Hall.

Cohen, Michael D., and Bacdayan, P. (1994) "Organizational Routines Are Stored as Procedural Memory," *Organization Science*, 5: 554–68.

Cohen, Michael D., March, James G., and Olsen, Johan P. (1972) "A Garbage Can Model of Organizational Choice," *Administrative Science Quarterly*, 17: 1–25.

Cohen, W. M., and Levinthal, D. A. (1990) "Absorptive Capacity: A New Perspective on Learning and Innovation," *Administrative Science Quarterly*, 35: 128–52.

Coleman, James S. (1990) *Foundations of Social Theory*. Cambridge, MA: Harvard University Press.

Collins, Randall (1993) "Emotional Energy as the Common Denominator of Rational Action," *Rationality and Society*, 5: 203–30.

Collins, Randall (2000) "Situational Stratification: A Micro Macro Theory of Inequality," *Sociological Theory*, 18: 17–43.

Collins, Randall (2004) *Interaction Ritual Chains*. Princeton, NJ: Princeton University Press.

Colyvas, J. A., and Powell, Walter W. (2006) "Roads to Institutionalization: The Remaking of Boundaries between Public and Private Science," *Research in Organizational Behavior*, 27: 315–63.

Cornelissen, J., Haslam, A., and Balmer, J. (2007) "Social Identity, Organizational Identity, and Corporate Identity: Toward an Integrated Understanding of Processes, Patternings, and Products," *British Journal of Management*, 18: S1–16.

Coser, Lewis A., Kadushin, Charles, and Powell, Walter W. (1982) *Books: The Culture and Commerce of Publishing*. New York: Basic Books.

Crane, Diana (1972) *Invisible Colleges*. Chicago: University of Chicago Press.

Creed, W. E. Douglas, Scully, Maureen A., and Austin, John R. (2002) "Clothes Make the Person? The Tailoring of Legitimating Accounts and the Social Construction of Identity," *Organization Science*, 13: 475–96.

Cummings, J., Kiesler, S. B., and Sproull, L. (2002) "Beyond Hearing: Where Real-World and Online Support Meet," *Group Dynamics: Theory, Research, and Practice*, 6, 1: 78–88.

Cyert, Richard M., and March, James G. (1963) *A Behavioral Theory of the Firm*. Englewood Cliffs, NJ: Prentice Hall.

Dacin, M. T., and Dacin, P. A. (2008) "Traditions as Institutionalized Practice: Implications for Deinstitutionalization." In R. Greenwood, C. Oliver, K. Sahlin-Andersson, and R. Suddaby (eds.) *The SAGE Handbook of Organizational Institutionalism*, pp. 327–51. Thousand Oaks, CA: Sage.

Daft, R. L., and Weick, K. E. (1984) "Toward a Model of Organizations as Interpretation Systems," *Academy of Management Review*, 9: 284–95.

Dalton, M. (1959) *Men Who Manage: Fusions of Feeling and Theory in Administration*. New York: Wiley.

Davis, Gerald F. (2009) *Managed by the Markets: How Finance Reshaped America*. New York: Oxford University Press.

Davis, Gerald F., Diekmann, Kristina A., and Tinsley, Catherine H. (1994) "The Decline and Fall of the Conglomerate Firm in the 1980s: Deinstitutionalization of an Organizational Form," *American Sociological Review*, 59, 4: 547–70.

Davis, Gerald F., and Greve, Henrich R. (1997) "Corporate Elite Networks and Governance Changes in the 1980s," *American Journal of Sociology*, 103, 1: 1–37.

Davis, Gerald F., and Marquis, Christopher (2005) "Prospects for Organization Theory in the Early Twenty-First Century: Institutional Fields and Mechanisms," *Organization Science*, 16, 4: 332–43.

Davis, Gerald F., McAdam, D., Scott, W. R., and Zald, M. (eds.) (2005) *Social Movements and Organization Theory*. Cambridge: Cambridge University Press.

Davis, Gerald F., Morrill, Calvin, Rao, Hayagreeva, and Soule, Sarah (2008) "Introduction: Social Movements in Organizations and Markets," *Administrative Science Quarterly*, 53: 389–94.

Davis, Gerald F., and Thompson, Tracy A. (1994) "A Social Movement Perspective on Corporate Control," *Administrative Science Quarterly*, 39: 141–73.

De Geus, Arie (1997) "The Living Company," *Harvard Business Review*, (March/April), 51–9.

DiMaggio, Paul J. (1982) "Cultural Entrepreneurship in Nineteenth-Century Boston: The Creation of an Organizational Base for High Culture in American Media," *Culture and Society*, 4: 33–50.

DiMaggio, Paul J. (1983) "State Expansion and Organizational Field." In Richard H. Hall and Robert E. Quinn (eds.) *Organizational Theory and Public Policy*, pp. 147–61. Beverly Hills, CA: Sage.

DiMaggio, Paul J. (1986) "Structural Analysis of Organizational Fields: A Blockmodel Approach," *Research in Organizational Behavior*, 8: 335–70.

DiMaggio, Paul J. (1988) "Interest and Agency in Institutional Theory." In L. G. Zucker (ed.) *Institutional Patterns and Organizations: Culture and Environment*, pp. 3–21. Cambridge, MA: Ballinger.

DiMaggio, Paul J. (1991) "Constructing an Organizational Field as a Professional Project: U.S. Art Museums, 1920–1940." In Walter W. Powell and Paul J. DiMaggio (eds.)

The New Institutionalism in Organizational Analysis, pp. 267–92. Chicago: University of Chicago Press.

DiMaggio, Paul J. (1994) "The Challenge of Community Evolution." In Joel A. C. Baum and Jitendra V. Singh (eds.) *Evolutionary Dynamics of Organizations*, pp. 444–56. New York: Oxford University Press.

DiMaggio, Paul J. (1997) "Culture and Cognition," *Annual Review of Sociology*, 23: 263–87.

DiMaggio, Paul J. (2002) "The Vital Border of Cultural Policy Studies." In David B. Pankratz and Valerie B. Morris (eds.) *The Arts in a New Millennium: Research and the Arts Sector*, pp. 23–30. Westport, CT: Greenwood.

DiMaggio, Paul J., and Mullen, Ann L. (2000) "Enacting Community in Progressive America: Civic Rituals in National Music Week, 1924," *Poetics: Journal of Empirical Research on Literature, the Media, and the Arts*, 27: 135–62.

DiMaggio, Paul J., and Powell, Walter W. (1983) "The Iron Cage Revisited: Institutional Isomorphism and Collective Rationality in Organizational Fields," *American Sociological Review*, 48: 147–60.

DiMaggio, Paul J., and Powell, Walter W. (1991) "Introduction." In Walter W. Powell and Paul J. DiMaggio (eds.) *The New Institutionalism in Organizational Analysis*, pp. 1–40. Chicago: University of Chicago Press.

DiPrete, T. A., and Forristal, J. D. (1994) "Multilevel Models: Methods and Substance," *Annual Review of Sociology*, 20: 331–57.

Djelic, Marie Laure (1998) *Exporting the American Model*. Oxford: Oxford University Press.

Djelic, Marie Laure (2010) "Institutional Perspectives—Working Towards Coherence or Irreconcilable Diversity?" In G. Morgan, J. Campbell, C. Crouch, O. K. Pedersen, and R. Whitley (eds.) *The Oxford Handbook of Comparative Institutional Analysis*, pp. 15–40. Oxford: Oxford University Press.

Djelic, Marie Laure, and Ainamo, Antti (2005) "The Telecom Industry as Cultural Industry? The Transposition of Fashion Logics into the Field of Mobile Telephony," *Research in the Sociology of Organizations*, 23: 45–82.

Djelic, Marie Laure, and Quack, S. (eds.) (2010) *Transnational Communities: Shaping Global Economic Governance*. Cambridge: Cambridge University Press.

Djelic, Marie Laure, and Sahlin-Andersson, Kerstin (2006) *Transnational Governance: Institutional Dynamics of Regulation*. Cambridge: Cambridge University Press.

Dobbin, Frank (1994) *Forging Industrial Policy: The United States, Britain, and France in the Railway Age*. New York: Cambridge University Press.

Dobbin, Frank, and Dowd, T. (1997) "How Policy Shapes Competition: Early Railroad Foundings in Massachusetts," *Administrative Science Quarterly*, 42: 501–29.

Dobbin, Frank, Edelman, L., Meyer, J., Scott, W. R., and Swidler, A. (1988) "The Expansion of Due Process in Organizations." In Lynne G. Zucker (ed.) *Institutional Patterns and Organizations: Culture and Environment*, pp. 71–98. Cambridge, MA: Ballinger.

Dobbin, Frank, and Kelly, E. (2007) "How to Stop Harassment: The Professional Construction of Legal Compliance in Organizations," *American Journal of Sociology*, 112, 4: 1203–43.

参考文献

Doty, D. Harold, and Glick, William H. (1994) "Typologies as a Unique Form of Theory Building: Toward Improved Understanding and Modeling," *Academy of Management Review*, 19: 230–51.

Dougherty, D. (1992) "Interpretive Barriers to Successful Product Innovation in Large Firms," *Organization Science*, 3: 179–202.

Douglas, M. (1986) *How Institutions Think*. Syracuse, NY: Syracuse University Press.

Dranove, David (2000) *The Economic Evolution of American Healthcare: From Marcus Welby to Managed Care*. Princeton, NJ: Princeton University Press.

Dugan, Ianthe Jeanne (2002) "Before Enron, Greed Helped Sink the Respectability of Accounting," *The Wall Street Journal*, 14 March.

Dunbar, R. L., and Starbuck, W. H. (2006) "Learning to Design Organizations and Learning from Designing Them," *Organization Science*, 17: 171–8.

Dunn, Mary B., and Jones, Candace (2010) "Institutional Logics and Institutional Pluralism: The Contestation of Care and Science Logics in Medical Education, 1967–2005," *Administrative Science Quarterly*, 55: 114–49.

Durand, R., and Szostak-Tapon, B. (2010) "Prestigious Organizations and Heterodox Choice in Institutionally Plural Contexts," HEC Paris Working Paper, Number 934.

Edelman, Lauren B. (1992) "Legal Ambiguity and Symbolic Structures: Organizational Mediation of Civil Rights Law," *American Journal of Sociology*, 97: 1531–76.

Edelman, Lauren B., Abraham, Steven E., and Erlanger, Howard S. (1992) "Professional Construction of Law: The Inflated Threat of Wrongful Discharge," *Law and Society Review*, 26: 47–84.

Edelman, Lauren B., Uggen, Christopher, and Erlanger, Howard S. (1999) "The Endogeneity of Legal Regulation: Grievance Procedures as Rational Myth," *American Journal of Sociology*, 105: 406–54.

Elsbach, K. D., and Sutton, R. I. (1992) "Acquiring Organizational Legitimacy through Illegitimate Actions: A Marriage of Institutional and Impression Management Theories," *Academy of Management Journal*, 35: 699–738.

Emirbayer, Mustafa, and Mische, Ann (1998) "What is Agency," *American Journal of Sociology*, 103: 281–317.

Engels, Frederick (1884) *The Origin of the Family, Private Property and the State*. Hottingen-Zurich, Switzerland: Swiss Co-operative Press.

Engeström, Y. (1999) "Activity Theory and Individual and Social Transformation." In Y. Engeström, R. Miettinen, and R. L. Punamäki (eds.) *Perspectives on Activity Theory*, pp. 19–38. Cambridge: Cambridge University Press.

Ethiraj, Sendil K., and Levinthal, Daniel (2009) "Hoping for A to Z While Rewarding Only A: Complex Organizations and Multiple Goals," *Organization Science*, 20: 4–21.

Ettinger, Richard Prentice (1970) *Everything Happens for the Best*. Englewood Cliffs, NJ: Prentice-Hall.

"The Facebook Freedom Fighter" (2011, Feb. 13). *Newsweek*. Retrieved from http://www.newsweek.com/2011/02/13/the-facebook-freedom-fighter.html

Fayard, A. L., DeSanctis, G., and Roach, M. (2004) "The Language Games of Online Forums," *Academy of Management Best Papers Proceedings*.

Feldman, M. S. (2003) "A Performative Perspective on Stability and Change in Organizational Routines," *Industrial and Corporate Change*, 12: 727–52.

Feldman, M. S., and Pentland, B. T. (2003) "Reconceptualizing Organizational Routines as a Source of Flexibility and Change," *Administrative Science Quarterly*, 48: 94–118.

Felin, Teppo, and Foss, Nicolai J. (2009) "Organizational Routines and Capabilities: Historical Drift and a Course-Correction Toward Microfoundations," *Scandinavian Journal of Management*, 25: 157–67.

Ferraro, Fabrizio, Pfeffer, Jeffrey, and Sutton, Robert I. (2005) "Economics Language and Assumptions: How Theories can Become Self-Fulfilling," *Academy of Management Review*, 30: 8–24.

Fiske, Susan T. and Taylor, Shelley E. (1991) *Social Cognition*. 2nd ed. New York: McGraw-Hill.

Fiske, Susan T. and Taylor, Shelley E. (2008) *Social Cognition: From Brains to Culture*. New York: McGraw-Hill.

Fiss, Peer C., Kennedy, Mark T., and Davis, Gerald F. (2011) "How Golden Parachutes Unfolded: Diffusion and Variation of a Controversial Practice," *Organization Science*.

Fiss, Peer C., and Zajac, Edward J. (2004) "The Diffusion of Ideas over Contested Terrain: The (Non)adoption of a Shareholder Value Orientation Among German Firms," *Administrative Science Quarterly*, 49: 501–34.

Fiss, Peer C., and Zajac, Edward J. (2006) "The Symbolic Management of Strategic Change: Sensegiving via Framing and Decoupling," *Academy of Management Journal*, 49: 1173–93.

Fligstein, Neil (1985) "The Spread of the Multidivisional Form Among Large Firms, 1919–1979," *American Sociological Review*, 50: 377–91.

Fligstein, Neil (1987) "The Interorganizational Power Struggle: The Rise of Finance Personnel to Top Leadership in Large Corporations, 1919–1979," *American Sociological Review*, 52: 44–58.

Fligstein, Neil (1990) *The Transformation of Corporate Control*. Cambridge, MA: Harvard University Press.

Fligstein, Neil (1996) "Market as Politics: A Political-Cultural Approach to Market Institutions," *American Sociological Review* 61, 4: 656–73.

Fligstein, Neil (1997) "Social Skill and Institutional Theory," *American Behavioral Scientist*, 40: 397–405.

Fligstein, Neil (2001) *The Architecture of Markets: An Economic Sociology of Twenty-First-Century Capitalist Societies*. Princeton, NJ: Princeton University Press.

Ford, Cameron M. (1996) "A Theory of Individual Creative Action in Multiple Social Domains," *Academy of Management Review*, 21: 1112–42.

Freeman, J. H., and Audia, P. G. (2006) "Community Ecology and the Sociology of Organizations," *Annual Review of Sociology*, 32: 145–69.

Freidson, E. (2001) *Professionalism: The Third Logic: On the Practice of Knowledge*. Chicago: University of Chicago Press.

Friedland, Roger (2009a) "The Endless Fields of Pierre Bourdieu," *Organization*, 16, 6: 887–917.

参考文献

Friedland, Roger (2009b) "Institution, Practice and Ontology: Towards a Religious Sociology." In R. Greenwood, C. Oliver, K. Sahlin-Andersson, and R. Suddaby (eds.) *The SAGE Handbook of Organizational Institutionalism*, pp. 45–83. Thousand Oaks, CA: Sage.

Friedland, Roger, and Alford, Robert (1991) "Bringing Society Back In: Symbols, Practices, and Institutional Contradictions." In Walter W. Powell and Paul J. DiMaggio (eds.) *The New Institutionalism in Organizational Analysis*, pp. 232–63. Chicago: University of Chicago Press.

Friedland, Roger, and Mohr, John W. (2004a) "The Cultural Turn in American Sociology." In R. Friedland and J. W. Mohr (eds.) *Matters of Culture: Cultural Sociology in Practice*, pp. 1–68. Cambridge: Cambridge University Press.

Friedland, Roger, and Mohr, John W. (2004b) *Matters of Culture: Cultural Sociology in Practice*. Cambridge: Cambridge University Press.

Galaskiewicz, J. (1997) "An Urban Grants Economy Revisited: Corporate Charitable Contributions in the Twin Cities, 1979–81, 1987–89," *Administrative Science Quarterly*, 42: 445–71.

Galunic, D. Charles, and Eisenhardt, Kathleen M. (2001) "Architectural Innovation and Modular Corporate Forms," *Academy of Management Journal*, 44, 6: 1229–49.

Garfinkel, Harold (1967) *Studies in Ethnomethodology*. Englewood Cliffs, NJ: Prentice-Hall.

Garg, V. K., Walters, B. A., and Priem, R. L. (2003) "Chief Executive Scanning Emphases, Environmental Dynamism and Manufacturing Firm Performance," *Strategic Management Journal*, 24: 725–44.

Garud, R., Jain, S., and Kumaraswamy, A. (2002) "Institutional Entrepreneurship in the Sponsorship of Common Technological Standards: The Case of Sun Microsystems and Java," *Academy of Management Journal*, 45: 196–214.

Garud, R., and Rappa, M. A. (1994) "A Socio-Cognitive Model of Technology Evolution: The Case of Cochlear Implants," *Organization Science*, 5: 344–62.

Gavetti, Giovanni, and Levinthal, Daniel (2000) "Looking Forward and Looking Backward: Cognitive and Experiential Search," *Administrative Science Quarterly*, 45: 113–37.

Gavetti, Giovanni, Levinthal, Daniel, and Ocasio, William (2007) "Neo-Carnegie: The Carnegie School's Past, Present, and Reconstructing for the Future," *Organization Science*, 18: 523–36.

Geertz, Clifford (1995) *After the Fact: Two Countries, Four Decades, One Anthropologist*. Cambridge, MA: Harvard University Press.

Gephart, Robert P. (1992) "Sensemaking, Communicative Distortion and the Logic of Public Inquiry Legitimation," *Organization & Environment*, 6: 115–35.

Gerth, H., and Mills, C. W. (1946) *From Max Weber: Essays in Sociology*. New York: Oxford University Press.

Giddens, Anthony (1979) *Central Problems in Social Theory: Action, Structure, and Contradiction in Social Analysis*. Berkeley: University of California Press.

Giddens, Anthony (1984) *The Constitution of Society: Outline of the Theory of Structuration*. Berkeley: University of California Press.

Gioia, D. A., and Thomas, J. B. (1996) "Identity, Image and Issue Interpretation: Sensemaking During Strategic Change in Academia," *Administrative Science Quarterly*, 41: 370–403.

Glynn, Mary Ann (2008) "Beyond Constraint: How Institutions Enable Identities." In R. Greenwood, C. Oliver, K. Sahlin-Andersson, and R. Suddaby (eds.) *The SAGE Handbook of Organizational Institutionalism*, pp. 413–30. Thousand Oaks, CA: Sage.

Glynn, Mary Ann, and Lounsbury, Michael (2005) "From the Critics' Corner: Logic Blending, Discursive Change and Authenticity in a Cultural Production System," *Journal of Management Studies*, 42: 1031–55.

Goffman, Erving (1963) *Behavior in Public Places: Notes on the Social Organization of Gathering*. New York: The Free Press.

Goffman, Erving (1967) *Interaction Ritual: Essays on Face-to-Face Behavior*. Garden City, NY: Doubleday Anchor.

Goffman, Erving (1974) *Frame Analysis: An Essay on the Organization of Experience*. New York: Harper and Row.

Golsorkhi, D., Leca, B., Lounsbury, M., and Ramirez, C. (2009) "Analysing, Accounting for and Unmasking Domination: On Our Role as Scholars of Practice, Practitioners of Social Science and Public Intellectuals," *Organization*, 16: 779–97.

Gouldner, Alvin W. (1954) *Patterns of Industrial Bureaucracy*. New York: The Free Press.

Granovetter, Mark (1985) "Economic Action and Social Structure: The Problem of Embeddedness," *American Journal of Sociology*, 91: 481–510.

Grant, R. (1988) "On 'Dominant Logic': Relatedness and the Link Between Diversity and Performance," *Strategic Management Journal*, 9: 639–42.

Green, Donald P., and Shapiro, Ian (1996) *Pathologies of Rational Choice Theory: A Critique of Applications in Political Science*. New Haven, CT: Yale University Press.

Greenwood, Royston, Díaz, Amalia Magan, Li, Stan Xiao, and Lorente, Jose Cespedes (2010) "The Multiplicity of Institutional Logics and the Heterogeneity of Organizational Responses," *Organization Science*, 21: 521–39.

Greenwood, Royston, and Hinings, C. R. (1988) "Organizational Design Types, Tracks and the Dynamics of Strategic Change," *Organization Studies*, 9: 293–316.

Greenwood, Royston, and Hinings, C. R. (1996) "Understanding Radical Organizational Change: Bringing Together the Old and the New Institutionalism," *Academy of Management Review*, 21: 1022–54.

Greenwood, Royston, and Miller, D. (2010) "Tackling Design Anew: Getting Back to the Heart of Organizational Theory," *Academy of Management Perspectives*, 24: 78–88.

Greenwood, Royston, Oliver, Christine, Sahlin-Andersson, Kerstin, and Suddaby, Roy (eds.) (2008) *The SAGE Handbook of Organizational Institutionalism*. Thousand Oaks, CA: Sage.

Greenwood, Royston, Raynard, M., Kodeih, F., Micelotta, E., and Lounsbury, M. (2011). "Institutional Complexity and Organizational Responses," *Academy of Management Annals*, 5: 317–71.

Greenwood, Royston, and Suddaby, Roy (2006) "Institutional Entrepreneurship in Mature Fields: The Big Five Accounting Firms," *Academy of Management Journal*, 49: 27–48.

Greenwood, Royston, Suddaby, Roy, and Hinings, C. Robert (2002) "Theorizing Change: The Role of Professional Associations in the Transformation of Institutionalized Fields," *Academy of Management Journal*, 45: 58–80.

Greif, Avner (2006) *Institutions and the Path to the Modern Economy: Lessons from Medieval Trade.* Cambridge: Cambridge University Press.

Greve, H. R. (2000) "Market Niche Entry Decisions: Competition, Learning, and Strategy in Tokyo Banking, 1894–1936," *Academy of Management Journal*, 43, 5: 816–36.

Greve, H. R. (2002) "An Ecological Theory of Spatial Evolution: Local Density Dependence in Tokyo Banking, 1894–1936," *Social Forces*, 80, 3: 847–79.

Gross, Neil (2009) "A Pragmatist Theory of Social Mechanisms," *American Sociological Review*, 74: 358–79.

Grow, N. R. (1995) *The Putnam History.* Boston, MA: The Putnam Funds.

Guillén, Mauro (1994) *Models of Management: Work, Authority, and Organization in a Comparative Perspective.* Chicago: University of Chicago Press.

Guillén, Mauro (2001) "Is Globalization Civilizing, Destructive, or Feeble? A Critique of Six Key Debates in the Social-Science Literature," *Annual Review of Sociology*, 27: 235–60.

Gulati, R., and Puranam, P. (2009) "Renewal Through Reorganization: The Value of Inconsistencies Between Formal and Informal Organization," *Organization Science*, 20: 422–40.

Gumport, Patricia J. (2000) "Academic Restructuring: Organizational Change and Institutional Imperatives," *Higher Education: The International Journal of Higher Education and Educational Planning*, 39: 67–91.

Hajer, Maarten A. (1995) *The Politics of Environmental Discourse: Ecological Modernization and the Policy Process.* Oxford: Clarendon Press.

Hall, P. A. (1986) *Governing the Economy: The Politics of State Intervention in Britain and France.* Oxford: Oxford University Press.

Hall, P. A., and Soskice, D. W. (2001) *Varieties of Capitalism: The Institutional Foundations of Comparative Advantage.* Oxford: Oxford University Press.

Hall, P. A., and R. Taylor (1996) "Political Science and the Three New Institutionalisms," *Political Studies*, 44: 936–57.

Hallett, Tim, (2010) "The Myth Incarnate: Recoupling Processes, Turmoil, and Inhabited Institutions in an Urban Elementary School," *American Sociological Review*, 75: 52–74.

Hallett, Tim, and Ventresca, Marc J. (2006a) "How Institutions Form: Loose Coupling as Mechanism in Gouldner's 'Patterns of Industrial Bureaucracy'," *American Behavioral Scientist*, 49: 908–24.

Hallett, Tim, and Ventresca, Marc J. (2006b) "Inhabited Institutions: Social Interactions and Organizational Forms in Gouldner's Patterns of Industrial Bureaucracy," *Theory and Society*, 35: 213–36.

Hamilton, G. G., and Biggart, N. W. (1988) "Market, Culture, and Authority: A Comparative Analysis of Management and Organization in the Far East," *American Journal of Sociology*, 94: S52–94.

Hannan, Michael T., and Carroll, Glenn (1992) *Dynamics of Organizational Populations: Density, Competition, and Legitimation.* New York: Oxford University Press.

Hannan, Michael T., and Freeman, John H. (1977) "The Population Ecology of Organizations," *American Journal of Sociology*, 82: 929–64.

Hannan, Michael T., and Freeman, John H. (1984) "Structural Inertia and Organizational Change," *American Sociological Review*, 49: 149–64.

Hannan, Michael T., and Freeman, John H. (1998) *Organizational Ecology*. Cambridge, MA: Harvard University Press.

Hardy, C., and Maguire, S. (2008) "Institutional Entrepreneurship." In R. Greenwood, C. Oliver, K. Sahlin-Andersson, and R. Suddaby (eds.) *The SAGE Handbook of Organizational Institutionalism*, pp. 198–217. Thousand Oaks, CA: Sage.

Haveman, Heather A. (2009) "The Columbia School and the Study of Bureaucracies: Why Organizations Have Lives of Their Own." In Paul Adler (ed.) *The Oxford Handbook of Sociology and Organization Studies: Classical Foundations*, pp. 585–606. Oxford, England: Oxford University Press.

Haveman, Heather A., and Rao, Hayagreeva (1997) "Structuring a Theory of Moral Sentiments: Institutional and Organizational Coevolution in the Early Thrift Industry," *American Journal of Sociology*, 102: 1606–51.

Hawley, A. H. (1950) *Human Ecology: A Theory of Community Structure*. New York: Ronald Press.

Hawley, A. H. (1968) "Human Ecology." In D. L. Sills (ed.) *International Encyclopedia of the Social Sciences*, pp. 328–37. New York: Macmillan.

Hechter, Michael, and Kanazawa, Satoshi (1997) "Sociological Rational Choice Theory," *Annual Review of Sociology*, 23: 191–214.

Heimer, Carol A. (1999) "Competing Institutions: Law, Medicine, and Family in Neonatal Intensive Care," *Law and Society Review*, 33: 17–66.

Hernes, G. (1998) "Real Virtuality." In P. Hedstrom and R. Swedberg (eds.) *Social Mechanisms: An Analytical Approach to Social Theory*, pp. 74–101. Cambridge: Cambridge University Press.

Higgins, E. Tory (1996) "Knowledge Activation: Accessibility, Applicability, and Salience." In E. Higgins and A. Kruglanski (eds.) *Social Psychology: Handbook of Basic Principles*, pp. 133–68. New York: Guilford Press.

Hirsch, Paul M. (1972) "Processing Fads and Fashions: An Organization-Set Analysis of Cultural Industry Systems," *American Journal of Sociology*, 77, 4: 639–59.

Hirsch, Paul M. (1985) "The Study of Industries." In Samuel B. Bacharach and Stephen M. Mitchell (eds.) *Research in the Sociology of Organizations*, vol. 4, pp. 271–309. Greenwich, Ct: JAI Press.

Hirsch, Paul M. (1986) "From Ambushes to Golden Parachutes: Corporate Takeovers as an Instance of Cultural Framing and Institutional Integration," *American Journal of Sociology*, 91: 800–37.

Hirsch, Paul M. (1997) "Sociology Without Social Structure: New-Institutional Theory Meets Brave New World," *American Journal of Sociology*, 102: 1702–23.

Hirsch, Paul M., and Lounsbury, Michael (1997) "Ending the Family Quarrel: Towards a Reconciliation of the 'Old' and 'New' Institutionalism," *American Behavioral Scientist*, 40: 406–18.

Hodgkinson, G. P., and Healey, M. P. (2008) "Cognition in Organizations," *Annual Review of Psychology*, 59: 387–417.

Hoffman, Andrew J. (1999) "Institutional Evolution and Change: Environmentalism and the US Chemical Industry," *Academy of Management Journal*, 42: 351–71.

Hoffman, Andrew J., and Ocasio, William (2001) "Not All Events Are Attended Equally: Toward a Middle-Range Theory of Industry Attention to External Events," *Organization Science*, 12: 414–34.

Hogg, Michael A., and Abrams, Dominic (1988) *Social Identifications: A Social Psychology of Intergroup Relations and Group Processes*. London: Routledge.

Hogg, Michael A., and Terry, D. J. (2000) "Social Identity and Self-Categorization Processes in Organizational Contexts," *Academy of Management Review*, 25: 121–40.

Holland, Dorothy, Lachicotte, William, Jr., Skinner, Debra, and Cain, Carole (1998) *Agency and Identity in Cultural Worlds*. Cambridge, MA: Harvard University Press.

Hollingsworth, J. R., and Boyer, R. (eds.) (1997) *Contemporary Capitalism: The Embeddedness of Institutions*. Cambridge: Cambridge University Press.

Holm, Peter (1995) "The Dynamics of Institutionalization: Transformation Processes in Norwegian Fisheries," *Administrative Science Quarterly*, 40: 398–422.

Hong, Ying-yi and Mallorie, LeeAnn M. (2004) "A Dynamic Constructivist Approach to Culture: Lessons Learned from Personality Psychology," *Journal of Research in Personality*, 38: 59–67.

Hong, Ying-yi, Morris, Michael W., Chiu, Chi-Yue, and Benet-Martinez, Veronica (2000) "Multicultural Minds," *American Psychologist*, 55: 709–20.

Hughes, E. C. (1936) "The Ecological Aspect of Institutions," *American Sociological Review*, 1, 2: 180–9.

Hughes, E. C. (1971) *The Sociological Eye: Selected Papers*. Chicago: Aldine Atherton.

Humphreys, Michael, and Brown, Andrew D. (2002) "Narratives of Organizational Identity and Identification: A Case Study of Hegemony and Resistance," *Organization Studies*, 23: 421–47.

Hwang, Hokyu, and Powell, W. W. (2009) "The Rationalization of Charity: The Influences of Professionalism in the Nonprofit Sector," *Administrative Science Quarterly*, 54: 268–98.

Ingram, Paul, and Rao, H. (2004) "Store Wars: The Enactment and Repeal of Anti-Chain Store Legislation in America," *American Journal of Sociology*, 110: 446–87.

Ingram, Paul, Lori Qingyuan Yue, and Rao, Hayagreeva (2010) "Troubled Store: Probes, Protests and Store Openings by Walmart," *American Journal of Sociology*, 116: 53–92.

Jackall, Robert (1988) *Moral Mazes, The World of Corporate Managers*. New York: Oxford University Press.

Jarzabkowski, P. (2004) "Strategy as Practice: Recursiveness, Adaptation, and Practices-in-Use," *Organization Studies*, 25: 529–60.

Jarzabkowski, P. (2005) *Strategy as Practice: An Activity-Based Approach*. London: Sage.

Jarzabkowski, P., Matthiesen, J., and van de Ven, A. H. (2009) "Doing Which Work? A Practice Approach to Institutional Pluralism." In T. Lawrence, B. Leca, and R. Suddaby (eds.) *Institutional Work: Actors and Agency in Institutional Studies of Organizations*, pp. 284–316. Cambridge, UK: Cambridge University Press.

Jones, Candace, and Livne-Tarandach, Reut (2008) "Designing a Frame: Rhetorical Strategies of Architects," *Journal of Organizational Behavior*, 29: 1075–99.

Jones, Candace, Maoret, Massimo, Massa, Felipe, and Svejanova, Silviya (2011) "Rebels with a Cause: Formation, Contestation and Expansion of the De Novo Category 'Modern Architecture,' 1870–1975," *Organization Science*.

Jones, N., Jones, H., and Walsh, C. (2008) Political Science? Strengthening Science–Policy Dialogue in Developing Countries, Working Paper 294. London, UK: ODI.

Joseph, John, and Ocasio, William (2010) Organizational Goals, Managerial Attention and Resource Allocation: The Situated Selection of New Technologies at Motorola, Working paper in progress.

Jourdan, J., Thornton, P. H., and Durand, R. (2011) "Liability of Logic Foreignness and Institutional Deference in the French Film Production Industry, 1987–2008," paper presented at Strategic Management Society, Miami, FL.

Kahneman, Daniel (2003) "Maps of Bounded Rationality: Psychology for Behavioral Economics," *American Economic Review*, 93: 1449–75.

Kahneman, Daniel, Slovic, Paul, and Tversky, Amos (1982) *Judgment Under Uncertainty: Heuristics and Biases*. New York: Cambridge University Press.

Kaplan, S. (2008a) "Framing Contests: Strategy Making under Uncertainty," *Organization Science*, 19: 729–52.

Kaplan, S. (2008b) "Cognition, Capabilities, and Incentives: Assessing Firm Response to the Fiber-Optic Revolution," *Academy of Management Journal*, 51: 672–95.

Kaplan, S. (2011) "Research in Cognition and Strategy: Reflections on Two Decades of Progress and a Look to the Future," *Journal of Management Studies*, 48: 665–95.

Kaplan, S., and Tripsas, M. (2008) "Thinking About Technology: Applying a Cognitive Lens to Technical Change," *Research Policy*, 37: 790–805.

Kellogg, K. C. (2009) "Operating Room: Relational Spaces and Microinstitutional Change in Surgery," *American Journal of Sociology*, 115: 657–711.

Keltner, Dacher, Gruenfeld, Deborah H., and Anderson, Cameron (2003) "Power, Approach, and Inhibition," *Psychological Review*, 110: 265–84.

Kennedy, Mark T. (2008) "Getting Counted: Markets, Media, and Reality," *American Sociological Review*, 73: 270–95.

Kennedy, Mark T., and Fiss, P. C. (2009) "Institutionalization, Framing, and Diffusion: The Logic of TQM Adoption and Implementation Decisions Among US Hospitals," *Academy of Management Journal*, 52: 897–918.

Khurana, Rakesh (2007) *From Higher Aims to Hired Hands: The Social Transformation of American Business Schools and the Unfulfilled Promise of Management as a Profession*. Princeton, NJ: Princeton University Press.

King, B. G., Clemens, E. S., and Fry, M. (2011) "Identity Realization and Organizational Forms: Differentiation and Consolidation of Identities Among Arizona's Charter Schools," *Organization Science*, 22: 554–72.

Kirzner, I. (1997) "Entrepreneurial Discovery and the Competitive Market Process: An Austrian Approach," *Journal of Economic Literature*, 35: 60–85.

Klimoski, Richard, and Mohammed, Susan (1994) "Team Mental Model: Construct or Metaphor?" *Journal of Management*, 20: 403–37.

Klyver, Kim, and Thornton, Patricia (2010) "The Cultural Embeddedness of Entrepreneurial Self-Efficacy and Intentions: A Cross-National Comparison," paper presented at the Academy of Management, August 2010.

参考文献

Knorr-Cetina, K. (1999) *Epistemic Cultures: How the Sciences Make Knowledge*. Cambridge, MA: Harvard University Press.

Knorr-Cetina, K., and Preda, A. (eds.) (2004) *The Sociology of Financial Markets*. Oxford: Oxford University Press.

Kono, C., Palmer, D., Friedland, R., and Zafonte, M. (1998) "Lost in Space: The Geography of Corporate Interlocking Directorates," *American Journal of Sociology*, 103, 4: 863–911.

Kostova, T., Roth, K., and Dacin, M. (2008) "Institutional Theory in the Study of Multinational Corporations: A Critique and New Directions," *Academy of Management Review*, 33, 4: 994–1006.

Kraatz, Mathew S., and Block, E. S. (2008) "Organizational Implications of Institutional Pluralism." In R. Greenwood, C. Oliver, K. Sahlin-Andersson, and R. Suddaby (eds.) *The SAGE Handbook of Organizational Institutionalism*, pp. 243–75. Thousand Oaks, CA: Sage.

Kraatz, Mathew S., Ventresca, M. J., and Deng, L. (2010) "Precarious Values and Mundane Innovations: Enrollment Management in American Liberal Arts Colleges," *Academy of Management Journal*, 53: 1521–45.

Kraatz, Mathew S., and Zajac, Edward J. (1996) "Exploring the Limits of the New Institutionalism: The Causes and Consequences of Illegitimate Organizational Change," *American Sociological Review*, 61: 812–36.

Krehbiel, Keith (1991) *Information and Legislative Organization*. Ann Arbor: University of Michigan Press.

Kuhn, Thomas (1962) *The Structure of Scientific Revolutions*. Chicago, IL: University of Chicago Press.

Lakatos, I. (1978) *The Methodology of Scientific Research Programmes: Philosophical Papers*, vol. 1. Cambridge: Cambridge University Press.

Lampel, J., and Shamsie, J. (2000) "Probing the Unobtrusive Link: Dominant Logic and the Design of Joint Ventures at General Electric," *Strategic Management Journal*, 21: 593–602.

Lane, Michael, and Booth, Jeremy (1970) *Books and Publishers*. Lexington, MA: D.C. Heath.

Langley, Ann, and Truax, Jean (1994) "A Process Study of New Technology Adoption in Smaller Manufacturing Firms," *Journal of Management Studies*, 31: 619–52.

Latour, B. (2005) *Reassembling the Social: An Introduction to Actor–Network Theory*. Oxford: New York, Oxford: University Press.

Lave, J., and Wenger, E. (1991) *Situated Learning: Legitimate Peripheral Participation*. New York: Cambridge University Press.

Law, J., and Hassard, J. (eds.) (1999) *Actor Network Theory and After*. Oxford: Blackwell and The Sociological Review.

Lawrence, P. R., and Lorsch, J. W. (1967) *Organization and Environment: Managing Differentiation and Integration*. Boston, MA: Harvard University.

Lawrence, Thomas B. (2008) "Power, Institutions and Organizations." In R. Greenwood, C. Oliver, K. Sahlin-Andersson, and R. Suddaby (eds.) *The SAGE Handbook of Organizational Institutionalism*, pp. 170–97. Thousand Oaks, CA: Sage.

Lawrence, Thomas B., and Phillips, Nelson B. (2004) "From Moby Dick to Free Willy: Macro-cultural Discourse and Institutional Entrepreneurship in Emerging Institutional Fields," *Organization*, 11, 5: 689–711.

Lawrence, Thomas B., and Suddaby, Roy (2006) "Institutions and Institutional Work." In S. Clegg, C. Hardy, T. Lawrence, and W. Nord (eds.) *The SAGE Handbook of Organizational Studies*, pp. 215–54. London: Sage.

Lawrence, Thomas B., Suddaby, R., and Leca, B. (2011) "Institutional Work: Refocusing Institutional Studies of Organization," *Journal of Management Inquiry*, 20: 52–8.

Leblebici, H., Salancik, G. R., Copay, A., and King, T. (1991) "Institutional Change and the Transformation of Interorganizational Fields: An Organizational History of the U.S. Radio Broadcasting Industry," *Administrative Science Quarterly*, 36: 333–63.

Leca, B., and Naccache, P. (2006) "A Critical Realist Approach to Institutional Entrepreneurship," *Organization*, 13, 5: 627–51.

Lepsius, M. Rainer (1996) "Institutionalisierung und Deinstitutionalisierung von Rationalitätskriterien." In Gerhard Göhler (ed.) *Institutionenwandel, Leviathan Sonderheft*, vol. 16, pp. 57–69. Opladen, Germany: Westdeutschen Verlag.

Levitt, B., and March, J. G. (1988) "Organizational Learning," *Annual Review of Sociology*, 14: 319–40.

Levy, D. L., and Scully, M. (2007) "The Institutional Entrepreneur as Modern Prince: The Strategic Face of Power in Contested Fields," *Organization Studies*, 28, 7: 971–91.

Lizardo, Omar (2006) "How Cultural Tastes Shape Personal Networks," *American Sociological Review*, 71: 778–807.

Loewenstein, Jeffrey, and Ocasio, William (2003) *Vocabularies of Organizing: How Language Links Culture, Cognition, and Action in Organizations*, McCombs working paper, University of Texas at Austin, Red McCombs School of Business and Northwestern University, Kellogg School of Management, October 9.

Lok, Jaco (2010) "Institutional Logics as Identity Projects," *Academy of Management Journal*, 53: 1305–35.

Lorraine, F., and White, H. C. (1971) "Structural Equivalence of Individuals in Social Networks," *Journal of Mathematical Sociology*, 1: 49–80.

Lorsch, Jay W., and MacIver, Elizabeth (1989) *Pawns or Potentates: The Reality of America's Corporate Boards*. Boston: Harvard Business Press.

Lounsbury, Michael (2001) "Institutional Sources of Practice Variation: Staffing College and University Recycling Programs," *Administrative Science Quarterly*, 46: 29–56.

Lounsbury, Michael (2002) "Institutional Transformation and Status Mobility: The Professionalization of the Field of Finance," *Academy of Management Journal*, 45: 255–66.

Lounsbury, Michael (2005) "Institutional Variation in the Evolution of Social Movements: The Spread of Recycling Advocacy Groups." In G. F. Davis, D. McAdam, W. R. Scott, and M. N. Zald (eds.) *Social Movements and Organization Theory*, pp. 73–9. Cambridge: Cambridge University Press.

Lounsbury, Michael (2007) "A Tale of Two Cities: Competing Logics and Practice Variation in the Professionalizing of Mutual Funds," *Academy of Management Journal*, 50: 289–307.

Lounsbury, Michael, and Crumley, E. T. (2007) "New Practice Creation: An Institutional Approach to Innovation," *Organization Studies*, 28: 993–1012.

Lounsbury, Michael, and Glynn, Mary Ann (2001) "Cultural Entrepreneurship: Stories, Legitimacy and the Acquisition of Resources," *Strategic Management Journal*, 22: 545–64.

Lounsbury, Michael, and Hirsch, P. M. (eds.) (2011) *Markets on Trial. Research in the Sociology of Organizations*. Bingley, U.K.: Emerald Group.

Lounsbury, Michael, and Kaghan, B. (2001) "Organizations, Occupations and the Structuration of Work." In S. P. Vallas (ed.) *Research in the Sociology of Work*, vol. 10, pp. 25–50. Oxford, JAI.

Lounsbury, Michael, and Rao, Hayagreeva (2004) "Sources of Durability and Change in Market Classifications: A Study of the Reconstitution of Product Categories in the American Mutual Fund Industry, 1944–1985," *Social Forces*, 82: 969–99.

Lounsbury, Michael, and Ventresca, Marc J. (2003) "The New Structuralism in Organizational Theory," *Organization*, 10: 457–80.

Lounsbury, Michael, Ventresca, Marc J., and Hirsch, Paul M. (2003) "Social Movements, Field Frames and Industry Emergence: A Cultural-Political Perspective on U.S. Recycling," *Socio-Economic Review*, 1: 71–104.

Luo, X., Chung, C.-N., and Sobczak, M. (2009) "How Do Corporate Governance Model Differences Affect Foreign Direct Investment in Emerging Economies?" *Journal of International Business Studies*, 40: 444–67.

MacIntyre, Alasdair (1981) *After Virtue: A Study in Moral Theory*. Notre Dame, IN: University of Notre Dame Press.

MacKenzie, Donald (2006) *An Engine, Not a Camera: How Financial Models Shape Markets*. Cambridge, MA: MIT Press.

MacKenzie, Donald (2011) "The Credit Crisis as a Problem in the Sociology of Knowledge," *American Journal of Sociology*, 116 (6): 1778–841.

Maguire, Steve, and Hardy, Cynthia (2009) "Discourse and Deinstitutionalization: The Decline of DDT," *Academy of Management Journal*, 52: 148–78.

Maguire, S., Hardy, C., and Lawrence, T. (2004) "Institutional Entrepreneurship in Emerging Fields: HIV/AIDS Treatment Advocacy in Canada," *Academy of Management Journal*, 47: 657–79.

Mahoney, James, and Thelen, Kathleen (eds.) (2010) *Explaining Institutional Change: Ambiguity, Agency, and Power*. Cambridge University Press.

March, James G., and Olsen, Johan P. (1976) *Ambiguity and Choice in Organizations*. Oslo: Scandinavian University Press.

March, James G., and Olsen, Johan P. (1984) "The New Institutionalism: Organizational Factors in Political Life," *American Political Science Review*, 78: 734–49.

March, James G., and Olsen, Johan P. (1989) *Rediscovering Institutions: The Organizational Basis of Politics*. New York: Free Press.

March, James G., and Simon, Herbert A. (1958) *Organizations*. New York: Wiley.

Marquis, C. (2003) "The Pressure of the Past: Network Imprinting in Intercorporate Communities," *Administrative Science Quarterly*, 48: 655–89.

Marquis, Christopher, and Battilana, Julie (2007) *Acting Globally but Thinking Locally? The Influence of Local Communities on Organizations*, working paper 08-034, Harvard Business School.

Marquis, Christopher, Glynn, Mary Ann, and Davis, Gerald F. (2007) "Community Isomorphism and Corporate Social Action," *Academy of Management Review*, 32: 925–45.

Marquis, Christopher, and Lounsbury, Michael (2007) "Vive la Resistance: Competing Logics and the Consolidation of U.S. Community Banking," *Academy of Management Journal*, 50: 799–820.

Marquis, Christopher, Lounsbury, Michael, and Greenwood, Royston (2011) "Institutional Complexity and Organizational Responses," *Academy of Management Annals 5*.

Martens, Martin L., Jennings, Jennifer E., and Jennings, P. Devereaux (2007) "Do the Stories They Tell Get Them the Money They Need? The Role of Entrepreneurial Narratives in Resource Acquisition," *Academy of Management Journal*, 50, 5: 1107–32.

McAdam, Doug, and Scott, W. Richard (2005) "Organizations and Movements." In G. F. Davis, D. McAdam, W. R. Scott, and M. N. Zald (eds.) *Social Movements and Organization Theory*, pp. 4–40. Cambridge: Cambridge University Press.

McCall, George J., and Simmons, Jerry L. (1978) *Identities and Interactions: An Examination of Human Associations in Everyday Life*. New York: Free Press.

McCarthy, John D., and Zald, Mayer N. (1977) "Resource Mobilization and Social Movements: A Partial Theory," *American Journal of Sociology*, 82: 1212–41.

Mead, George H. (1934) *Mind, Self, and Society: From the Standpoint of a Social Behaviorist*. Chicago: University of Chicago Press.

Merton, Robert K. (1942) "Science and Technology in a Democratic Order," *Journal of Legal and Political Sociology*, 1: 115–26.

Meyer, John W., Boli, John, Thomas, George M., and Ramirez, Francisco O. (1997) "World Society and the Nation-State," *American Journal of Sociology*, 103: 144–81.

Meyer, John W., and Rowan, Brian (1977) "Institutionalized Organizations: Formal Structure as Myth and Ceremony," *American Journal of Sociology*, 83: 340–63.

Meyer, John W., and Scott, W. R. (1983) *Organizational Environments: Ritual and Rationality*. Beverly Hills, CA: Sage.

Meyer, Renate E., and Hammerschmid, Gerhard (2004) "Public Management in Austria: Changing Sector Logics and Executive Identities," paper presented at the EGPA Annual Conference Study Group on Personnel Policies, September 1–4, Ljubljana, Slovenia.

Meyer, Renate E., and Hammerschmid, Gerhard (2006) "Changing Institutional Logics and Executive Identities: A Managerial Challenge to Public Administration in Austria," *American Behavioral Scientist*, 49, 7: 1000–14.

Meyer, Renate E., and Höllerer, Markus A. (2010) "Meaning Structures in a Contested Issue Field: A Topographic Map of Shareholder Value in Austria," *Academy of Management Journal*, 53, 6: 1241–62.

Mills, C. Wright (1939) "Language, Logic and Culture," *American Sociological Review*, 4: 670–80.

Mills, C. Wright (1940) "Situated Actions and Vocabularies of Motive," *American Sociological Review*, 5: 904–13.
Misangyi, Vilmos F., Weaver, Gary R., and Elms, Heather (2008) "Ending Corruption: The Interplay Among Institutional Logics, Resources, and Institutional Entrepreneurs," *Academy of Management Review*, 33: 750–70.
Mizruchi, Mark S., and Fein, Lisa C. (1999) "The Social Construction of Organizational Knowledge: A Study of the Uses of Coercive, Mimetic, and Normative Isomorphism," *Administrative Science Quarterly*, 44: 653–83.
Mohr, John W. (1994) "Soldiers, Mothers, Tramps and Others: Discourse Roles in the 1907 New York City Charity Directory," *Poetics: Journal of Empirical Research on Literature, the Media, and the Arts*, 22: 327–57.
Mohr, John W. (1998) "Measuring Meaning Structures," *Annual Review of Sociology*, 24: 345–70.
Mohr, John W. (2000) "Introduction: Structures, Institutions, and Cultural Analysis," *Poetics: Journal of Empirical Research on Literature, the Media, and the Arts*, 27: 57–68.
Mohr, John W., and Duquenne, Vincent (1997) "The Duality of Culture and Practice: Poverty Relief in New York City, 1888–1917," *Theory and Society*, 26: 305–56.
Mohr, John W., and Guerra-Pearson, F. (2010) "The Duality of Niche and Form: The Differentiation of Institutional Space in New York City, 1888–1917," *Research in the Sociology of Organizations*, 31: 321–68.
Mohr, John W., and Lee, Helene K. (2000) "From Affirmative Action to Outreach: Discourse Shifts at the University of California," *Poetics: Journal of Empirical Research on Literature, the Media, and the Arts*, 28: 47–71.
Mohr, John W., and Neely, B. (2009) "Modeling Foucault: Dualities of Power in Institutional Fields," *Research in the Sociology of Organizations*, 27: 203–55.
Mohr, John W., and White, H. C. (2008) "How to Model an Institution," *Theory and Society*, 37: 485–512.
Morgan, G., Campbell, J., Crouch, C., Pedersen, O. K., and Whitley, R. (2010) *The Oxford Handbook of Comparative Institutional Analysis*. Oxford: Oxford University Press.
Morrill, Calvin (2008) "Culture and Organization Theory," *The Annals of the American Academy of Political and Social Science*, 619: 14–40.
Morris, Michael W., and Gelfand, Michele J. (2004) "Cultural Differences and Cognitive Dynamics: Expanding the Cognitive Perspective on Negotiation." In M. Gelfand and J. Brett (eds.) *The Handbook of Negotiation and Culture*, pp. 45–70. Stanford: Stanford University Press.
Moscovici, S. (1984) "The Phenomenon of Social Representations." In R. M. Farr and S. Moscovici (eds.) *Social Representations*, pp. 3–69. Cambridge: Cambridge University Press.
Munir, K. A., and Phillips, N. (2005) "The Birth of the 'Kodak Moment': Institutional Entrepreneurship and the Adoption of New Technologies," *Organization Studies*, 26: 1665–87.
Murray, Fiona E. (2010) "The Oncomouse that Roared: Hybrid Exchange Strategies as a Source of Distinction at the Boundary of Overlapping Institutions," *American Journal of Sociology*, 116, 2: 341–88.

Navis, Chad, and Glynn, Mary Ann (2010) "How New Market Categories Emerge: Temporal Dynamics of Legitimacy, Identity, and Entrepreneurship in Satellite Radio, 1990–2005," *Administrative Science Quarterly*, 55: 439–71.

Nelson, Richard R., and Winter, Sidney G. (1982) *An Evolutionary Theory of Economic Change*. Cambridge: Belknap Press of Harvard University Press.

Nicolini, D. (2009) "Zooming In and Out: Studying Practices by Switching Theoretical Lenses and Trailing Connections," *Organization Studies*, 30, 12: 1391–418.

Nigam, Amit, and Ocasio, William (2010) "Event Attention, Environmental Sensemaking, and Change in Institutional Logics: An Inductive Analysis of the Effects of Public Attention to Clinton's Health Care Reform Initiative," *Organization Science*, 21: 823–41.

Nisbett, Richard E., and Ross, Lee (1980) *Human Inference: Strategies and Shortcomings of Social Judgment*. Englewood Cliffs, NJ: Prentice-Hall.

Norenzayan, A., and Shariff, A. F. (2008) "The Origin and Evolution of Religious Prosociality," *Science*, 322: 58–62.

Norman, Donald A., and Shallice, Timothy (1986) "Attention to Action: Willed and Automatic Control of Behavior." In R. Davidson, G. Schwartz, and D. Shapiro (eds.) *Consciousness and Self-regulation: Advances in Research and Theory*. New York: Plenum Press, 1–18.

North, D. C. (2010) *Understanding the Process of Economic Change*. Princeton, NJ: Princeton University Press.

O'Day, Alan (2000) "Irish Diaspora Politics in Perspective: The United Irish Leagues of Great Britain and America, 1900–1914." In Donald MacRaild (ed.) *The Great Famine and Beyond, Irish Migrants in Britain in the Nineteenth and Twentieth Centuries*, pp. 214–39. Dublin: Irish Academic Press

O'Mahony, Siobhán, and Bechky, Beth (2008) "Boundary Organizations: Enabling Collaboration Among Unexpected Allies," *Administrative Science Quarterly*, 53: 422–59.

O'Mahony, Siobhán, and Ferraro, Fabrizio (2007) "The Emergence of Governance in an Open Source Community," *Academy of Management Journal*, 50: 1079–06.

O'Mahony, Siobhán, and Lakhani, Karim (2011) "Organizations in the Shadow of Communities," *Research in the Sociology of Organizations*.

Ocasio, William (1994) "Political Dynamics and the Circulation of Power: CEO Succession in US Industrial Firms, 1960–1990," *Administrative Science Quarterly*, 39, 2: 285–312.

Ocasio, William (1997) "Towards an Attention-Based View of the Firm," *Strategic Management Journal*, 18: 187–206.

Ocasio, William (2011) "Attention to Attention," *Organization Science*, 22, 5: 1286–96.

Ocasio, William, and Joseph, John (2005) "Cultural Adaptation and Institutional Change: The Evolution of Vocabularies of Corporate Governance, 1972–2003," *Poetics: Journal of Empirical Research on Literature, the Media, and the Arts*, 33: 163–78.

Ocasio, William, and Kim, Hyosun (1999) "The Circulation of Corporate Control: Selection of Functional Backgrounds of New CEOs in Large U.S. Manufacturing Firms, 1981–1992," *Administrative Science Quarterly*, 44: 532–62.

Ogburn, W. F. (1922) *Social Change*. New York: Viking Press.
Oliver, Christine (1991) "Strategic Responses to Institutional Processes," *Academy of Management Review*, 16: 145–79.
Oliver, Christine (1997) "Sustainable Competitive Advantage: Combining Institutional and Resource-Based Views," *Strategic Management Journal*, 18: 697–713.
Orlikowski, W. (2000) "Using Technology and Constituting Structure: A Practice Lens for Studying Technology in Organizations," *Organization Science*, 12: 404–28.
Orlikowski, W., Yates, J., Okamura, K., and Fujimoto, M. (1995) "Shaping Electronic Communication: The Metastructuring of Technology in the Context of Use," *Organization Science*, 6: 423–42.
Orr, J. (1996) *Talking About Machines: An Ethnography of a Modern Job*. Ithaca, NY: Cornell University Press.
Ortner, S. (1984) "Theory in Anthropology Since the Sixties," *Comparative Studies in Society and History*, 26, 1: 126–66.
Orton, J. D., and Weick, K. E. (1990) "Loosely Coupled Systems: A Reconceptualization," *Academy of Management Review*, 15: 203–23.
Pache, A., and Santos, F. (2010) "When Worlds Collide: The Internal Dynamics of Organizational Responses to Conflicting Institutional Demands," *Academy of Management Review*, 35, 3: 455–76.
Pache, A., and Santos, F. (2011) Inside the Hybrid Organization: An Organizational Level View of Responses to Conflicting Institutional Demands, INSEAD Working Paper, Fontainebleau, France.
Parsons, Talcott (1951) *The Social System*. New York: Free Press.
Parsons, Talcott (1956) "Suggestions for a Sociological Approach to the Theory of Organizations," *Administrative Science Quarterly*, 1: 63–85.
Pederson, J. S., and Dobbin, F. (2006) "In Search of Identity and Legitimation: Bridging Organizational Culture and Neoinstitutionalism," *American Behavioral Scientist*, 49: 897–907.
Penney, James Cash (1945) *Christian Principles of Business*. Rye, NY: The Laymen's Movement for a Christian World.
Penney, James Cash (1956) *Lines of a Layman*. Great Neck, NY: Channel Press.
Phillips, Nelson, Lawrence, Thomas B., and Hardy, Cynthia (2004) "Discourse and Institutions," *Academy of Management Review*, 29: 635–52.
Pil, Frits K., and Cohen, Susan (2006) "Modularity and Complexity: Implications for Imitation, Innovation, and Sustained Competitive Advantage," *Academy of Management Review*, 31, 4: 995–1011.
Piore, M. J., and Sabel, C. F. (1984) *The Second Industrial Divide: Possibilities for Prosperity*. New York: Basic Books.
Podolny, J. M. (1993) "A Status-Based Model of Market Competition," *American Journal of Sociology*, 98: 829–72.
Podolny, J. M., and Page, K. L. (1998) "Network Forms of Organization," *Annual Review of Sociology* 24, 1: 57–77.
Polkinghorne, Donald E. (1988) *Narrative Knowing and the Human Sciences*. Albany: State University of New York Press.

Polletta, F. (1994) "Strategy and Identity in 1960s Black Protest," *Research in Social Movements Conflict and Change,* 17: 85–114.

Polletta, F., and Jasper, J. (2001) "Collective Identity and Social Movements," *Annual Review of Sociology,* 27: 283–305.

Pollock, Timothy G., and Rindova, Violina P. (2003) "Media Legitimation Effects in the Market for Initial Public Offerings," *Academy of Management Journal,* 46: 631–42.

Popper, K. R. (1972) *Objective Knowledge: An Evolutionary Approach.* Oxford: Clarendon Press.

Porac, J. F., and Thomas, H. (1990) "Taxonomic Mental Models in Competitor Definition," *Academy of Management Review,* 15: 224–40.

Porac, J. F., and Thomas, H. (1994) "Cognitive Categorization and Subjective Rivalry Among Retailers in a Small City," *Journal of Applied Psychology,* 79: 54–66.

Porac, J. F., Thomas, H., and Baden-Fuller, C. (1989) "Competitive Groups as Cognitive Communities: The Case of Scottish Knitwear Manufacturers," *Journal of Management Studies,* 26: 397–416.

Porter, Michael E. (1980) *Competitive Strategy: Techniques for Analyzing Industries and Companies.* New York: Free Press.

Porter, Michael E. (1985) *Competitive Advantage.* New York: Free Press.

Powell, Walter W. (1985) *Getting into Print: The Decision-Making Process in Scholarly Publishing.* Chicago: University of Chicago Press.

Powell, Walter W. (1990) "Neither Market nor Hierarchy: Network Forms of Organization," *Research in Organizational Behavior,* 12: 295–336.

Powell, Walter W. (1991) "Expanding the Scope of Institutional Analysis." In Walter W. Powell and Paul J. DiMaggio (eds.) *The New Institutionalism in Organizational Analysis,* pp. 183–203. Chicago: University of Chicago Press.

Powell, Walter W., and Colyvas, Jeannette A. (2008) "Microfoundations of Institutional Theory." In R. Greenwood, C. Oliver, K. Sahlin-Andersson, and R. Suddaby (eds.) *The SAGE Handbook of Organizational Institutionalism,* pp. 276–98. Thousand Oaks, CA: Sage.

Powell, Walter W., and DiMaggio, Paul J. (1991) *The New Institutionalism in Organizational Analysis.* Chicago, IL: University of Chicago Press.

Prahalad, C. K., and Bettis, Richard A. (1986) "The Dominant Logic: A New Linkage Between Diversity and Performance," *Strategic Management Journal,* 7, 6: 485–501.

Pratt, M. G. (2003) "Disentangling Collective Identities." In J. T. Polzer (ed.) *Identity Issues in Groups,* pp. 161–88. Amsterdam: Elsevier Science.

Pratt, M. G., and Kraatz, M. S. (2009) "E Pluribus Unum: Multiple Identities and the Organizational Self." In L. M. Roberts and J. E. Dutton (eds.) *Exploring Positive Identities and Organizations: Building a Theoretical and Research Foundation,* pp. 377–402. London: Psychology Press.

Purdy, Jill M., and Gray, Barbara (2009) "Conflicting Logics, Mechanisms of Diffusion, and Multilevel Dynamics in Emerging Institutional Fields," *Academy of Management Journal,* 52: 355–80.

Putnam, R. D. (1993) *Making Democracy Work: Civic Traditions in Modern Italy.* Princeton, N.J.: Princeton University Press.

Putnam, R. D. (2000) *Bowling Alone: The Collapse and Revival of the American Community*. New York: Simon & Schuster.

Random House Webster's College Dictionary (1990) New York: McGraw-Hill.

Ranson, S., Hinings, C. R., and Greenwood, R. (1980) "The Structuring of Organizational Structures," *Administrative Science Quarterly*, 25, 1: 1–17.

Rao, Hayagreeva (1998) "Caveat Emptor: The Construction of Nonprofit Consumer Watchdog Organizations," *American Journal of Sociology*, 103: 912–61.

Rao, Hayagreeva (2009) *Market Rebels: How Activists Make or Break Radical Innovations*. Princeton, NJ: Princeton University Press.

Rao, Hayagreeva, and Giorgi, Simona (2006) "Code Breaking: How Entrepreneurs Exploit Cultural Logics to Generate Institutional Change," *Research in Organizational Behavior*, 27: 279–314.

Rao, Hayagreeva, Monin, Philippe, and Durand, Rodolphe (2003) "Institutional Change in Toque Ville: Nouvelle Cuisine as an Identity Movement in French Gastronomy," *American Journal of Sociology*, 108: 795–843.

Rao, Hayagreeva, Morrill, C., and Zald, M. (2000) "Power Plays: Social Movements, Collective Action, and New Organizational Forms," *Research in Organizational Behavior*, 22: 237–81.

Raymond, E. S. (1999) *The Cathedral and the Bazaar: Musings on Linux and Open Source by an Accidental Revolutionary*. Sebastopol, CA: O'Reilly. (Original work published 1997).

Reay, Trish, and Hinings, C. R. (2005) "The Recomposition of an Organizational Field: Health Care in Alberta," *Organization Studies*, 26, 3: 349–82.

Reay, Trish, and Hinings, C. Robert (2009) "Managing the Rivalry of Competing Institutional Logics," *Organization Studies*, 30: 629–52.

Reger, R. K., and Huff, A. S. (1993) "Strategic Groups: A Cognitive Perspective," *Strategic Management Journal*, 14: 103–23.

Rehberg, K.-S. (1997) "Institutionenwandel und die Funktionsveranderung des Symbolischen." In Gerhard Göhler (ed.) *Institutionenwandel, Leviathan Sonderheft*, pp. 94–118. Opladen, Germany: Westdeutschen Verlag.

Riker, William H. (1990) "Political Science and Rational Choice." In J. Alt and K. Shepsle (eds.) *Perspectives on Positive Political Economy*, pp. 163–81. New York: Cambridge University Press.

Rindova, V. Pollock, T. G., and Hayward, M. L. A. (2006) "Celebrity Firms: The Social Construction of Market Popularity," *Academy of Management Review*, 31: 50–71.

Rojas, F. (2010) "Power Through Institutional Work: Acquiring Academic Authority in the 1968 Third World Strike," *Academy of Management Journal*, 53: 1263–80.

Ross, Lee, and Nisbett, Richard E. (1991) *The Person and the Situation*. New York: McGraw-Hill.

Rowan, B. (1982) "Organizational Structure and the Institutional Environment: The Case of Public Schools," *Administrative Science Quarterly*, 27: 259–79.

Roy, William G. (1997) *Socializing Capital: The Rise of the Large Industrial Corporation in America*. Princeton, NJ: Princeton University Press.

Ruef, Martin (1999) "Social Ontology and the Dynamics of Organizational Forms: Creating Market Actors in the Healthcare Field, 1966–94," *Social Forces*, 77: 1405 34.

Sanchez, R. (1995) "Strategic Flexibility in Product Competition," *Strategic Management Journal*, 16: 135–59.

Sarbin, Theodore R. (1943) "The Concept of Role-Taking," *Sociometry*, 6, 3: 273–85.

Sarbin, Theodore R. (1954). "Role Theory." In G. Lindzey (ed.) *Handbook of Social Psychology*, vol. 1, pp. 223–58. Cambridge, MA: Addison-Wesley.

Saxenian, A. (1994) *Regional Advantage: Culture and Competition in Silicon Valley and Route 128*. Cambridge, MA: Harvard University Press.

Schatzki, T. R., Knorr-Cetina, K., and von Savigny, E. (2001) *The Practice Turn in Contemporary Theory*. London: Routledge.

Schermer, M. (2004) *The Science of Good and Evil*. New York: Times Books.

Schneiberg, Marc (1999) "Political and Institutional Conditions for Governance by Association: Private Order and Price Controls in American Fire Insurance," *Politics and Society*, 27: 67–103.

Schneiberg, Marc (2002) "Organizational Heterogeneity and the Production of New Forms: Politics, Social Movements and Mutual Companies in American Fire Insurance, 1900–1930," *Research in the Sociology of Organizations*, 19: 39–89.

Schneiberg, Marc (2007) "What's on the Path? Path Dependence, Organizational Diversity and the Problem of Institutional Change in the U.S. Economy, 1900–1950," *Socio-Economic Review*, 5: 47–80.

Schneiberg, Marc, and Bartley, Tim (2001) "Regulating American Industries: Markets, Politics, and the Institutional Determinants of Fire Insurance Regulation," *American Journal of Sociology*, 107: 101–46.

Schneiberg, Marc, and Clemens, E. S. (2006) "The Typical Tools for the Job: Research Strategies in Institutional Analysis," *Sociological Theory*, 3: 195–227.

Schneiberg, Marc, King, Marissa, and Smith, Thomas (2008) "Social Movements and Organizational Form: Cooperative Alternatives to Corporations in the American Insurance, Dairy and Grain Industries," *American Sociological Review*, 73: 635–67.

Schneiberg, Marc, and Lounsbury, Michael (2008) "Social Movements and Institutional Analysis." In R. Greenwood, C. Oliver, K. Sahlin-Andersson, and R. Suddaby (eds.) *The SAGE Handbook of Organizational Institutionalism*, pp. 650–72. Thousand Oaks, CA: Sage.

Schneiberg, Marc, and Soule, S. A. (2005) "Institutionalization as a Contested, Multi-level Process: The Case of Rate Regulation in American Fire Insurance." In G. F. Davis, D. McAdam, W. R. Scott, and M. N. Zald (eds.) *Social Movements and Organization Theory*, pp. 122–60. Cambridge: Cambridge University Press.

Schneider, Walter, and Shiffrin, Richard M. (1977) "Controlled and Automatic Human Information Processing: II. Perceptual Learning, Automatic Attending, and a General Theory," *Psychological Review*, 84: 127–90.

Schotter, Andrew (2008) *The Economic Theory of Social Institutions*. Cambridge: Cambridge University Press.

Schumpeter, J. A. (1934) *The Theory of Economic Development: An Inquiry into Profits, Capital, Interest, and the Business Cycle*. Cambridge, MA: Harvard University Press.

Scott, W. Richard (1995) *Institutions and Organizations*. Thousand Oaks, CA: Sage.

Scott, W. Richard (2001) *Institutions and Organizations*. 2nd ed. Thousand Oaks, CA: Sage.

Scott, W. Richard (2003) *Organizations: Rational, Natural, and Open Systems*. 5th ed. Upper Saddle River, NJ. Prentice Hall.

Scott, W. Richard (2008a) "Approaching Adulthood: The Maturing of Institutional Theory," *Theory and Society*, 37: 427–42.

Scott, W. Richard (2008b) *Institutions and Organizations: Ideas and Interests*. Los Angeles: Sage.

Scott, W. Richard, and Christensen, S. (1995) *The Institutional Construction of Organizations: International Longitudinal Studies*. Thousand Oaks, CA: Sage.

Scott, W. Richard, Ruef, Martin, Mendel, Peter J., and Caronna, Carol A. (2000) *Institutional Change and Healthcare Organizations: From Professional Dominance to Managed Care*. Chicago: University of Chicago Press.

Searle, John R. (1995) *The Construction of Social Reality*. New York: The Free Press.

Seidel, Marc-David L., and Steward, Katherine J. (2011) "An Initial Description of the C-Form," *Research in the Sociology of Organizations*, 33: forthcoming.

Selznick, Philip (1949) *TVA and the Grass Roots*. Berkeley: University of California Press.

Selznick, Philip (1957) *Leadership in Administration*. Berkeley: University of California Press.

Selznick, Philip (1996) "Institutionalism 'Old' and 'New'," *Administrative Science Quarterly*, 41: 270–7.

Sen, Amartya K. (1977) "Rational Fools: A Critique of the Behavioral Foundations of Economic Theory," *Philosophy & Public Affairs*, 6: 317–44.

Seo, Myeong-Gu and Creed, W. E. Douglas (2002) "Institutional Contradictions, Praxis, and Institutional Change: A Dialectical Perspective," *Academy of Management Review*, 27: 222–47.

Sewell, William H., Jr. (1992) "A Theory of Structure: Duality, Agency, and Transformation," *American Journal of Sociology*, 98: 1–29.

Sewell, William H., Jr. (1996) "Historical Events as Transformations of Structures: Inventing Revolution at the Bastille," *Theory and Society*, 25: 841–81.

Sewell, William H., Jr. (1999) "The Concept(s) of Culture." In V. E. Bonnell and L. Hunt (eds.) *Beyond the Cultural Turn*, pp. 35–61. Berkeley: University of California Press.

Shane, Scott (2000) "Prior Knowledge and the Discovery of Entrepreneurial Opportunities," *Organization Science*, 11, 4: 448–69.

Shepherd, D. A., and DeTienne, D. R. (2001) "Discovery of Opportunities: Anomalies, Accumulation and Alertness." In William D. Bygrave, Erkko Autio, Candida G. Brush, Per Davidsson, Patricia G. Greene, Paul D. Reynolds, and Harry J. Sapienza (eds.) *Frontiers of Entrepreneurship Research*, pp. 138–48. Wellesley, MA: Babson College.

Shepsle, Kenneth A. (1995) "Studying Institutions: Some Lessons from the Rational Choice Approach." In J. Dryzek, J. Farr, and S. Leonard (eds.) *Political Science in History. Research Programs and Political Traditions*, pp. 276–95. New York: Cambridge University Press.

Shipilov, Andrew V., Greve, Henrich R., and Rowley, Timothy J. (2010) "When Do Interlocks Matter? Institutional Logics and the Diffusion of Multiple Corporate Governance Practices," *Academy of Management Journal*, 53: 846–64.

Simmel, Georg (1950) "Superordination and Subordination." In Kurt H. Wold (trans.), *The Sociology of Georg Simmel*. Glencoe, IL: Free Press.

Simon, Herbert A. (1947) *Administrative Behavior: A Study of Decision-Making Processes in Administrative Organizations*. New York: Macmillan.

Simon, Herbert A. (1955) "A Behavioral Model of Rational Choice," *Quarterly Journal of Economics*, 69: 99–118.

Simon, Herbert A. (1957) *Administrative Behavior*. 2nd ed. New York: Macmillan.

Simon, Herbert A. (1962) "The Architecture of Complexity," *Proceedings of the American Philosophical Society*, 106: 467–82.

Simon, Herbert A. (1995) "Rationality in Political Behavior," *Political Psychology*, 16: 45–61.

Sine, Wesley D., and David, Robert J. (2003) "Environmental Jolts, Institutional Change, and the Creation of Entrepreneurial Opportunity in the U.S. Electric Power Industry," *Research Policy*, 32: 185–207.

Smets, M., Morris, T., and Greenwood, R. (forthcoming) *From Practice to Field: A Multilevel Model of Practice-driven Institutional Change, Academy of Management Journal*.

Smith, Joel (1995) *Understanding the Media: A Sociology of Mass Communication*. Cresskill, NJ: Hampton Press.

Snow, David A., and Benford, Robert D. (1988) "Ideology, Frame Resonance and Participant Mobilization," *International Social Movement Research*, 1: 197–217.

Snow, David A., and Benford, Robert D. (1992) "Master Frames and Cycles of Protest." In Aldon D. Morris and Carol McClurg Mueller (eds.) *Frontiers in Social Movement Theory*, pp. 133–223. New Haven, CT: Yale University Press.

Somers, Margaret R. (1994) "The Narrative Constitution of Identity: A Relational and Network Approach," *Theory and Society*, 23: 605–49.

Sorensen, J. B., van Maanen, J., and Mitchell, T. R. (2007) "The Interplay of Theory and Methods," *Academy of Management Review*, 32: 1145–54.

Sorenson, Olav, and Audia, P. G. (2000), "The Social Structure of Entrepreneurial Activity: Geographic Concentration of Footwear Production in the United States, 1940–1989," *American Journal of Sociology*, 98, 1: 1–29.

Sorge, A., and Maurice, M. (2000) *Embedding Organizations: Societal Analysis of Actors, Organizations and Socio-Economic Context*. Amsterdam: John Benjamins.

Sperling, John (2000) *Rebel with a Cause: The Entrepreneur Who Created the University of Phoenix and the For-Profit Revolution in Higher Education*, New York: John Wiley & Sons.

Star, L. (1992) "The Trojan Door: Organizations, Work, and the 'Open Black Box'," *Systems Practice*, 5: 395–410.

Stark, D. (2009) *The Sense of Dissonance: Accounts of Worth in Economic Life*. Princeton, NJ: Princeton University Press.

Stearns, Linda Brewster, and Allan, Kenneth D. (1996) "Economic Behavior in Institutional Environments: The Corporate Merger Wave of the 1980s," *American Sociological Review*, 61: (4), 699–718.

Stinchcombe, Arthur L. (1965) "Social Structure and Organizations." In J. G. March (ed.) *Handbook of Organizations*, pp. 142–93. Chicago: Rand McNally.

Stinchcombe, Arthur L. (1982) "Review Essay: The Growth of the World System," *American Journal of Sociology*, 87: 1389–95.

Stinchcombe, Arthur L. (1991) "The Conditions of Fruitfulness of Theorizing About Mechanisms in Social Science," *Philosophy of the Social Sciences*, 21, 3: 367–87.

Stinchcombe, Arthur L. (1997) "On the Virtues of the Old Institutionalism," *Annual Review of Sociology*, 23: 1–18.

Stinchcombe, Arthur L. (2002) "New Sociological Microfoundations for Organizational Theory: A Postscript." In M. Lounsbury and M. Ventresca (ed.) *Social Structures and Organizations Revisited*, vol. 19, pp. 415–33. Amsterdam: Elsevier Science.

Stovel, Katherine, and Savage, Mike (2005) "Mergers and Mobility: Organizational Growth and the Origins of Career Migration at Lloyds Bank," *American Journal of Sociology*, 111, 4: 1080–121.

Strang, David A. (1987) "The Administrative Transformation of American Education: School District Consolidation 1938–1980," *Administrative Science Quarterly*, 32: 352–66.

Strang, David A., and Meyer, John W. (1993) "Institutional Conditions for Diffusion," *Theory and Society*, 22, 4: 487–511.

Strang, David A., and Meyer, John W. (1994) "Institutional Conditions for Diffusion." In W. R. Scott and J. W. Meyer (eds.) *Institutional Environments and Organizations*, pp. 100–12. Thousand Oaks, CA: Sage.

Strang, David A., and Soule, S. A. (1998) "Diffusion in Organizations and Social Movements: From Hybrid Corn to Poison Pills," *Annual Review of Sociology*, 24: 265–90.

Strauss, Anselm L. (1978) *Negotiations: Varieties, Contexts, Processes, and Social Order*. San Francisco: Jossey-Bass.

Streeck, Wolfgang, and Thelen, Kathleen (eds.) (2005) *Beyond Continuity: Institutional Change in Advanced Political Economies*. Oxford: Oxford University Press.

Stryker, Sheldon (1968) "Identity Salience and Role Performance: The Relevance of Symbolic Interaction Theory for Family Research," *Journal of Marriage and the Family*, 30: 558–64.

Stryker, Sheldon (1980) *Symbolic Interactionism: A Social Structural Version*. Menlo Park, CA: Benjamin/Cummings.

Stryker, Sheldon (2000) "Identity Competition: Key to Differential Social Movement Participation." In S. Stryker, T. Owens, and R. White (eds.) *Self, Identity, and Social Movements*, pp. 21–40. Minneapolis: University of Minnesota Press.

Stuart, T. E., and Sorenson, O. (2003) "Liquidity Events and the Geographic Distribution of Entrepreneurial Activity," *Administrative Science Quarterly*, 48: 175–201.

Suárez, David, Ramirez, Francisco O., and Koo, Jeong-Woo (2009) "Globalization and the Diffusion of Innovations in Education: The Case of UNESCO Associated Schools," *Sociology of Education*, 82: 197–216.

Suchman, Mark C., and Edelman, Lauren B. (1997) "Legal Rational Myths: The New Institutionalisms and the Law and Society Tradition," *Law and Social Inquiry*, 21: 903–41.

Suddaby, Roy, and Greenwood, Royston (2005) "Rhetorical Strategies of Legitimacy," *Administrative Science Quarterly*, 50: 35–67.

Sutton, John R., Dobbin, Frank, Meyer, John W., and Scott, W. Richard (1994) "The Legalization of the Workplace," *American Journal of Sociology*, 99: 944–71.

Swan, Jacky, Bresnen, Mike, Newell, Sue M., Robertson, Maxine, and Dopson, Sue (2010) "When Policy Meets Practice: Colliding Logics and the Challenge of 'Mode2' Initiatives in the Translation of Academic Knowledge," *Organization Studies*, 31: 1311–40.

Swedberg, Richard (2005) *The Max Weber Dictionary: Key Words and Central Concepts*. Stanford, CA: Stanford University Press.

Swidler, Ann (1986) "Culture in Action: Symbols and Strategies," *American Sociological Review*, 51: 273–86.

Tajfel, Henri, and Turner, John C. (1986) "The Social Identity Theory of Intergroup Behavior." In S. Worchel and W. Austin (eds.) *Psychology of Intergroup Relations*, pp. 7–24. Chicago: Nelson-Hall.

Taylor, James R., and van Every, Elizabeth J. (2000) *The Emergent Organization: Communication as its Site and Surface*. Mahwah, NJ: Lawrence Erlbaum.

Tebbel, John (1981) *A History of Book Publishing in the United States, vol. 4, The Great Change 1940–1980*. New York: R. R. Bowker.

Tetlock, Philip E. (1985) "Accountability: A Social Check on the Fundamental Attribution Error," *Social Psychology Quarterly*, 48: 227–36.

Thelen, K. A. (2004) *How Institutions Evolve: The Political Economy of Skills in Germany, Britain, the United States, and Japan*. Cambridge: Cambridge University Press.

Thornton, Patricia H. (1995) "Accounting for Acquisition Waves: Evidence from the U.S. College Publishing Industry." In W. Richard Scott, and Soren Christensen (eds.) *The Institutional Construction of Organizations: International and Longitudinal Studies*, pp. 199–225. Thousand Oaks: Sage.

Thornton, Patricia H. (2001) "Personal Versus Market Logics of Control: A Historically Contingent Theory of the Risk of Acquisition," *Organization Science*, 12: 294–311.

Thornton, Patricia H. (2002) "The Rise of the Corporation in a Craft Industry: Conflict and Conformity in Institutional Logics," *Academy of Management Journal*, 45: 81–101.

Thornton, Patricia H. (2004) *Markets from Culture: Institutional Logics and Organizational Decisions in Higher Education Publishing*. Stanford, CA: Stanford University Press.

Thornton, Patricia H. (2009) "The Value of the Classics." In Paul Adler (ed.) *The Oxford Handbook of Sociology and Organization Studies: Classical Foundations*, pp. 20–36. Oxford, England: Oxford University Press.

Thornton, Patricia H., Jones, Candace, and Kury, Kenneth (2005) "Institutional Logics and Institutional Change: Transformation in Accounting, Architecture, and Publishing." In Candace Jones and Patricia H. Thornton (eds.) *Research in the Sociology of Organizations*, pp. 125–70. Greenwich, CT: JAI Press.

Thornton, Patricia H., and Ocasio, William (1999) "Institutional Logics and the Historical Contingency of Power in Organizations: Executive Succession in the Higher Education Publishing Industry, 1958–1990," *American Journal of Sociology*, 105: 801–43.

Thornton, Patricia H., and Ocasio, William (2008) "Institutional Logics." In R. Greenwood, C. Oliver, K. Sahlin-Andersson, and R. Suddaby (eds.) *The SAGE Handbook of Organizational Institutionalism*, pp. 99–129. Thousand Oaks, CA: Sage.

Tolbert, Pamela S., and Zucker, Lynne G. (1983) "Institutional Sources of Change in the Formal Structure of Organizations: The Diffusion of Civil Service Reform, 1880–1935," *Administrative Science Quarterly*, 30: 22–39.

Tolbert, Pamela S., and Zucker, Lynne G. (1996) "The Institutionalization of Institutional Theory." In S. Clegg, C. Hardy, T. Lawrence and W. Nord (eds.) *The SAGE Handbook of Organizational Studies*, pp. 175–90. London: Sage.

Tomasello, Michael (2005) *Constructing a Language: A Usage-Based Theory of Language Acquisition*. Cambridge, MA: Harvard University Press.

Tonnies, F. (1887) *Gemeinschaft un Gesellschaft: Abhandlung des Communsnus un des Socialismus als Empirischer Culturformen*. Leipzig, Germany: Fues's Verlag.

Townley, Barbara (1997) "The Institutional Logic of Performance Appraisal," *Organization Studies*, 18: 261–85.

Townley, Barbara (2002) "The Role of Competing Rationalities in Institutional Change," *Academy of Management Journal*, 45: 163–79.

Tracey, P., Phillips, N., and Jarvis, Owen (2011) "Bridging Institutional Entrepreneurship and the Creation of New Organizational Forms: A Multilevel Model," *Organization Science*, 22: 60–80.

Tuma, Nancy Brandon (1990) *Event History Analysis*, Seminar notes, Stanford University.

Tuma, Nancy Brandon, and Hannan, Michael (1984) *Social Dynamics: Models and Methods*. Orlando: Academic Press.

Tushman, Michael L., and Anderson, Philip (1986) "Technological Discontinuities and Organizational Environments," *Administrative Science Quarterly*, 31: 439–65.

Tushman, Michael L., and Nadler, D. (1978) "Information Processing as an Integrating Concept in Organization Design," *Academy of Management Review*, 3: 613–24.

Tushman, Michael L., and Rosenkopf, L. (1992) "Organizational Determinants of Technological Change: Toward a Sociology of Technological Evolution," *Research in Organizational Behavior*, 14: 311–47.

Tversky, Amos, and Kahneman, Daniel (1986) "Rational Choice and the Framing of Decisions," *Journal of Business*, 59: 251–78.

Uzzi, Brian (1996) "The Sources and Consequences of Embeddedness for the Economic Performance of Organizations: The Network Effect," *American Sociological Review*, 61: 674–98.

Uzzi, Brian (1997) "Social Structure and Competition in Interfirm Networks: The Paradox of Embeddedness," *Administrative Science Quarterly*, 42: 35–67.

Vaisey, Stephen (2008) "Socrates, Skinner, and Aristotle: Three Ways of Thinking About Culture in Action," *Sociological Forum*, 23, 3: 603–13.

Van de Ven, Andrew H., and Garud, R. (1994) "The Coevolution of Technical and Institutional Events in the Development of an Innovation." In A. C. Baum and J. V. Singh (eds.) *Evolutionary Dynamics of Organizations*, pp. 425–43. New York, Oxford University Press.

Van de Ven, Andrew H., and Hargrave, Timothy J. (2003) Converging Perspectives on Institutional Change in the Technology and Social Movement Literatures, working paper, Carlson School of Management, University of Minnesota.

Van Gestel, Nicolette, and Hillebrand, Bas (2011) "Explaining Stability and Change: The Rise and Fall of Logics in Pluralistic Fields," *Organization Studies*, 32: 231–52.

Van Maanen, J., and Barley, S. R. (1984) "Occupational Communities: Culture and Control in Organizations." *Research in Organizational Behavior* 6: 287–365.

Von Hippel, Eric, and von Krogh, Georg (2003) "Open Source Software and the Private-Collective Innovation Model: Issues for Organization Science," *Organization Science*, 14, 2: 208–23.

Von Krogh, G., and Roos, J. (1996) "A Tale of the Unfinished," *Strategic Management Journal*, 17: 729–37.

Walder, A., Luo, T, and Wang, D. (2011) The Property Revolution: Enterprise Restructuring and Social Change in Transitional Economies, working paper, Stanford University.

Walsh, James P. (1995) "Managerial and Organizational Cognition: Notes from a Trip Down Memory Lane," *Organization Science*, 6: 280–321.

Warren, Roland L. (1967) "The Interorganizational Field as a Focus for Investigation," *Administrative Science Quarterly*, 13: 396–419.

Weber, Klaus (2005) "A Toolkit for Analyzing Corporate Cultural Toolkits," *Poetics: Journal of Empirical Research on Literature, the Media, and the Arts*, 33: 227–52.

Weber, Klaus, Davis, Gerald F., and Lounsbury, Michael (2009) "Policy as Myth and Ceremony? The Global Spread of Stock Markets, 1980–2005," *Academy of Management Journal*, 52: 1319–47.

Weber, Klaus, and Glynn, Mary Ann (2006) "Making Sense with Institutions: Context, Thought, and Action in Karl Weick's Theory," *Organization Studies*, 27: 1639–60.

Weber, Klaus, Heinze, K., and DeSoucey, M. (2008) "Forage for Thought: Mobilizing Codes for Grass-Fed Meat and Dairy Products," *Administrative Science Quarterly*, 53: 529–67.

Weber, Max (1904) *The Protestant Ethic and the Spirit of Capitalism*. Berkeley: University of California Press.

Weber, Max ([1922] 1968). *Economy and Society: An Outline of Interpretive Sociology*. New York: Bedminster Press.

Weber, Max ([1922] 1978). *Economy and Society: An Outline of Interpretive Sociology*. Guenther Roth and Claus Wittich (eds.) Berkeley: University of California Press.

Weick, Karl E. (1976) "Educational Organizations as Loosely Coupled Systems," *Administrative Science Quarterly*, 21: 1–19.

Weick, Karl E. (1995) *Sensemaking in Organizations*. Thousand Oaks, CA: Sage.

Weick, Karl E., and Quinn, Robert E. (1999) "Organizational Change and Development," *Annual Review of Psychology*, 50: 361–86.

Weick, Karl E., Sutcliffe, Kathleen M., and Obstfeld, David (2005) "Organizing and the Process of Sensemaking," *Organization Science*, 16: 409–21.

Weild, David, and Kim, Edward (2008) *Why Are IPOs in the ICU?* working paper, New York: Grant Thornton.

Wenger, Etienne (1998) *Communities of Practice: Learning, Meaning, and Identity*. Cambridge: Cambridge University Press.

Wenger, Etienne (2000) "Communities of practice and learning systems," *Organization*, 7, 2: 225–46.

Westney, D. Eleanor (1987) *Imitation and Innovation: The Transfer of Western Organizational Patterns to Meiii Japan.* Cambridge, MA: Harvard University Press.

Westphal, James D., and Zajac, Edward J. (1994) "Substance and Symbolism in CEOs' Long-Term Incentive Plans," *Administrative Science Quarterly*, 39: 367–90.

Westphal, James D., and Zajac, Edward J. (1997) "Defections from the Inner Circle: Social Exchange, Reciprocity and the Diffusion of Board Independence in U.S. Corporations," *Administrative Science Quarterly*, 42: 161–83.

Westphal, James D., and Zajac, Edward J. (1998) "The Symbolic Management of Stockholders: Corporate Governance Reforms and Shareholder Reactions," *Administrative Science Quarterly*, 43: 127–53.

Westphal, James D., and Zajac, Edward J. (2001) "Decoupling Policy from Practice: The Case of Stock Repurchase Programs," *Administrative Science Quarterly*, 46: 202–28.

Whimster, S. (ed.) (2004) *The Essential Weber: A Reader.* New York: Routledge.

White, H., Boorman, S., and Breiger, R. (1976) "Social Structure from Multiple Networks: I. Blockmodels of Roles and Positions," *American Journal of Sociology*, 81: 730–80.

Whitley, R. (2000) "The Institutional Structuring of Innovation Strategies: Business Systems, Firm Types and Patterns of Technical Change in Different Market Economies," *Organization Studies*, 21: 855–86.

Whitley, R. (2007) *Business Systems and Organizational Capabilities: The Institutional Structuring of Competitive Competences.* Oxford, U.K.: Oxford University Press.

Whittington, R. (2006) "Completing the Practice Turn in Strategy Research," *Organization Studies*, 27: 613–34.

Wiley, Norbert (1988) "The Micro–Macro Problem in Social Theory," *Sociological Theory*, 6: 254–61.

Williamson, Oliver E. (1975) *Markets and Hierarchies: Analysis and Antitrust Implications: A Study in the Economics of Internal Organization.* New York: Free Press.

Winder G. M. (2001) "Building Trust and Managing Business over Distance: A Geography of Reaper Manufacturer D. S. Morgan's Correspondence, 1867," *Economic Geography*, 77: 95–121.

Wooten, Melissa E., and Hoffman, Andrew (2008) "Organizational Fields: Past, Present and Future." In R. Greenwood, C. Oliver, K. Sahlin-Andersson, and R. Suddaby (eds.) *The SAGE Handbook of Organizational Institutionalism*, pp. 130–48. Thousand Oaks, CA: Sage.

Wrong, D. H. (1961) "The Oversocialized Conception of Man in Modern Sociology," *American Sociological Review*, 26: 183–93.

Wry, T., Lounsbury, M., and Glynn, M. A. (2011) "Legitimizing Nascent Collective Identities: Coordinating Cultural Entrepreneurship," *Organization Science*, 22: 449–63.

Wyer, Robert S., and Srull, Thomas K. (1986) "Human Cognition in its Social Context," *Psychological Review*, 93: 322–59.

Zajac, Edward J., and Westphal, James D. (2004) "The Social Construction of Market Value: Institutionalization and Learning Perspectives on Stock Market Reactions," *American Sociological Review*, 69: 433–57.

Zald, Mayer N. (1970) *Organizational Change: The Political Economy of the YMCA*. Chicago: University of Chicago Press.

Zald, Mayer N., and Lounsbury, M. (2010) "The Wizards of OZ: Towards an Institutional Approach to Elites, Expertise and Command Posts," *Organization Studies*, 31: 963–96.

Zelditch, M. (1971) "Intelligible Comparisons." In Ivan Vallier (ed.) *Comparative Methods in Sociology*, pp. 267–307. Berkeley: University of California Press.

Zhang, M. (2011) Decision Making with Competing Logics: Evidence from Chinese Partially Privatized Firms, working paper, INSEAD Singapore.

Zhou, X., and Ai, Y. (2010) "Multiple Logics of Institutional Change: Toward an Analytical Framework," *Social Science in China*, August (4): 132–50.

Zietsma, C., and Lawrence, T. B. (2010) "Institutional Work in the Transformation of an Organizational Field: The Interplay of Boundary Work and Practice Work," *Administrative Science Quarterly*, 55: 189–221.

Zilber, Tammar B. (2002) "Institutionalization as an Interplay Between Actions, Meanings and Actors: The Case of a Rape Crisis Center in Israel," *Academy of Management Journal*, 45, 1: 234–54.

Zilber, Tammar B. (2006) "The Work of the Symbolic in Institutional Processes: Translations of Rational Myths in Israeli Hi-Tech," *Academy of Management Journal*, 49: 279–301.

Zilber, Tammar B. (2007) "Stories and the Discursive Dynamics of Institutional Entrepreneurship: The Case of Israeli Hi-Tech after the Bubble," *Organization Studies*, 28: 1035–54.

Zilber, Tammar B. (2008) "The Work of Meanings in Institutional Processes and Thinking." In R. Greenwood, C. Oliver, K. Sahlin-Andersson, and R. Suddaby (eds.) *The SAGE Handbook of Organizational Institutionalism*, pp. 151–69. Thousand Oaks, CA: Sage.

Zott, C. and Huy, Q. (2007) "How Entrepreneurs Use Symbolic Management to Acquire Resources," *Administrative Science Quarterly*, 52: 70–105.

Zucker, Lynne G. (1977) "The Role of Institutionalization in Cultural Persistence," *American Sociological Review*, 42: 726–43.

Zucker, Lynne G. (1991) "Postscript: Microfoundations of Institutional Thought." In Walter W. Powell and Paul J. DiMaggio (eds.) *The New Institutionalism in Organizational Analysis*, pp. 103–6. Chicago: University of Chicago Press.

Zukin, Sharon, and DiMaggio, Paul J. (1990) *Structures of Capital: The Social Organization of the Economy*. New York: Cambridge University Press.

译后记

当下，制度逻辑是组织和管理学领域中最具影响力的理论视角之一。尤其是在最近20年间，基于制度逻辑视角的学术研究数量以指数型增长，并且被跨学科地应用于政治学、社会学、经济学和公共管理学。在这个过程中，这本《制度逻辑》可谓起到了承前启后的作用，即在提炼升华过往研究的同时进一步扩展了制度逻辑的内涵。美国管理学会George R. Terry图书奖对本书做出了如此评价：本书呈现了制度逻辑视角如何完全改变了制度理论，展现了一项新颖的理论，进一步阐明了制度逻辑视角，并在制度逻辑与实践、身份、社会和认知心理学之间建立了新的联结。

需要注意的是，这本书写作于10年之前，书中所建议的不少"未来"研究方向已经在最近10年中成为研究热点，例如组织对制度复杂性的回应、混合型组织和制度逻辑的微观基础等。那么，在继续追踪与深入考察这些热点问题之外，未来的研究方向会指向何方呢？龙思博教授和同事们的即将发表在 *Annual Review of Sociology* 上的文章提出了一个被人忽视却颇具前景的研究路径：如何制造制度逻辑。此外，三位作者也在中文版序言中阐述了制度逻辑如何为中国研究带来新的方向。

本书的翻译工作是由四位译者共同完成的。杜运周翻译了第二章和第三章，翟慎霄翻译了第七章和第八章，张容榕翻译了第四章和第六章，汪少卿翻译了其余部分并校对了全部译稿。我们要特别感谢浙江大学出版社谢焕编辑对本书出版的大力支持。此外，还要感谢翟怡博士和魏一帆博士为译稿提出宝贵建议。

汪少卿　于埃德蒙顿
2020年2月2日